何生玉　刘开英——编著

中职班主任知与行

兰州大学出版社
LANZHOU UNIVERSITY PRESS

图书在版编目（CIP）数据

中职班主任知与行 / 何生玉，刘开英编著. -- 兰州：兰州大学出版社，2023.10
ISBN 978-7-311-06556-0

Ⅰ. ①中… Ⅱ. ①何… ②刘… Ⅲ. ①中等专业学校—班主任工作—工作经验 Ⅳ. ①G718.3

中国国家版本馆CIP数据核字(2023)第207148号

责任编辑 张国梁 王曦莹
封面设计 雷们起

书　　名 中职班主任知与行
作　　者 何生玉 刘开英 编著
出版发行 兰州大学出版社 （地址：兰州市天水南路222号 730000）
电　　话 0931-8912613(总编办公室) 0931-8617156(营销中心)
网　　址 http://press.lzu.edu.cn
电子信箱 press@lzu.edu.cn
印　　刷 甘肃日报报业集团有限责任公司印务分公司
开　　本 710 mm×1020 mm 1/16
印　　张 17(插页2)
字　　数 276千
版　　次 2023年10月第1版
印　　次 2023年10月第1次印刷
书　　号 ISBN 978-7-311-06556-0
定　　价 58.00元

前　言

《国家职业教育改革实施方案》指出："职业教育与普通教育是两种不同教育类型，具有同等重要地位。改革开放以来，职业教育为我国经济社会发展提供了有力的人才和智力支撑，现代职业教育体系框架全面建成，服务经济社会发展能力和社会吸引力不断增强，具备了基本实现现代化的诸多有利条件和良好工作基础。"同时强调："办学和人才培养质量水平参差不齐等问题，到了必须下大力气抓好的时候。"

要巩固职业教育类型地位、提高人才培养质量，就中等职业教育而言，强化学生德育、培养良好习惯、培育健全人格、提升非智力因素，是完成培养和造就高质量技术技能型人才任务的关键，而实施系列工程、实现培养目标，很大程度上依赖于班主任；班主任工作好，育人质量就比较高，毕业生的适应能力就比较强，学校的社会声誉就比较好。

中职学校班主任是贯彻落实国家中等职业教育政策、实现职业教育目标的重要力量。班主任工作的好坏，直接影响职业教育的效果和国家优质中等专业学校的创建结果。因此，打造一支师德高尚、掌握学生心理、懂得如何管理的"双师型"班主任队伍，就成了中等职业学校管理工作者的一项重要任务。

多年来，社会上形成了一种根深蒂固的思维定式，一谈中职学校学生，总是认为基础差、习惯差、意识差，似乎不可救药，乏善可陈。事实是，近年来，随着国家职业教育政策的不断完善和中职学校自身教学改革工作的不断推进，教育质量发生了质的飞跃，中职学校的学生在广大职业教育工作者的不懈努力下，不但掌握了一定的技术技能，而且养成了良好的行为习惯，具备了足以立足社会的职业认知能力和技术水平。职业学校学生整体素质跨越式提高，技术水平大幅提升，毕业生已经成为社会主义建设的重要力量，发挥着不可替代的作用。一部分优秀毕业生因其敏锐的洞察力、坚定的执行力、敏捷的思辨力成为行业、企业的翘楚。

中职学生要改变社会偏见，完成自身革命，需要社会提供充分展示其才能的平台，需要大批善于辨识良莠的伯乐。深入学生、了解学生、掌握他们的喜怒哀乐，成为学生知心朋友，进而实现教育目标，成为优秀的中职学校班主任，是广大职教工作者共同的追求。诚如中国现代职业教育的先驱黄炎培先生说的“十步之内，必有芳草，此中不少天才，徒为境遇所困，无由发展”，“今日之蹄涔萌蘖，他日之江河林木”。如何发现“芳草”，实现“今日之蹄涔萌蘖，他日之江河林木”的目标，是中等职业教育面临的重大课题。这些年来，笔者在与班主任教师的深入交谈中，在亲力亲为的实践中，在广泛的校际交流中，聆听班主任朋友讲述，目睹班主任工作成败，深切感受到要做好班主任工作，需要对班主任工作进行系统研究，吸取前人教训，从中找出可资借鉴的、可以复制的经验。

《中职班主任知与行》全书共9章。前八章分别从8个方面各自选取9～10个班主任工作的典型案例，以案例为证，用事实说话，总结中职学校班主任工作中的成败得失，交流中职学校班主任工作的经验教训，从中探索教育学生、培养学生、促进学生成长的规律，为广大中职学校班主任提供一些有益的借鉴。案例前面添加了小标题，案例后面总结了案例启示。第九章从学会宽容、懂得感恩、传承中华优秀传统文化等方面对前八章内容做了补充。为增强可读性，每一章后加了一则小故事。

《中职班主任知与行》由何生玉、刘开英联袂编写。何生玉同志提出了编写思路，制订了编写方案；刘开英同志负责对掌握的素材进行整理。

其中，何生玉同志编写第一章至第四章，约12.5万字，刘开英同志编写第五章至第九章，约13万字。

《中职班主任知与行》在编写过程中得到了甘肃省武威市凉州区职业中等专业学校、甘肃省理工中专、平凉机电工程学校领导的大力支持和这些学校广大班主任教师的积极响应，不少教师提出了很好的意见和建议，并提供了大量第一手材料，特别是甘肃省武威市凉州区职业中等专业学校高级讲师张永彪同志在繁忙的教育教学之余，反复推敲书稿，认真甄别案例，精心打磨细节，为本书的写作付出了大量心血，在此表示由衷的感谢！

编 者

2023年7月

目 录

第三章　慧眼识珠

第四章　砥砺成才

第五章　爱心滋润

第六章　循循善诱

第七章　教学相长，良人度己

第一章 润物无声

老子说：“处无为之事，行不言之教”，“大音希声，大象无形”。不刻意强求，不过分主张，无形无态，才能进入朴素而没有任何人为痕迹的境界。职业教育作为教育的一种类型，要培养和造就高素质技术技能型人才，就应该育人无痕、润物无声。

黄炎培先生曾经说：“教育曷贵也？语小，个人之生活系焉；语大，世界之文化系焉。”教育的目的在于培养具有健全人格、有益于社会的人；教育的过程是“天街小雨润如酥，草色遥看近却无”，不经意间，“随风潜入夜，润物细无声”。

案例一　走近学生，从了解开始

在班级管理过程中，学生既是管理的对象，也是教育的主体。教育的过程是师生之间不断交流的过程，既有各种信息的发出和反馈，又有情感的相互交流。教育学生的前提是理解学生，理解学生的前提是了解学生。所以，一切从了解开始。如果老师不能了解学生的内心世界，就会增加施教的难度。无数成功的经验告诉我们，创设一种和谐的师生关系或教育氛围，是德育入心入脑的基本前提；而要建立和谐的师生关系，教师就要尽力开启学生的心灵之门，感受学生的感受。

同学甲平时和同学关系不错，有很多朋友，性格很开朗，尤其爱打篮球。但是他有个缺点，脾气急躁、容易冲动。有一次在生物课上，他因为没有遵守课堂纪律，任课老师口头批评了他几句，他就不顾一切扭头走出了教室。事后他向任课老师承认错误，在班里也做了公开检查，并保证以后会努力学习，尊重老师。

我接手这个班时，开始觉得同学甲讲义气、重情义，虽然成绩不好，但是反应敏捷。通过这次与任课老师的冲突，我想他应该从中得到了教训，于是仍然鼓励他要好好学习、积极向上，并表示愿意和他在私底下成为朋友。但之后发生的一件事，使我意识到这个孩子在自我管理方面还存在很多不足，需要教师进一步的教育。

有一天下午自习时，我在例行检查时发现，班级里有几名男生的座位是空的（其中包括学生甲），于是便让几位同学去找他们。不一会儿，他们几个人大汗淋漓地走了回来，我把他们带到了办公室询问情况。了解清楚之后才知，原来他们是去打篮球了，因为他们认为下午的自习课并不重要。面对他们这样的学习态度，我很是揪心。针对这次问题，我想不能只是进行说服教育，这种随便缺课的风气如果不纠正的话，就会在班内造成很坏的影响。于是我采取了与家长沟通的方式，让家长来学校一同解决问题，希望通过这件事情让他们认识到按时上课、好好学习对学生的重要性。

在与家长协商解决问题的过程中，同学甲表现得满不在乎，虽然承认了错误，也写了检查，但此后他开始不断地出现各种各样的问题，学习不再专心、纪律不再遵守、作业潦草应付、上课肆意捣乱……一次不适当的处理，竟然导致了完全出乎意料的结果，我为我的草率和缺乏经验懊恼不已。

后悔归后悔，但我还是等待着时机的到来。不久后的一次课间操，成为我们师生关系的转折点。做操的过程中，他的动作不标准，课间操结束后我把他留下来，进行了谈心谈话。他开始很不信任我，对我说的话不以为然，当我说到一半的时候，铃声响了，他想回去上课，我突然意识到这是个好机会，如果今天不和他敞开心扉交谈学习，那么我的教育就没有任何的意义了。于是我转变谈话角度，谈到了我和他的关系，也谈到了他的未来、他的人生之路……

我对他说："孩子，现在能够直言指出你缺点的人才是真心关心你成长的人，你以后的人生中会遇到形形色色的人，但是只有遇到那些指出你错误的人，才是你真正值得信任的人。你现在学习很不积极，你要明白，学习是你目前最重要的任务，我相信你是个懂事明理的孩子，应该能分清主次。学习的困难，我们可以团结起来一起克服、一起进步，互相帮助才能使我们每个人有更大的进步。你现在的状态很不好，如果你是对老师有意见，那么你可以直接提出，好的建议我一定接受，并努力加以改正，我只是想在我的能力范围内帮助你们每一个人实现自己的理想。"他一边听一边点头，虽然这次他没怎么说话，但我觉得他是真的听进去了，或者多少听进去了一些。我觉得这次谈话很有效果，此后他的转变也印证了我的感觉。

至此，我才真正了解了同学甲。由于了解，我才能更进一步接近他，师生之间才能建立起相互信任的关系，为以后的教育铺平道路。

【案例启示】

对于一名教师来说，懂得了解学生、相信学生、欣赏学生，才会和学生有心灵的交流，才能挖掘出学生身上的潜能。"德高为师，身正为范"，

班主任必须注意自己的一言一行，因为我们的一言一行都会对学生造成影响。班主任首先得做一个真诚善良、品德高尚的人。其实教师的工作并非只是教书，更多的是育人。教会学生如何做人比完成教学任务更重要，只有品德高尚、人格完整的人才能更好地立足于社会。

案例二　爱在批评间

表扬和批评是班主任常用的教育方式，不论哪种方式，都需要班主任恪守爱的准则。润物无声、育心无痕，在貌似批评的惩戒中，蕴藏着对学生深沉的爱，这是一门科学，也是一门艺术。

入春的雪来得突然，早操变成了扫雪。可227寝室的六个同学却忙着打雪仗忘了干活。早自习上，我走进教室："请227寝室的同学离开教室，在操场慢跑三圈，享受2018年第一场雪带来的浪漫。"几分钟后，我再次戏言："享受冬日浪漫，诗兴定会大发，现命尔等每人赋诗一首。"一会儿，刘思恺进来了："天苍苍，地茫茫。六个站操场，心底只慌慌。不知诗如何，恳请能原谅！""好！"我带头吆喝，学生捧腹大笑。接着，良良进来："清晨时分写好诗，瞌睡颠沛真无趣。因为北风吹得冷，所以进来暖春风。"我本想放过他，但同学们说不押韵。片刻，他"卷土重来"："风萧萧兮易水寒，可怜良良兮台上喊。数次上台皆不行，落得野外伶孤单。""勉强过关！"……六个人依次亮相，一场波澜就此平息。

【案例启示】

教育，是拒绝"经验"的职业，因为教育面对的是千变万化的自然人，教育永远不会有一成不变的经验。教育不是机械的重复，而是智慧的创造。学生是鲜活的个体，爱学生就要学会批评，爱学生就要讲究智慧。

批评学生宜春风化雨、润物无声、张弛有度、充满智慧，将教育与批评结合，以人性之无穷力达育人之无尽数。当然，班主任一定要把握批评的度，切不可滥用。

案例三　用爱拨动心弦

爱是成功教育的动力源。爱在不经意中，在生活的每一个角落里，这种不刻意营构的爱，走进学生心田就会起到润物细无声的巨大作用。作为一名班主任教师，必须拥有最深厚的爱生之情。

用爱心和耐心拨动学生转化的琴弦

教育如果没有爱，就等于无水之地。爱是教育的基础，没有爱就没有教育。

2016年，我接手新班。班上有一位杨同学，平时对班级事务漠不关心，学习成绩也不理想。据家长讲述，杨同学特别喜欢自己的家，总是将家里收拾得有条不紊；家里来客人时，他热情接待，客人走后他总是第一时间打扫卫生；他还收藏了很多电器元件，对电器很感兴趣。可就是这样一个对生活充满热情的孩子，有些表现却令人费解。

当年，我们班在学校秋季运动会中拿了总分第一，全班同学欢呼雀跃，我也和同学们一样沉浸在喜悦之中，可是他却冷冰冰地说："拿了第一对我有什么好处?"听了他冷漠的言语，我内心很生气：作为班级的一员，怎么可以置身事外？虽然窝着一肚子火，但我还是耐心地与其坐下谈心，告诉他班级也是他的家，是他在学校的家，这个家要靠每一个家庭成员用心呵护，家庭的荣誉就是每个成员的荣誉，我让他找找自己家庭成员所获的荣誉并想一想家庭成员在获得这些荣誉后的感觉，同时我告诉他同学和教师都会像家庭成员一样关心爱护他。

道理讲了一大堆，他依然满不在乎。我知道他不会因为我的几句话就相信班集体也是他的家，也知道光靠说教是不行的，重要的是让他真正感受到班级的爱。之后，我利用空闲时间和他谈心，在他不能回家的周末陪他聊天；渐渐地，我们之间的距离拉近了，他能感受到我对他的关爱，并开始接受班级这个大家庭。

看到他的转变，我决心实行下一步计划：帮他转变学习态度。我和他一起探讨了“我们为什么要学习”的话题。谈话中，我事先了解了一些电器知识，现学现卖地与他聊了他感兴趣的话题，并向他讨教家用电器的养护知识。接下来的日子里，我又帮他确定了学习目标，调动起了他的学习兴趣。期末考试，他名列全班第二，获得“学习进步奖”。

用爱心和耐心奏出学生转化的美妙和声

情感是一种力量，它具有激发学生求知欲的作用。要做一名深受学生爱戴的班主任，需要在自己和学生中间架起一座互相依赖的桥梁，使教师和学生在感情上产生共鸣，用诚心去劝导，用耐心去说服，用爱心去感化。作为一名教师，以情感人时要体现公正性和平等性。教师若一味地把感情放在思想表现好、学生成绩优异的学生身上，而对后进生以冷漠的态度对待，这势必给今后的工作增加难度。陶行知说过：“教师的任务是‘千教万教，教人求真’，学生的任务是‘千学万学，学做真人’。”如果说学习上暂时落后的学生是班级中表面上的后进生，那么思想上处于落后的学生则是一个班级潜在的后进生，这种学生更需要教师的帮助。

我班有个詹同学，在考试时作弊。对于自己的这种错误行为，詹同学振振有词：我作弊是为了有个好分数不让家长伤心。我意识到这是一名思想上需要帮助的学生。首先，我告诉她，老师相信她的确是为了不让父母伤心而做了错事，然后我又问她：“这样做真让父母放心了吗？诚实与欺骗，哪一个让父母更放心？”与此同时，我又和学生家长取得联系，让他们配合做好该生的思想教育工作。詹同学返校后，例行公事般地向我承认自己错了。但我意识到她并没有从思想上真正认识到自己错了。我告诉她：“错过一次并不可怕，可怕的是错过以后还不知道自己错在哪儿了。你只想到得个高分，可你是否考虑到了作弊的后果：违反了学校纪律，破坏了公平竞争，损害了班级荣誉，同时也让父母感到心痛。”在接下来的日子里，我没有因为她违反过纪律而放弃她。有一次，见她神情沮丧，我从别的同学处了解到相关情况。原来，她与一名女生产生了冲突，相互指责，互不相让，使原本的一对好朋友形同路人。对此，我决定先从对方入手进行说服教育，并让詹同学与冲突的朋友进行直接交流、化解矛盾。由于我的努力，两位同学又和好如初。这件事过后，詹同学的心结终于打开，她感觉到老师和同学的关怀。她在班会上对同学们说：“我以后不再只考虑自己，我要学会关心别人、关爱别人。”

多年的班主任工作使我进一步懂得：对待学生，应多一分爱心，少一分冷漠；多一分耐心，少一分嫌弃。我始终相信：爱是教育的源泉，爱心是成功的基础，耐心是成功的保证；春风化雨，润物无声。泰戈尔说过：“不是锤的打击，而是因水的歌舞，使石头日臻成为完美的鹅卵石。”老师的温情和博大的爱，在无声无息中自会感化、滋润学生的心田。

抓住机会，金子就会闪光

班主任工作的核心是德育。德育工作的成功，在于能够找到每个学生的闪光点，并且经过坚持不懈的努力，帮助他们取得进步。

林同学基础比较差，入校成绩不佳，个人表现也不是很好，但他有一种不服输的劲头。新学期刚开始，我经常刻意地找他“帮忙”，如帮助科代表发书、替任课老师准备教具等。一段时间后，他的表现好多了，平时也会主动和同学在一起玩了。可以说，这个阶段是林同学后来进步的关键。

因此，教师敞开心扉，大胆尝试，以关爱之心触动学生的心弦，“晓之以理，动之以情”，用爱去温暖他，用情去感化他，用理去说服他，从而促使他主动取得进步。当学生的心敞亮了，学习就成了顺理成章的事了。

第二学期，我趁热打铁，大胆尝试让林同学担任副班长，负责班级纪律。责任在肩，他经常第一个到校，及时提醒同学走路轻、说话轻，不要影响同学学习；对那些违反班级纪律的同学，他敢于及时制止，使班级纪律大为改观，班级学习气氛日益浓厚。经过一年半的努力，全班学生的学习成绩明显提升，他本人的成绩也保持在班级前五名。

【案例启示】

过分强调“师道尊严”，往往会忽视学生作为独立个体的存在价值，往往会认为学生只能被动地接受教育，以致引发师生的对立，导致学生出现厌学情绪，使得教育的目的难以实现。因此，教师必须以学生为中心，尊重学生、善待学生，努力优化“生态”环境，使教育在公正、平和的气氛中进行，引领学生在快乐中成长。尊重学生，要把学生的思想和行为当作重要事情来关心，尊重学生的人格，关心学生的进步，理解学生的感受；当然，也应当严格要求他们，因为严格要求是尊重的另一种形式。

案例四　从点滴中觅光

万事万物在发展中都存在矛盾，矛盾是普遍存在的，改造世界就是解决矛盾。班主任工作就应该不断寻求解决管理班级和处理师生矛盾的方法。学生总是贪玩的，要让他们严守课堂纪律，规矩做事，或多或少会引起他们的不满。但如果就此断定这些学生不思进取、胸无大志，必然会陷入主观主义的泥淖。抓住主要矛盾和矛盾的主要方面，成功化解矛盾，在矛盾中促进班级工作进步，促进学生成长，是班主任工作的重要职责，也是班主任应当具备的基本素质。

学生进入中职学校后，身心迅速发展，独立心理持续增强，在情感上处于不成熟到成熟的过渡期。他们总觉得自己是大人了，力求摆脱对老师、父母的依赖。老师和家长在他们心目中的权威渐渐降低，他们不再以老师为中心，不再对老师的命令绝对服从，看待问题也有了自己的想法，一定程度上强化了以自我为中心的意识。他们会渐渐地疏远老师，封闭自己的心理，个别同学经常表现出情绪不稳定、情绪多变化。除上述特点外，中职学校的学生与一般普高学生相比，在内心深处或多或少有一丝自卑心理，所以说，中职学校学生的心理是敏感的、复杂的、特殊的。

马克思主义哲学认为，矛盾具有特殊性。因此，每个班级的管理时间长度、管理方式不尽相同，只要细心观察，便不难找到解决问题的切入点。

我班里有一位王同学，从新学期开始，上课就不认真听讲，对任课老师的话置若罔闻。我敏锐地意识到：如果任其发展，他可能会成为班级一个不好的典型。

我在与王同学的谈心过程中了解到，他认为自己一直以来就是“反面教材”，认为所有的任课老师甚至家长都觉得他怎样做都不如别人。久而久之，他自己就真的认为自己不如别人，只要混到毕业，拿到毕业证就心满意足了。

“自己真的不如别人”这一认知让他很自卑。作为班主任，我一定要为他创造表现的机会，让他重拾信心。于是，我利用一次班会课，对班里的学生说，我要推荐王同学为劳动委员。原本气氛热烈的班会立刻安静下来了，同学们疑惑不解地望着我，我没有过多地解释，只说我相信王同学不会辜负我的信任的，也希望大家相信他。虽然同学们当时没说什么，但是肯定是“将信将疑”。

王同学在班级中没有威信，也没有做班干部的经历，但是他想做好。试用期间，我多次看到王同学在每次劳动结束后，总是最后一个离开，原来他是等同学们做完后自己再检查一遍。而且每次集体劳动，他总是拣最苦、最累的活干，毫无怨言。在后来班会中，我表扬了他，为他在班级里树立了威信，同学们愿意接近他、认可他，最终他正式被选举为劳动委员。与此同时，我因势利导，让王同学渐渐地在集体中找到了自己的位置。从此，同学们看他的眼光也不同了，由原来的不屑变为了钦佩。他自己也信心大增，有了把班级工作做得更好的愿望，对自己的要求也越来越高，学习有了动力，成绩也不断地提高。

美国心理学家威廉·詹姆斯研究发现：“人类本性中最深刻的渴求就是受到赞美。”赞美，是学生在成长中的心理需要。学生在成长期，有着很强的可塑性。我相信，只要从他们身上找到突破口，就会让事物向好的方面转变。班主任要花很大精力去面对一些成长困难的学生。对于成长困难的学生，尤其是行为表现不佳的学生，单纯的说教和用行为规范约束，

很多时候效果不佳。只有调动学生的积极性，善于发现学生身上的闪光点，才能激发其内在的热情，点燃其心中的明灯。

对于那些成绩优秀的学生，我们要爱得理智和宽广，激发他们的潜能，促使他们超越自我；对于学业遇到困难的学生，我们要爱得细腻和真挚，发现他们的困难，真心地帮助他们。在中等职业学校，面对更多需要特殊帮助的学生，我们更加不能放弃对他们的教育，要想方设法重塑他们生活和学习的信念，要发现他们的优点，鼓励他们面向未来。

班主任要努力让每个学生身上的闪光点发亮，照亮他们的人生轨迹，所以，师爱是包容。班主任唯有无私地付出真诚，班集体这棵大树才能枝繁叶茂、茁壮成长。

【案例启示】

“歪脖子树也可雕龙头拐杖”。我们眼里再差的学生也有他的长处，关键是我们如何发现其优点、放大其优点。前进的路上，一个也不能少，努力让每一个孩子成长成才。成全孩子就是成就家庭，就是对社会的重大贡献。班主任最高明的教育手段是那种“无痕”却“有情”的教育，去挖掘学生的优点和长处，发现并及时表扬。

案例五　批评是一门艺术

班里有一名学生，是从其他学校转来的，除了体育成绩好以外，学习成绩是班级最差的；至于纪律更不用说，隔三岔五就迟到，上课不遵守课堂纪律，不按规定穿校服，等等。为此，我找他进行过多次谈话，他每次都虚心听取我的意见，主动承认错误并写检查；但是，不出一两天还是照样。我曾经按照班规处罚他做了两周的值日，但他的这些坏习惯丝毫没有改变。

一次，上午自习课，我去班里巡查，还没进教室，在楼道就听见他大声叫嚷的声音，在空荡荡的楼道里显得特别刺耳。我怒气冲冲走进教室，本想狠狠批他一顿，他一看见我进来，就赶紧坐好不说话了。当我正要开口时，他先说了："老师，我错了，您放心，以后我一定不在课堂上乱说话了。"听到他这句话，我有点无奈，他什么都明白，但就是做不到。接着，他又说："老师，咱们俩掰手腕吧，你要赢了，我保证一个月不违反纪律。"当时我灵机一闪，觉得或许这是一个好的教育契机，就说行，不许反悔。他说："我决不反悔。"

经过一番激烈较量之后，他输了。但他还是不服输，说："老师，我左手的劲比右手大，咱们再来试试？"又一番较量，他最后输得心服口服。可能当时他很自信，觉得我不是他的对手，借此可以在班里显示一下自己的实力。的确，他的手劲很大，但他毕竟是个孩子，我确信他不是我的对手。经过这件事后，那一个月他的确没有违反纪律。

既然事情有了一个良好的开端，那下一步该怎么办呢？面对这样的学生，单纯批评教育和采取惩罚措施是解决不了问题的，那又该如何去处理呢？

我觉得作为班主任，要在他的心目中树立威信，让他特别信服你、认可你，这样他才会对你言听计从，从心底真正地接受你的劝导和建议，而不是表面上的应付。

于是，我便从他的兴趣爱好入手。他爱好篮球，我就在体育活动课上陪他和班里的其他男生一起打篮球，给他们一些技术上的指导；他爱踢足球，我也陪他一起去训练。另外，我发现他和其他几个学生下午放学以及中午吃饭的时间喜欢下象棋，我不懂象棋，他却能讲明白什么是开局、中局、残局，于是我利用这个机会让他给同学们讲解象棋知识，加深了我们师生之间的沟通，这样我终于在他的心目中初步树立了威信。

有一次，他主动把全班同学收集的废弃饮料瓶拿到校外收购站卖了，充当班费，这种为了集体利益而牺牲个人休息时间的精神，我在班级中大加表扬；对他近一个月来不违反纪律、按时交作业的表现也给予鼓励，这样渐渐地树立了他的自信心，让他觉得自己除了在体育方面好以外，其他方面也可以做得更好。现在，虽然他的学习成绩有待进一步提高，但纪律

方面有明显好转，我在管理班级方面也觉得轻松了许多。

通过这个案例，我觉得作为一名班主任，不仅要做良师还要做益友，多给这样的学生一点关爱和宽容。下面再看一个案例：

一天，班里有个女同学无缘无故不上自习。我知道后，很是生气，本想批评教育她一顿，但冷静下来仔细一想，这个女生平日乖巧懂事，她突然反常的表现提醒了我，决不能莽撞。

随后，我来到她的宿舍，见她正在抽泣，非常伤心难过的样子。再三询问后，她吞吞吐吐地告诉我不想再读书了。我没有因她擅自不去上晚自习而批评她，而是抓住了问题的关键——为什么不想读书。在我再三追问下，她终于告诉我原因：她觉得自己的文化课成绩总是考不好，只是凭借专业课和技能大赛成绩很难升入本科院校。听了她的话，我突然意识到，她可能是考前焦虑引起的厌学情绪。意识到这一点，我就知道该如何应对了。

我用我的学习经历告诉她，学习确实是个苦差事，我曾经因为数学不好，也一度想放弃，但最终我挺了下来，谁能坚持到最后，谁才可能是赢家。我坚持了，如愿考上大学。同时，我又帮她分析了她目前的学习状况和总体形势，上次月考只是没发挥好，并不能代表最终的结果，只要能认真学，就一定会有好成绩的。讲到这里，她停止了哭泣，好像在重新思考这件事了。

这时，我就没有再围绕这件事讲下去，只是对她说："老师今天帮你去向值班老师请假，允许你在宿舍，不去上晚自习。但你要答应老师要好好考虑退学的事，这是你人生的转折点，不能马虎，一定要对自己负责。如果你现在不能答应我，那老师本着对自己学生负责的态度，只能饿着肚子在宿舍里陪你，你看怎么样?"她郑重地点头，答应我她会好好考虑的。此时，我看她的情绪稳定了，于是就事论事批评她擅自不上晚自习，让老师担心，告诉她以后不能什么事都随心所欲。

就这样，我走出了宿舍门，却走进了学生的心里。第二天，这位女生的情绪明显好多了。之后，我继续关注她，并和家长配合，一起给予她帮助和鼓励，终于让她走出了低谷。现在，她学习非常刻苦，成绩在不断提高。

我认为，了解学生的个性差异是正确使用批评方式的前提。学生的性格千差万别，为了提高教育效果，教师必须善于观察和分析，针对学生的性格差异，采取灵活多样的批评教育形式。其实，批评的艺术就在每个教育者善于捕捉的慧眼中，就在善于热爱学生的胸怀中。

【案例启示】

批评是一门艺术。批评的目的是激励而不是打击，是唤醒而不是压制，是叫孩子“抬头”而不是“低头”。为达此目的，需要选择合适的时间、地点、方式，需要找准切入点。批评是教育者对被教育者进行教育的一种方式，是通过言语晓之以理、动之以情的教育方法，也是教育者必不可少的教育手段。“良药苦口利于病，忠言逆耳利于行”，古人把“忠言”与“苦药”等同，足见批评的话确实不中听。批评得当，一生受用；批评失当，则毁一生。

案例六　容错也是爱

班主任工作的核心是德育工作，德育工作中班主任关注的重点是培养学生的良好习惯。在信息高速发展的今天，学生可以通过各种各样的方式接收许许多多信息，他们对某些事物有着自己的认识和思考。因此，德育工作不仅仅要求教师要关心学生，还要求教师运用科学的方法关心学生生活、引领他们成长，让孩子们能够成为情智共长的新一代。作为班主任，与学生的接触时间最多，许多烦琐的事情更需要用心去分析、处理，否则会给班级建设和学生成长带来不好的影响。

处于青春期的学生，随着生理上的日益发育成熟、性意识的萌发，男女生都会对异性产生好感和爱慕，希望与有好感的异性相互接近 、了解 、交往并结为朋友，这是很正常的心理现象。正处于青春期的中职生，由于学业压力较同龄人小，更容易产生早恋情况。对此，班主任如果引导不当，则会对学生的学习和身心产生较大影响。

我接手2021级机器人班班主任后，很关注学生的心理问题。在中专二年级上学期开学后不久，班里的男生张某和女生黄某出现了早恋的情况。我发现后，本想按校规责令检查、通报批评，并通知家长。可当我问自己那样做会有什么结果、能达到什么目的时，顿时冷静下来，我决定另辟蹊径。经过查找资料、询问老班主任和心理健康老师，综合各种信息，在深思熟虑后，我心里打定了主意。

首先，以退为进，我佯装不知，并让班干部给其他同学打招呼不要议论他们的事。待事情冷却后，我开始实施第二步：组织主题为“早恋有哪些好处?”的班会课。班会课上，同学们兴趣高涨，积极发言，然后我进一步引入问题：“中职生为什么会早恋?”有的同学开始沉思，有的在窃窃私语。待到学生发言后，我顺势引入科学的解释，并且指出：早恋是成长过程中正常而美好的情感现象，不要大惊小怪，早恋的同学应该和大家一样受到尊重。我继续引入：“存在就是合理的。那为什么校规中还是规定学生不能谈恋爱呢？是学校搞错了吗?”这下学生又议论开了，有的学生说应该取消这条校规，有的学生提出了早恋无益的建议，也有的认为事不关己……于是我继续引入：“早恋有没有危害？有哪些危害?”通过讨论，学生们认识到，早恋是有害的，会给青春期的我们带来很多烦恼，消耗很多精力，影响学习和生活，也容易使人产生挫折和痛苦。学校正是考虑到这一点，所以，校规的制定完全是从爱护和保护我们着想的。如果出现了早恋的心理和现象，自己也不要害怕，要用理智支配情感，进而化爱的力量为奋进的动力。最后，我让班长带领全班倡议：我们拒绝早恋！同时，让每个学生写下承诺书，并在拒绝早恋的横幅上签名。面向全体学生的这次教育起到了一定的效果，但对于张某和黄某两位同学的教育还不能结束。

期中考试到了，他们两人的成绩都明显下降，我认为时机已经成熟，于是先分别找他们谈话。我没有直接批评他们，只是让他们详细说明这学期以来的情况，并认真反省成绩下降的原因，当他们开始认识到问题并告诉我真实情况时，我虽暗自高兴，但还是严厉指出：“你们的行为已经违反了校规，不仅给自己造成损害，也给班级带来不良影响。其实我早就知道这件事，只是一直没有用校规来处理，就是想让你们自己能主动认识到危害。”他们神情尴尬，明显已经意识到了自己的错误。接着，我诚恳地对他们说：“谈恋爱是你们的权利，只是过早并不加节制地接触这种感情如同品尝青涩的苹果，你们现在为了恋爱不顾一切，把学习抛在脑后，设想一下将来能有好结果吗？其实你们完全可以换一种方式表达爱，用爱的力量鼓励对方，在学习上树立目标，互相帮助，就一定能收获爱的甜蜜。”此时，他们的内心非常激动，眼中放射出明亮的光芒。我拉住他们的手，说：“孩子们，我相信你们，期待着你们。”他们不住地点头，哽咽得说不出话来。

从这之后，两人的学习态度有了很大的转变，以前的迟到、早退、旷课完全没有了，卿卿我我的儿女情长被相互交流、讨论、学习所替代，我看在眼里、喜在心头，并及时表扬了他们。转变了他们，班级的学习风气也因此发生了很大的改变，期末考试两人都取得了好成绩，高考时两人双双以较高成绩考取了理想的大学。

【案例启示】

对于早恋问题，教师应该尊重和理解学生的感情。青春期正是对什么都感到新鲜、都想去尝试一下的阶段。作为教师，如果要介入他们的生活，最好先从和他们做朋友开始，把学生当成是自己的朋友，用朋友的方式去劝导他们，告诉他们什么是弊大于利，什么是利大于弊。只有这样，学生才会信任你，才会接受你的帮助、你的观点。教师跟他们聊天时，一定要讲究分寸，不可伤害学生的自尊心；要以平等的态度，一起探讨、分析出现的问题，找到最佳的解决途径。在心理疏导的过程中，教师不可急于求成，有些问题需要学生慢慢地体会，当学生悟出道理的时候，就是他们摆脱心理困扰的时候。

著名教育家夏丏尊说过：“教育没有情感，没有爱，如同池塘没有水一样。没有水，就不能称其为池塘；没有情感，没有爱，也就没有教育。”班主任要转化一名学生，单靠丰富的知识是不够的，还得靠教师用爱心去感化他们。每个学生都渴望得到教师的爱，只有让学生处处感受到教师的关心与呵护，才能打开他们的心扉，倾听他们的心声，并及时客观地分析

原因，正确引导点拨，发现学生的闪光点。

容错也是一种爱。学生的人生经历、生活体验决定了他们很容易犯错误、受伤害，但也很容易改正、治愈。

密切关注学生身心健康。当今社会竞争激烈，学生面临中考高考，压力重，心理脆弱；加之由于缺乏良好的生活环境和教育环境，学生身上的不良现象、失控行为时有发生。因此，营造有利于学生成长的健康环境显得尤为重要。

积极开展心理健康教育。青春期的学生容易感情用事，常因鸡毛蒜皮的小事结成恩怨，或者为图一时的痛快而争勇斗狠。中职学生崇拜英雄，特别讲江湖义气，常常为朋友“两肋插刀”，以暴制暴，效仿武侠，快意恩仇。所以，在进行法制教育的同时，必须时刻关注学生心理健康情况，弄清他们产生某种举动的心理因素，对症下药，开展心理疏导。

面对犯错学生，还应该注重正面教育，注重诚信教育，分辨是非；重视和开展健康心理形成过程的认知辅导，运用德育教育，以学校德育活动为载体，以社会规范和学校行为规范为主要目标，以自我教育为主要手段，开展各种活动，用活动效果去体验规则的重要性。这样的体验活动，使学生提高了判断能力，逐步接受正确的道德行为规范。

案例七　每一朵花都有盛开的理由

“学校教育，以人为本”。承担这一重任的主要力量就是班主任，班主任既是班级工作的组织者、班集体建设的指导者、学生健康的引领者，也是沟通家长和学校的桥梁。班主任工作既是一门科学，又是一门艺术。

2017年9月，我迎来了自参加工作以来的第三届学生。该班系护理专业，有59名同学，其中女生57人，男生2人。在校三年里，通过全体任课教师的齐抓共管以及学生的不懈奋斗，2020年7月全班学生均以优异的成绩考入高等院校就读。

小霞就是这一届的学生。刚进班时，我就发现她与其他女同学有些不同，眼神倔强，目光又渴求被大家认可，整个人的气质有点桀骜不驯，很少说话但又不代表她就腼腆，尽管学习基础相对薄弱，但一直在努力。在校期间，她那两次火山爆发般的大发脾气——嘴唇发白发抖、双拳紧握、目露“凶光”，给我留下了深刻的印象。一次是和外班一男生发生口角，情急之下似乎要大打出手。另一次是和同班同学宋某某发生纠纷，盛怒之下将手中的作业本砸在了别的同学的身上，让全班同学震惊。

这两次事情让我深深认识到问题的严重性，如何对她开展针对性教育，遏制她暴烈的一面，发掘她潜在的善良，抚平她心中的暴躁，是我那时第一个念头。那么，到底是什么原因致使她脾气这么暴躁，这么不可一世，这么目空一切呢？

经过一番调查和询问，我了解到小霞在初中的时候，就是班里的“霸王花”，同学都怕和她交往；而且在家里谁都不敢说她，父母忙于工作，偶尔说几句她都会暴躁地顶撞，摔门而去更是司空见惯。她身边的人了解她的脾气，都对她很忍让。然而，这种旁人的忍让形成了她“高高在上”的优越感，这样的心理更助长了她不可一世、唯我独尊的暴躁脾气，使她遇事更加沉不住气、易暴易怒，听到一句不顺耳的话就火冒三丈，受一点刺激就大发雷霆。基于这些客观原因和自己的性格缺陷，小霞才有了这样两次“火山爆发”。

按说，小霞这样的表现在班级管理中应受到严厉的惩罚，当我了解到她这么多的过去，又是这么一个心浮气躁的女生，若态度严厉她会更加地强硬，所以我采取的是暂时冷却法。先让大局稳定下来，让她的好友陪她出去转转，冷静冷静、反省反省自己刚才的行为，待她冷静后，认识到自己的不足时，我才开始了我的爱心加耐心的工作。

先动之以情，拉近我和她的心理距离：“你费尽周折、千辛万苦从农村到我们职业中专来，就想和过去的那个自己诀别，掀开你人生的新篇章，想从进入职中的那一刻焕然一新，成为老师眼中的好学生，父母心中的乖乖女；而且你来之后，尽管学习基础薄弱，但你从未放弃，上课听讲认真，眼里充满了求知的欲望，课后善于问老师自己解决不了的疑难问

题，争取每次按时完成作业；生活中小心地与班上同学相处，总害怕同学孤立你、排挤你，所以你尽量不说话，而且座位也选择在不起眼的角落；但我知道你是个漂亮开朗并幽默豪爽的女孩，你的心地很善良，同时你也不想和同学有这样的事情发生，这样的表现完全背离了你刚进职中的人生设计，毁灭了你前一段时间好不容易留在同学心目中的良好印象。所以，你大声呵斥，你摔东西，以表现你心中的痛苦。当然'一个巴掌拍不响'，对方也有不对的地方。"

说到这里，她已经抽泣哽咽，泣不成声，这时我才懂得其实那些脾气暴躁，经常被老师父母认为的坏孩子也有内心最不容易触碰的情感。这时我继续补充道："只要心灵是诚恳的，只要生活的激情还在，不管风雨坎坷有多少，只要你一如既往地朝前走，等待你的依然是灿烂的阳光。"此时，小霞眼里尽管还泛着泪花，但已经露出坚定的目光。

再晓之以理，指引给她明确的方向："首先，你是女生，脾气过于暴躁，对你身体不好，试想有谁愿意和火药桶交朋友，整天担心这个火药桶什么时候爆炸。其次，要学会控制自己的情绪，一个无法控制自己情绪的人是很难走向成功的，再说并不是每一个人都能忍受你的情绪发作，所以学着控制自己，放下自己关注对方，并试着容忍对方，学着做一个胸怀豁达的人，我相信你一定能够做到。最后，多交一些能矫正你脾气的朋友，让他们的为人处世感化你带动你。多读书，争取自己改变自己；多读书，拓宽你的视野；读好书，净化你的灵魂。与先贤对话，怡情养性，在潜移默化中改变自己。"

谈话到最后，小霞破涕而笑，并向我保证以后一定要学会控制自己的脾气，学会容忍别人，并一定在职教高考中取得自己满意的成绩。此后，小霞潜心学习，善待他人，尽管有反复，但总体上向好的方向发展。"皇天不负有心人"。二年级时她参加全市中职学生技能大赛获得一等奖，三年级时参加全省中职学生职业技能大赛获得二等奖，并以优异成绩考入医科大学。

总结小霞的案例，我虽然没有像大智者那样冷静、淡定，但还是基本控制住了局面。对待像她这样脾气暴躁的学生，老师不能不分青红皂白就将矛盾的双方先劈头盖脸地批评一顿，而应该先稳定双方的情绪，以大局为重，让脾气暴躁的一方冷静下来，反省以后再深入交谈。先动之以情，走进她的内心，让她从情感上接受你，愿意听你说，进而从她那里得到相关信息；再晓之以理，对症下药，因材施教。

那一年，我虽然不是优秀班主任，但我深刻领悟到，每一个学生都可能成为一个精彩的故事，绝不能把时间和精力都用在优秀学生身上，那些性格古怪、脾气暴躁、心理有缺陷的学生更是不可忽视的群体。所谓的“差生”，是忙碌的父母、盲目的社会等综合因素共同造就的，因为他们在思想变化时期，父母疏于沟通，老师无暇顾及，学生自省意识薄弱，所以关注关爱每一个学生的发展是我们不容忽视的。我相信，每一朵花都有盛开的理由！

【案例启示】

冰心说过：“世界上没有一朵鲜花不美丽，也没有一个学生不可爱。”每个学生都是一本需仔细阅读的书，是一朵需要耐心浇灌的花，是一支需要点燃的火把。如果学生一直生活在批评中，他就学会了谴责；生活在鼓励中，他就学会了自信；生活在认可中，他就学会了自爱。用心对待每一个学生，相信每个学生都能成才；人人尽展其才，百花绽放的春天一定会到来。

案例八　解开心结，呵护成长

2011年刚工作不久的我，根据学校工作安排，担任计算机专业一年级的班主任。在新生报到的第一天，我就觉得梁同学是个与众不同的女生，别人都叽叽喳喳、开开心心的，只有她，眉头紧锁，一声不吭。

开学的那段日子，我每天都去查寝，无论迟早，总见她早早地躺在床上，将头向着墙的一边。注意到这种情况，我每次去都坐在她床边和她说说话，可她从不搭理。从注册报到表来看，她比其他同学大两三岁。不断有同学向我反映，说梁同学很古怪，经常独来独往，也不和寝室的其他同学说话，寝室里面发生的一切似乎都和她无关。

针对这种情况，我找她谈了几次，问她是不是因为比别的同学大一点点有压力，还给她举很多的例子，甚至还现身说法，希望以此来开导她，缩小师生之间的距离。可是，每一次谈话都是有始无终，因为她对我的话充耳不闻，无论我说什么，她绝对不会有任何一点回应，哪怕是点头和摇头。而且，她不会面向我，给我的永远都是一个背影。直觉告诉我，要想改变她的状态，必须得想办法走进她的心里，打开她的心结。

职业中专学校首要的是培养学生有一技之长，让学生走出校外能自食其力，尤其是计算机专业更是如此。梁同学如果不能学会与人交往、与人协作的能力，我想她很难有所发展。梁同学除了不爱说话，不爱与人交往，她还是有很多的优点。从开学初写的军训感想中我就发现，她不仅字写得很漂亮，而且还是一个很有文采、很有思想的女孩。基于此，我任命她为语文科代表，尽量增加她与老师接触的机会。有一次，学校举办作文比赛，我指名让她参加，以此来锻炼她的能力。在课堂上，我也总是有意无意地提到她、表扬她，希望她郁郁寡欢、独来独往的情况能有所改变。

可是没隔多久就发生了一件事。一天早自习，我像往常一样巡查课堂，发现梁同学的座位空着，同桌的同学反映，她从昨晚就生病了，一直躺在床上没起来。早自习结束后，我拿了早餐来宿舍看望她，本以为嘘寒问暖能打动她，可没想到还是碰了一鼻子灰，她对我视而不见。了解到她从昨天晚上就没吃饭，我猜想她可能是没钱了，于是留给她50元钱，并特意安排了一个同学照顾她。在同学的反复规劝下，梁同学才勉强吃完饭。

第二天，我联系了梁同学的家长。电话里，他的父亲一直支支吾吾，似乎有什么难言之隐，最后才勉强告诉我：梁同学一直以来就是一个相对内向的女孩子，曾经读到高二，而且成绩很好，很有希望考上大学，因为一次和老师产生了激烈冲突，所以退学回家，从此变成这样。她曾去看过心理医生，医生说是孤独症。这几天她的手头可能真的没钱了，即使没钱，她也不会主动向家里要的。

大概两个星期之后，生病事件再次发生。当我再次来到她宿舍时，门从里面锁着，任凭我喊破喉咙，她就是不开门。考虑到她的安全问题，我只好从窗户爬了进去，但是她却依旧视我为空气，连身都没有翻一下，此刻的我真的感到很无奈、也很气愤。

无奈之余，我只好再次联系家长，他的父亲答应当天来学校一趟，并将梁同学带回家休养一段日子。从其他任课老师那里，我还了解到了梁同学家里并不富裕，她还有个妹妹在读高中，这次读书可能是梁同学最后一次机会了，因为上次退学后她还转过多所学校。听到这里，我的心里突然有点痛，因为我知道回家休养对这样一个患有自闭症的女孩意味着什么。

带着一线希望，我去请教了学校的心理老师。心理老师给了我很好的建议，他也不主张让梁同学回家休养，甚至说该生可能根本就没有什么大的心理问题，只是没有找到问题的症结。有了心理老师的指导，我的眼前突然明亮起来。

第二天，梁同学的父亲来了。他是那种典型的农民，嗓门很大，见了梁同学就准备开口大骂，我劝住了他，还问了梁同学的真实情况。这一次梁父说了真话，但是也只知道女儿在高中时有过师生恋行为，然后就变成了这样，其他的做家长的也并不知道多少。

有了这个发现，再和梁同学谈心就容易多了，经过了冗长地“导入”，小心翼翼地“试探”，我终于知道：原来，在初中时梁某成绩出类拔萃，考入高中后暗恋上同班一男孩，后来自己发现这样影响学习，于是便主动申请转班。但因为她成绩优秀，原任班主任不同意，固执的她后来还是勉强转了班。本以为这样可以安心学习，没想到以前每天可以相见，转了班却根本很难和那个男孩见面，她的成绩一落千丈，后来干脆没脸再在学校待下去，于是她又转了学。转学后的她深知自己考学无望，后来干脆放弃了，再后来跟着一个亲戚去长沙一所职业中专读了几个月也放弃了。这一次来我们学校，她是鼓足了勇气，想有所改变和有所作为……

眼前的这个女生原来是一个敢爱敢恨的人，当说到暗恋的那个男孩时，她脸上竟然露出了我从未看到过的微笑，而且一脸的神往与相思。他的父亲则尴尬地看着我，似乎以有这样的女儿为奇耻大辱。我则不然。了解了事情的前因后果，我反倒松了一口气。

实际上，中学生之间恋爱是常见的一种现象。因为在中学阶段，女生的思想和情感尚处于不成熟的阶段，对对方的家庭背景、性格等各方面还缺乏了解和判断，只因喜欢上对方的一点，或帅气的外表，或优异的成绩，或对自己偶尔的一次帮助，也可能什么也不是，只是一时感情冲动，便一厢情愿地喜欢上了对方。这种恋情来得的确很热烈，但由于缺乏现实的基础，很难持久。虽然这种暗恋对学生的学习、人际交往、良好人格的发展都有很大的影响，甚至是消极影响，但仍然不能否认这是一种很正常的情感。作为家长和老师，绝不能用责骂、羞辱的方式解决问题。因为，实际上，任何一个女孩一旦开始暗恋男生都非常认真，甚至有点痴迷。此时，这个男孩就会成为她朝思暮想的偶像，此时她所背负的压力已经很大，处理不得法，就会事与愿违。梁同学就因为暗恋分散了精力，影响了学业，使一个很有发展前途的学生无心学习，荒废学业，甚至辍学。

开导了父亲之后，我竟然当起了女孩的“恋爱军师”。我只是告诉她同学之间的情谊因为很真诚、纯洁，所以很美、很感人，也有许多同学间的美好故事在社会上流传。但如果她的心灵深处也产生了对同学倾慕和喜欢，那么她更应该好好珍惜，并把这种压力化为动力，绝对不能有超越同学关系的任何行为，否则就失去了它的美好和纯洁性。看着梁同学脸上越来越多的笑容，我紧绷的神经松弛了下来。

经过这次谈心，梁同学很显然改变了很多。尽管走在校道上，她还是没能按我的要求主动叫我一声，但至少她的脸上有了笑容，也开始与人交往。没多久，社会上兴起了一股“十字绣”的热潮，并很快席卷全校。我班里的大部分女生对此也很有热情。课间休息时，有同学向我“告状”：“老师，梁同学绣十字绣，你怎么不没收?”我正准备开口，没想到梁同学回击道：“老师只说不能上课时绣，这是在课下呢。”我再去宿舍，问起其他同学对梁同学的看法，同学们总是对我说：“老师，梁同学今天竟然还和我讲话呢!”“老师，我给她东西吃，她竟然还吃呢!”“老师，梁同学最喜欢我了，还和我开玩笑呢!”听着这一群女孩子们叽叽喳喳的，再看梁同学，她对着我，脸上露出少女羞涩的笑容……再后来没多久的月考，梁同学以8门课总分632分的好成绩名列全班榜首。

想想梁同学的这些变化，我感慨颇多。是啊，当初如果我没有请教心理学专家而是简单地让其家长将她领回家，会有今天这个快乐而自信的梁同学吗？可见，每一个做班主任的都应该了解学生的心理特点，并能够及时捕捉到学生的异常变化，对症下药，帮助学生矫正，以培养学生良好的心理素质，使学生走好人生的每一步。

【案例启示】

俄罗斯教育家乌申斯基曾经说过："如果教育家希望从一切方面去教育人，那么他就应该全方面地了解人。"作为班主任，要走进学生的内心，打开学生的心结，需要正确地"审人、审事、审时、审度"，掌握准确的信息，以适宜的身份在适当的环境中与学生展开对话。审人是指学生的家庭情况、生活环境、个人经历、身体素质、思想品德、学习态度和方法、个人兴趣和爱好、社会交往、个性特征以及特殊缺陷等。审事是指班主任对所发生的事情要进行全面了解与分析，如整个事件的来龙去脉、问题的轻重等。审时就是要选择好谈话的时间和场合，把握住时间的准确性，早了起不到疏导的目的，迟了达不到预期的效果；谈话时尽量选择无第三者在场的情况下单独进行。审度是指与学生谈话时要把握住尺度，包括谈话的方式、措辞的选择及语气的变化等。

当然，对话学生是一门艺术。具体实施时，不但要结合实际情况，注意尺度的准绳，而且必须归结到对学生的尊重与关爱。

案例九　换位思考，尊重选择

加里宁说："教师是人类灵魂的工程师。"教师的教，不光是教会学生知识，更是对学生思想、心灵的塑造和完善。班主任是最贴近学生心灵的人，在与学生朝夕相处的每一天里，学生的一点一滴都将记录到班主任的职业生涯中，甚至可能成为一生的记忆。

2016年，我担任16级电子商务班的班主任。我所带的班，人数不多（只有32人）但问题不少，令原任班主任叫苦不迭。可也正是在处理这些问题的过程中，让我清楚了作为一名教师如何去教育学生，如何去站在学生的角度思考问题，从而亲近学生，达到教育学生、转化学生的目的。我不喜欢把学生分为好学生和差学生，在我心中，所有的学生都有阳光的一面。

在班主任工作中，我最大的感受是充实。它不仅需要爱心与细心，更需要创造，因为你面对的是充满创造力的孩子，一个个鲜活的、生动的生命。因此，富有创造性的班主任工作就显得十分重要。

正视差异，无痕渗透

我们班的王同学，父母都在外地打工，常年与爷爷奶奶一起生活。由于疏于管理，所以他的行为习惯较差，而且总认为自己有理，在班里的影响也不好。了解了这一切，我决心走进他的内心。课余时间，我常常约他一起散步，谈他的家庭、谈他的爷爷奶奶、谈他的父亲母亲。记得有一次，晚自习上课前，当我和他走到学校实训中心工地旁时，工人们正挥汗如雨贴墙砖。我不经意地问他，知道爸爸妈妈在做什么吗？他沉默良久，叹了一口气，说："他们也在工地上。"我陪着他驻足良久，并暗下决心，只要他取得点滴进步，我都会采取不同方式鼓励他，让他对我产生亲切感、信任感。在班级活动中，我尽量给他自我表现的机会，使他感觉到自己存在的价值。后来，他对学习产生了兴趣，成绩有了明显进步，自律意识也得到了加强，与同学的关系也日渐融洽，回到家还能主动帮爷爷奶奶承担家务。

每个人都渴望得到他人的认可和尊重。作为学生，能够得到老师的表扬和鼓励，是一种荣耀、一种享受，适当的表扬更能增强他们的勇气和力量。当然，"金无足赤，人无完人"。由于每个学生的家庭环境、社会环境、心理素质不同，学生中存在着较大的差异，有的勤奋守纪，有的厌学贪玩，有的敏感度高。作为教师，开展有效的班主任工作，需要正视学生的差异。对于问题学生，要从关爱的心态出发，对他们晓之以理、动之以情，用人格力量去感化他们。

树立正确的学生观

一次，上课铃响了，同学们都进了教室。过了大约五分钟，忽然外面有个学生喊："报告!"我一看，原来是我班的林同学。该同学平日自由散漫，没有给我留下好印象，于是我不问青红皂白严厉地批评他："你平时总好玩，上了课还要玩半天才来。怎么回事?"平时大大咧咧的他这下可急了，眼泪在眼圈里打转："我不是迟到，我是给其他班的一个同学找东西，这才来晚的。"原来他是做好事，我才知道错怪了他，连忙给他道歉，并表扬了他，让他回座位坐好。

这件事虽说不是大事，但对我触动很大。作为班主任，一定要树立正确的学生观，学生都是可教育可塑造的。当学生犯错误时，老师不能过于冲动，可能会因为急躁的情绪或一时不冷静说出一些过火的话，而严重伤害了学生的自尊心，使他们失去了努力改正缺点的勇气和信心，严重抑制了学生的主动性。有时教师一句不适当的话，就可能对学生的心理造成伤害，从而产生对立情绪，那么教育工作就更难开展了。因此，班级的每周小结，我都让学生自评。有了正确的导向，就能树立较好的班风学风，班主任工作也能轻松许多。

时势在变，教育在变，学生也在变。作为班主任，一定要学习新的知识，永远走在时代的前面。班主任工作是复杂而繁重的，只要我们捧着一颗真诚的"爱心"去浇灌他们，就无愧于我们的人生。

总之，不能用一成不变的老眼光看待学生，而应该用发展的眼光看待学生，要注意到学生取得的每一点进步。学生犯了错误，只要改正了，就应该原谅，而不应总挂在嘴边。批评更应就事论事，今天的事就说今天的。心理学家认为，"爱是教育好学生的前提"。作为教师，应"以学生为中心"，尊重每一位学生。

直面失误，勇于改正

一次，批阅单元测试卷，我班刘同学的成绩很好，我当时的第一直觉是他抄了别人试卷！于是，我直接在他的试卷上打了个零分。当发下试卷

后，我看见刘同学偷偷地哭了。课后，我问他的同桌，同桌对我说，小刘的妈妈怕他测试考不好，利用一周的时间帮他系统复习了一遍，所以这次是他真实的考试成绩。

当时我的心中五味杂陈。我为我的草率感到自责，为刘同学没有作弊倍感欣慰，我思索着该怎么补救，最后我决定不掩饰自己的错误，勇于承认。当着全班学生的面，我表达了我的歉意。刘同学反而安慰我说："老师，真的不用道歉，没有关系的。"

这次的事情给我的启示是深刻的。"金无足赤，人无完人"。作为班主任，千万不能"戴着有色眼镜"看待学生，这样会伤害孩子的心灵；面对工作上的失误，班主任更要直面现实，勇于认错，知错就改。

以兴趣为导向，因材施教

新生报到时，一名男生迟迟不来报到。家长把他拽来，可男生却指着我在走廊上大声说道："你管班太苛刻、太严格，我要调班！"我第一次遇到这种情况，新学期刚开始，就有学生公开表示不喜欢自己。

后来的事实表明，这是一个相当有个性的孩子。不让调班，他就天天背着空书包来上学，上课趴在桌子上睡觉，谁跟他说话他都一言不发。我相当恼火，却又束手无策，工作以来自信满满的我第一次遇到了窘迫。

大约两个星期后，我把他请到办公室，试着跟他沟通，他歪着头，一言不发，对我苦口婆心的开导无动于衷，最后，他说了一段令我至今难忘的话："不要以为学生都喜欢你，我就不喜欢你。你们让我学的，我不喜欢。我喜欢动手，尤其喜欢学做饭，为什么家里人不同意我学烹饪，老师你也觉得烹饪没前途吗？我就是不想听你上课怎么着，怎么就不能让我学烹饪呢？"

请一定要相信，我当时听完这段话后就落泪了。当时的感觉是，自己在学校、在学生、在同事中打造的形象完全坍塌了。办公室的其他老师见状就让他先回去，临走时他满脸的倔强，我又一次败下阵来。正是这次谈话，让我坚定了要与他家长沟通，让家长尊重孩子的爱好，让孩子实现学习烹饪专业的梦想。

经过与家长两次见面及多次电话沟通，并带领家长参观我校烹饪实训室和现场观摩烹饪实训过程，回家后家长经过激烈的思想斗争，心态慢慢平和下来，终于满足了该生转专业学习烹饪的愿望。然后，我亲手把他交给了我认为最好的烹饪班班主任手中，还拜访了各位专业课教师，请他们多关注这个学生。虽然他的烹饪专业基础较差，但是由于他对烹饪的热爱，很快就追上了班级里的其他同学。

通过这件事，我更加认识到职业教育与普通教育的区别。无论是家长还是教师，都应该尊重孩子的想法和爱好，不要随意否定和反对，应该支持和鼓励，让孩子一展所长，快乐学习，快乐就业。

个性强的孩子，你要善待他。每个学生都有他与众不同的一面，都是一块玉石，你要像一位高明的雕刻家，因势利导、因材施技，把他雕刻成独一无二的“宝玉”。千篇一律、千人一面是班主任工作的大忌。他不喜欢你，你就要尝试去喜欢他，更要善待他、欣赏他。

当班主任是教师最值得骄傲的工作。虽然孩子有很多不好的习惯，虽然他们的学习成绩也不是个个优秀，但是在班主任工作中，通过帮助他们选择喜欢的事情，成全他们个性发展的要求，我见证了化腐朽为神奇的过程，找到了班主任工作的方向，那就是：以学生为中心，全心全意为学生服务。

【案例启示】

高尔基说：“谁爱孩子，孩子就爱谁。只有爱孩子的人，他才可以教育孩子。”教育不是简单的知识传授，而是心与心的交流。教师只有具备仁爱之心，以情动人、育人、化人，才能走进学生心里，让学生“亲其师”“信其道”。具备仁爱之心的班主任，才能真正地走近学生的生活，走进他们的内心，以一颗平等的心去看待他们、尊重他们、关爱他们，用欣赏增强学生的信心，用信任树立学生的自尊，让每个学生都健康成长，让每个学生都享受成功的喜悦，而学生最后回报给我们的绝不仅仅是一份成绩，还有一颗充满感激的心。

案例十　细微处用力

班集体建设，最重要的就是营建良好的班风学风。正气充盈、积极向上的班级才能在竞争中立于不败之地；没有良好的班风学风，其他一切都是空中楼阁。但良好的班风学风不是一蹴而就的，是需要通过持之以恒的努力才能实现。

许多事情是由细节组成，把细小的事做好，就是做不平凡的事。于细微处用力，从身边、班级里的每一件小事抓起，是开展班级精细化管理的关键。

营造正气充盈、积极向上的班风学风

班主任在教育、教学、生活和各项活动中，根据是非标准进行褒贬，该肯定的就肯定，并给予适当的表扬和奖励；该否定的就否定，并给予适当的批评和教育，在全班形成一种能够扶持正气、伸张正义、制止错误思想、阻止不道德现象的班风学风。这种班风学风不是班主任的单向灌输，而是建立在全班学生的正确认识基础上，具有同一性，对全班学生具有感染力和道德约束力。

培养学生团结向上、自我管理的集体意识

班集体是学生健康成长的沃土。我经常对学生说："我们这个班，就是一个大家庭，无论老师还是同学，都是这个家庭中的一员，要想家庭兴旺，就必须大家一起努力。"在班级理念上，我积极主张这样一个理念："积极的人像太阳，照到哪里哪里亮；消极的人像月亮，初一十五不一样。"这个理念一直贯穿于我管理班级的整个过程中。

首先，制定严格公正的纪律。班级管理中，我积极主张"先集体后个人"，一个班级必须要有铁的纪律，一切行动听指挥，步调一致才能得胜利。凡是违反纪律的学生一定要受到纪律处分，而且班主任一定要坚守自

己的原则。在班主任处理违纪的过程中，必然会有少数学生对于处理不满意，那么班主任在这个时候应该马上进行疏导工作，这就是“法”和“情”的关系。法律不外乎人情，我们先讲法律再讲人情，这是班主任的工作原则。而且，我在管理学生上采用因人而异的方法，对于犯错误的学生，有的只需要提醒点拨，有的却需要严厉批评。

其次，强化学生的主人翁意识。班中大小事务责任到人，从公务维护到室内外卫生分工，从擦黑板到倒垃圾，都有明确的分工，切实做到“人人有事做、事事有人管”，“人人为我，我为人人”。在管理中，我制定了科学的班级考评制度。新学期一开始，我就利用班会时间，对学生在课堂纪律、值日、两操、自习课等方面做了细致的要求。

培养优秀高效的班干部队伍

班干部是班主任和学生联系的桥梁，是教师的助手，是学生自我管理体现最明显的一部分。在选择班干部时，我遵循三个原则：一是责任心强、办事公正，有较强的组织能力和活动能力，易于与他人沟通；二是能够在同学中树立威信，成为同学学习的榜样；三是具有强烈的民主意识，善于听取他人意见。选举的班干部必须工作热情高、工作态度端正，能切实起到模范带头作用。

强化成效显著的管理措施

一是“严”。“不以规矩，无以成方圆”。做好班主任工作，首先要立规矩。立规矩，就要掌控一个“严”字。“从严治班，从严治学”，结合校纪班规，严格要求学生，培养学生“有纪律、有秩序、有礼貌”。

二是“爱”。爱就要用真心感动学生，用耐心感化学生。特别是对学困生的教育，由于学困生意志薄弱，自控力差，常常反反复复。这就需要班主任做耐心细致的工作。“教育者，爱胜过一切”，爱心凝结着老师的关心、理解、信任和尊重。一个称职的班主任，必须时刻把学生放在心里，时刻从心理上关心学生，时刻在行动中服务学生。只要是诚挚的爱心，我想都会深深地留在学生的记忆中，进而萌发出强大的原动力，这或许就是常说的“爱心最是有情物，化作春雨更催人”。

有人说，一位好的老师心中应该有爱，而且应该有“大爱”，作为一名优秀的班主任，心中就更加需要有“大爱”。班主任的这种爱会给全班同学带来快乐、愉悦，从而在班级里形成团结奋进、互助友爱的良好班风和立志刻苦、善思多能的优良学风。这样的班集体才是一个和谐的集体，这样的班集体才会有融洽的师生关系。所以说，爱心是班主任走近学生的制胜法宝。

我们班有位同学家境贫寒，且说话有障碍，这使得他远离同学，更远离老师。我多次找他谈心，无功告终，想去家访，又担心会给他带来更大的心理压力。于是，我开始慢慢地寻找突破口，希望能用我的一颗爱心温暖、滋润他的心田。在一个偶然的机会，我发现他工于绘画，于是请他为班级黑板报画插图，借机与他交流。我再次和他谈心，让他学会坦然面对现实，摆正心态，不要害怕担心，更不要太在乎别人的看法。我和他交流了多次，他慢慢地敞开了心扉，脸上也渐渐有了笑容。

三是“细”。“抓在细微处，落在实效中”。眼细、心细、手细，班主任工作只有细致入微，才能使班级管理见成效。“细节决定成败”。从上课口号到班级文化建设，哪一点没做好都会影响教学质量。在班级管理工作中，我注重三方面细节：

制定班级口号。根据不同时间段，制定不同的班级口号。比如说，三年级上学期，为了培养学生良好的备考习惯，我提出的班级口号是：“信笃志坚，奋勇争先，志存高远，刻苦顽强”。重在建立自信，明确学生备考目标。三年级下学期，我又把班级的口号确定为：“信心百倍，斗志昂扬，全力以赴，勇创辉煌”。重在鼓励学生，为班集体利益而共同奋斗，增强集体主义荣誉感，同时营造高考前夕良好的备考气氛。

注重班级文化建设。班级是学校的基本单位，建设有特色的班级文化是班主任工作的重点之一。例如，高考倒计时牌，三年级各班写的都是“距离高考仅有多少天”，我们班写的是“距离我的大学仅有多少天”。这小小的改动，带给学生的就不再是压力，而是动力。

批评学生注意方式方法。因为是人都有自尊，而且学生的自尊心更要保护，在班级里批评学生会伤他的自尊心。

总之，要抓好班风，就要时刻关注全体学生，不要丢下任何一个学生。

【案例启示】

“祸患常积于忽微，智勇常困于所溺”，“勿以善小而不为，勿以恶小而为之”，“千里之堤，毁于蚁穴”……古人关于注重细节的教诲汗牛充栋。“抓在细微处，落在实效中”，班主任工作才会落地生根。身为班主任，要做细心的人，要让细心成为一种习惯，更成为一种教育的思想和意识。

小故事

季羡林：谦和低调，和蔼可亲

季羡林，山东省聊城市临清人，著名东方学大师、语言学家、文学家、国学家、佛学家、史学家、教育家和社会活动家，北京大学终身教授，与饶宗颐并称为“南饶北季”。而著作等身且拥有一连串颇具分量“头衔”的季老，在生活中却是异常的谦和低调，和蔼可亲。

季老作为誉满国内外的学术大师，他却没有半点架子和派头。在季先生的《病榻杂记》中，他谈起了自己头上的“国学大师”“学界泰斗”“国宝”这三项桂冠，他说：“三顶桂冠一摘，还了我一个自由自在身。身上的泡沫洗掉了，露出了真面目，皆大欢喜。”

在北大校园里，季老经常穿一身洗得发白的咔叽布中山装，圆口布鞋，出门时提着一个20世纪50年代生产的人造革旧书包。他像一个工友，平常说话总是面带笑容；他像一个老农，声音低沉，平易近人。他的家谁都可以推门而入，同他谈话，如沐春风，决不会感到紧张局促。在住院期间，一天，一位年轻护士说起某报正在连载季先生的著作《留德十年》，表示很爱看。季老马上吩咐身边人去买，他说：“书是给人看的，哪怕有几句话对年轻人有用了，也值得。”这一来轰动了全医院，大家都来伸手，还索要签名本。“都给，买去。”季先生发话说，“钱是有价之宝，人家有收益是无价之宝。”最后，一趟一趟买了600本，他也一笔一画地签名600本。

央视编导周兵在回忆拍摄《东方之子》一些铭刻在心的经历时，特别提到了季老。周兵见过老人三次。第一次是和白岩松在1995年做《学者访谈录》时。当时季老坐着，在白岩松掏名片准备递给他的一刹那，他就站起来，弯腰等着。白岩松掏了较长时间，季老就一直弯腰等着，这个场景令在场所有人感动不已。后两次采访他时，虽然他已经有些不记得记者们，但大家每次走的时候，他依然会站在家门口，很有礼貌地望着大家渐渐走远。周兵感叹道：“做人做到这份上，真让人敬佩。”

第二章　金针度人

德国哲学家雅斯贝尔斯说："教育的本质是一棵树摇动另一棵树，一朵云推动另一朵云，一个灵魂召唤另一个灵魂。"

教育的智慧在于关注，在于坚持，在于唤醒。唤醒是赏识，是拨开云的霭障、为他指明飞的方向；唤醒是鼓舞，是铸造爱的高度、温暖他茕茕孑立的迷茫；唤醒是激励，是打造云梯、助力他"跳一跳"，努力去摘枝头的苹果……

一双慧眼，一颗慧心，敏感而精准，热诚而用心，这是教育的内蕴！春风化雨，润物无声，在细微处发现教育的契机，收获成长的快乐，这是教育的真谛！用仁爱来支撑，用情怀来熏染，用唤醒来拯救，用智慧来指引，让每一个学生成为最好的自己。这，是教育的终极追求，也是教育的初心笃守！

案例一 “浪子回头”需下细功夫

教育是一种爱的艺术，但这种爱不同于父母、家人、朋友之间的爱，这种爱是无私的。只有这种无私的爱，才能使我们的教育产生无穷的智慧和力量，同时也能使这种品格内化于心，使我们的生命变得更加充实。

从教以来，我曾多次担任班主任工作。作为班主任，每天面对的是几十张活泼的面孔，接触的是几十颗稚嫩的心灵。他们有着相异的性格，不同的志趣，更有着丰富的内心世界。

2020年秋，新的一学年开始了。由于重新分班，班上少了许多熟悉的面孔，来了很多新同学。作为中职二年级的学生，他们大都16岁左右。重新分班，两拨来自不同班级的同学要重新磨合，重新成为一个新的集体，当中自然会产生一些问题。

有一名姓陈的男同学，脾气暴躁。他的原班主任杨老师告诉我，他有过打架的“前科”，属于重点关注对象。果不其然，时间不久，他就与班上另一名同学打了架。事情的经过是这样的：他和前排一位同学因为挪动座位产生了矛盾，陈同学瞅准了一个机会，在之后某天中午刚放学时，趁那名同学不备对他大打出手，致使对方鼻孔流血，并在事后进行了威胁，说不准告诉老师。这件事情在班上造成了极其恶劣的影响。当天中午，我就把陈同学叫到了办公室，同时也叫了几个当时在场的同学。我详细询问了事件的经过，了解到错完全在于陈同学，但如何教育他让我犯难了。

经过一番思考，我决定从四方面入手。首先，我告诉陈同学，同学之间应该有友爱之心，尊重他人就是尊重自己，他那天的行为就是对自己最大的不尊重。其次，我教育陈同学，个人的发展离不开别人的帮助，一个人最终将走向社会，衡量的标准不是拳头暴力，而是心胸人品，用拳头简单粗暴地解决问题，只会使矛盾升级。再次，我找来《中华人民共和国治安管理处罚法》《中华人民共和国刑法》，和陈同学一起学习相关法律条款，使其认识到打人的行为已经触犯了刑法，触犯法律如果被起诉，将是一辈子的污点。最后，联系陈同学的家长，家校沟通，通过家庭教育使他改观。

通过这四步，使陈同学深刻认识到了自己的错误，并在班上做了公开检讨，既消除了影响，又纠正了错误。

这个案例中，家庭教育方式的不当、自身的性格缺陷、学校教育不够完善等原因，使陈同学欺负同学，造成不良影响。我从思想认识、个人发展、法律法规、家庭教育四方面着手，对陈同学进行了引导，加以帮助。在本案例中，尽管我知道该事件对班级其他同学会造成很大的负面影响，但为了更好地使他认识到自己的错误，我认真思考，迅速反应，对症下药，及时制定了“四步骤”策略。对于此事，从多方面着手，努力争取家校教育的配合，步步为营、层层深入，以恰当的方式开展说服教育，是对陈同学成功实施教育的关键。

【案例启示】

将爱融入教育，用智慧唤醒孩子的心灵，用爱呵护孩子的成长，用尊重给予孩子成长的动力。教育不可能一蹴而就，要循序渐进；教育不可能千人一方，要对症下药。《韩非子·扁鹊见蔡桓公》所说“疾在腠理，烫熨之所及也；在肌肤，针石之所及也；在肠胃，火齐之所及也”，可以鉴之矣。

案例二　数子千过，莫如奖子一长

光阴如沙漏，点点滴滴、不知不觉在时光中悄然流逝。有些人、有些事，如沙滩上的名字，被生命的浪潮卷走，不留痕迹；而有些，却永远留在我们心灵的深处，历久弥新。风吹拂，云飘荡，总会有些什么投影在我们的心海，一个学生，一个故事，一个镜头，一个片段，回首往事，如置

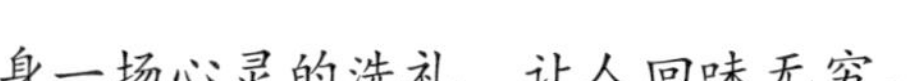
身一场心灵的洗礼，让人回味无穷。

李同学是我三年前班里的一名学生，他的父母因为感情不和离异，父亲常年在外跑长途车，由爷爷照顾他、教育他。但是爷爷对其是一味地溺爱，对孩子缺乏严格的管理，甚至助长了孩子的陋习，由此造成了他行为的偏差。学生本人很机灵聪明，接受能力强，能言善辩，懂得的道理也多，但是由于家庭教育方式、社会环境影响等方面的原因，该学生一直没有对学习真正产生兴趣，作业也不能按时完成，学习行为习惯很差，上课不遵守课堂纪律，自己不听课还经常干扰别人；随意打断老师的讲课，有时甚至在课堂上还玩手机。老师批评时情绪激动甚至冲动地与老师狡辩，而对老师、同学的丁点失误则抓住不放甚至幸灾乐祸。更为糟糕的是，他居然晚上熬夜玩手机打游戏，白天上课打瞌睡。

记得上第一堂英语课时，为了能引起学生的兴趣，我精心设计教案，准备了典型案例，制作了动静结合的课件，本想这样的课上起来学生们肯定会很喜欢。可正当我和其他的学生兴趣十足地讨论问题时，李同学却居然无视我的存在，随意地动别人的东西，摸一摸甲同学，碰一碰乙同学，试图与同学聊天。我想，若是第一堂课不制止，那以后的课堂还不知道会怎样呢！而且，在别的任课老师的课上，他估计就会更加放肆。于是我就想把他“请”出教室。可是他对我的处置置之不理，坐在座位上纹丝不动，还用一种充满无辜的眼神看看我，好像犯错的是我。此时我很尴尬，只好压住心头的怒火，装作什么也没发生。后来，我从同学、其他老师、其家长那里了解了一些情况，知道了其实他是因为缺少关爱，经常受人歧视，遭人嫌弃，想利用些出格的动作和上课破坏课堂纪律的方式来引起老师和同学们的注意，目的没有达到，就开始让自己沉浸在游戏当中来“放飞自我”。

孩子是无辜的，我不能让他就此沉沦下去，必须改变他。几经考虑，我让他当上了英语科代表，让他始终在我的视线中。对于他的小小进步，我时常表扬、鼓励、督促他，还经常利用课余时间和他谈心，了解相关情况。“功夫不负有心人”。现在，他学习态度端正多了，虽然上课时偶尔还会开小差，但绝大部分时间能认真听讲，而且作业能及时完成，学习成绩也在稳步提高。老师和同学们看到他的进步，对他的看法也在不断改变。

苏联教育家赞可夫曾说过："漂亮的孩子人人都喜欢，而爱难看的孩子才是真正的爱。"这就是爱和宽容带来的美妙与和谐。教师对学生的爱、理解、宽容、尊重、鼓励，犹如春风化雨、润物无声，能诱发学生的内省、净化学生的心灵，使学生鼓起前进的勇气，扬起理想的风帆，驶向胜利的彼岸。

"数子千过，莫如奖子一长"。心理学家验证，人总是希望自己的能力得到肯定，鼓励和赞许更能增添人的自信心。学生未经历社会的风雨，犹如一棵幼树，需要慢慢浇灌。走进孩子的心灵深处，多给他们一份呵护，多给他们一份激励，还给孩子一个自由舒展的平台。

【案例启示】

"对孩子的一次喝彩，胜过百次训斥。喝彩和鼓励，可以让自卑的孩子走出泥沼。"教师要热爱学生，更要会表扬学生。一个会奖励艺术的好老师，对学生的成长有着深远的影响，可能要远远胜过读万卷书！对于李同学，他的缺点一目了然，但我仍然尽力在他的身上寻找优点，努力用他的优点去淡化他的缺点，使其感受到他是受人重视的，他也是能够得到肯定的，从而一步步地培养了他的自信心。

案例三　借一双慧眼

班主任工作是烦琐、辛苦的，但又是幸福的。每当看到学生的成长进步，那种幸福的感觉就超越了一切。

李同学，平时沉默寡言，成绩一般，得到老师表扬的机会不多，他整日沉湎于手机游戏，无心念书，精神萎靡，自暴自弃。作业经常不能按时完成，老师询问他时，他也不做更多的解释。与他家长联系后，他的爸爸很是着急："我的孩子在家是很乖的，我经常在外打工，不在家，他周末回家经常帮他妈妈干家务活，从来不叫苦叫累，农活样样在行，在学校怎样会变成那样的？请老师多关心他，多和他谈谈心，多给他讲道理，他肯定能学好的。”

家长的一番话提醒了我，也许我对他还了解得不够深入，单凭印象给他下定义、做结论。于是，以后的日子里，我留心观察他，用心引导他，有意给他机会，看到他有进步，及时给予肯定、鼓励，不断鞭策他。短短两个月里，他就有了很大进步，上课专心听讲，课堂发言用心，作业认真用心，学习成绩提高了，性格开朗了，与同学相处融洽了，也更关心班集体了。此刻他对学习越来越感兴趣，也越来越自信了。

在家是一个样，在学校又是另外一个样，一些学生会有这样的双重表现，这就需要老师细致地观察，耐心地引导。如果教师能做到对每一位同学都能用心观察，合理引导，寻找他们身上的闪光点，让学生认识到自己的长处，那么一定可以将学生培养成为对社会有用的人才。

小陶是一位个性鲜明的学生，虽然他的文化课基础比较差，个人表现也不是很好，但是他的身上却有一种不服输的精神。“不服输”就是他的优点，那么，如何放大他的优点呢？

刚开始，我经常找他的“茬”，一些本来其他人就能够做的事情，我会故意找他，以此给他充分表现的机会；对于我的给予，他也会把握。经过一段时间，他对学习的态度转变了，课堂上也敢于主动回答问题了，平时和同学的相处也变融洽了。然后，我大胆尝试让他担任寝室长，鼓励他以“创建文明寝室”为目标，积极参加班级活动。小陶十分珍惜这次机会，他团结室友，规范寝室物品摆放，明确床上用品清洗时间，保持地面干净卫生。每次学校卫生检查，他们寝室里一尘不染，所有物品摆放井然有序。他还和室友一起建设寝室文化。这次担任寝室长的经历培养了小陶的自信，不仅学习上有了明显进步，人也变得更加阳光、开朗。

【案例启示】

每个学生都有属于自己的故事。“百变看学生”，你会发现学生纯洁的外表背后隐藏的复杂内心；“千方寻亮点”，你会找到通往每个学生内心的捷径。

案例四　以爱为光，照亮迷茫青春

2017年，我担任了工业类班的班主任。该班共有54名同学，其中女生7人。班内大多数学生来自农村。由于每个学生的家庭环境、自身的心理素质和基础不同，每个学生的学习情况存在着一定的差异性，但是大多数学生都存在学习障碍，因而对前途感到迷茫，无所适从。

转化学困生是全面提高教学质量，落实新课改精神，实施课程标准的重要手段。让每个学生都全面发展，是我们教育工作者的职责，而学困生的转化工作，考验着教师的责任心和工作能力。

我班有一位刘同学，该生尊敬老师，团结同学，热爱班集体，热爱文娱活动，思维反应比较快。刚上中专一年级时，学习态度端正，成绩中上。升入二年级后，她上课精神不集中，爱开小差，平时作业不能按时完成，学习成绩一落千丈。

看到她的这种变化，我找她进行了多次谈话。每次谈话时，她表态很好，但在行动上却没有一点儿进步，精神仍消沉不振。有一次，她与几个同学违反了校规，对她调查时，我才了解了她的家庭情况。她出生在一个单亲家庭，父母离异，她跟父亲生活在一起。由于家庭经济条件不太好，父亲常年在外打工，她是长女，父亲原本是不想让她上学的，认为女孩子上个初中就行了，留在家里务农干活，等到年长后就把她带出去打工，所以父亲的这种想法让她感到自己前途渺茫，从而产生了厌学心理。

我知道她的家庭情况后，通过家访、电话联系、开家长会等方式，与她的父亲进行了多次沟通交流，向他传达了正确的教育理念和方式，希望家长改变落后的教育观念和重男轻女的思想，能多倾听孩子的心声，多为孩子的前途着想。通过多次的沟通劝说，她的父亲终于答应了支持她继续上学。

家长的问题解决了，接下来就是培养和重振刘同学的自信心，为她树立正确的理想和信念。我根据她以往热情开朗和胆大的优点，安排她在班

级组织的各种活动中充当节目主持人，充分肯定她的表现，肯定她的才能，让她认识到只有上学才会有更广阔的发展空间，以此引导她在学习上增强信心，刻苦努力，鼓励她通过刻苦学习掌握自己的命运。

我积极地走近她的生活，如下午课外活动时与她打羽毛球、打乒乓球；让她上网帮我查找一些学习素材；积极引导她遵守纪律，尊敬师长，团结同学，努力学习，做一名好学生。只要她的学习有一点进步，我就及时给予表扬、激励。尤其是在她生病时，我带她去看医生，贴心为她安排伙食，还嘱咐同学关照她。这令她很感动，增加了对我的信任，渐渐开始接受了我对她的教育。

针对她在转化过程中出现的反复，我坚持正确对待、耐心细致地调整教育方法，与任课教师密切配合，协同对她进行思想教育。每天利用课余时间辅导她的学习，加强日常生活、学习的监督，促使她养成良好的行为习惯和学习习惯。

通过一年多的教育转化，刘同学升入三年级后，各方面都有了长足进步，学习成绩名列前茅，积极向上、乐于助人。家长说她好像突然长大了，回到家主动帮家长做家务，学会了体谅、感恩父母，并且在全省职业技能大赛中获得个人二等奖，毕业时以优异的成绩考上了心仪的大学。

【案例启示】

"冰冻三尺，非一日之寒"。学困生的落后状况、不良习惯和心理障碍等不是一两天养成的，学困生转化是一项艰苦复杂的工作，不可能见效于朝夕，需要长期不懈的努力。转化学困生，一要找准造成学生学习困难的原因，然后对症下药；二要加强与家长的联系，家校协同发力；三要帮助学生树立自信心，坚信"天生我材必有用"；四要持之以恒，不可"一日曝十日寒"。"精诚所至，金石为开"。只要有热情、有信心，计划周密、措施得当，相信学困生是可以转化为先进生的。

案例五　温情教育挽回彷徨的心

5月中旬，天气异常炎热，下午上班刚到办公室还没来得及坐下，忽然有人打报告，我招呼学生进来，一看是我带班的N同学和他的同桌。看他们焦急的表情，我心想大中午不会是出啥大事了吧，然后N同学说："老师，我的手机丢了，早上第三节课下课后丢的，现在手机的定位也消失了，您能帮我找找吗?"

听完N的请求，我心想学校三令五申学生不能带手机入校园，尤其是不能带入教室，你们不听，现在丢了又来找老师……我一边想，一边询问了这事前后的一些细节，先安抚他说："你们先回教室去，我想想办法，既然手机定位最后是在校园外消失的，现在去班里找也不可能找到。你们先去上课，自习课时我去教室了解情况。"说完，他们回去上课了。

我打开班级通讯录同他们提供的手机定位一一核对，并没有相同的，这可更难找了。带班一年多，这还是遇到的第一件"大事"。我左思右想，想找到一个完美的解决办法：既找回手机，又不会让学生受伤害。

上完课，我查阅了相关法律，偷盗财物金额达1000元至3000元就触犯了刑法。这可严重了，万一丢手机的学生报案，对方很可能承担法律责任，也会失去上学的机会。当老师久了，就会有"学生都会犯错，错了能改还是好孩子"的思维方式。作为班主任，如何处理这件事，关乎两个孩子人生的成长轨迹，能找回来息事宁人，找不回来班级管理就蒙了一层阴影，每个同学心里都不好受。

自习课，我慢慢走进教室，前后转了一下，教室的摄像头让我眼前一亮，仿佛是一颗定心丸。虽然我不知道有没有十足的把握，但可以以此来说服"拿"了手机的同学把东西还回来。接下来我说："各位同学，有谁如果拿了N同学的手机，尽快还给他。根据我国法律，盗窃财物达1000元就可以立案了，不要因为你的'恶作剧'破坏了同学感情，咱们班教室里的摄像头可不是摆设，24小时工作的，3天内要还不把手机还回去，我

们就联系学校保卫科调取监控。”说完，我观察了一下N同学周围几个学生的表情，毫无所获，就回办公室写教案去了，一边写一边期待“浪子回头”。

一天、两天过去了，始终没人还手机。于是我把N同学叫过来安抚他先不要报案，告诉他将手机带入教室违反学校规定在先，再等等看。N同学同意再等等，也反省了自己私自把手机带入教室的错误行为，并且答应我先不会报案。在这一点上，我也是矛盾的，一边让学生学法懂法，一边又希望能最大限度地保护同学，老师能教给他们的知识毕竟是有限的，许多东西还得靠他们自己去领会、去判断。第三天正好是周五，下午周会课上我再次提醒，下周把手机还回来，再不还就只能调取监控了。

转眼周一到了，庄严的升旗仪式结束后，密集的人群中M同学忽然叫住了我，她承认了拿手机的事。她说：当天手机是她带出去的，只是想和N开个玩笑，把手机放在校外的草丛里，结果下午放学再去找就不见了……

听着M的陈述，我想总算有了眉目，既然手机真丢了，那就让M尽快和N沟通赔偿事宜。在课间，我把N和M叫到一起，让他们商量赔偿的事情。了解到双方家庭都不富裕，我想M自己也没那么多钱赔偿，还是应该和他们的父母讲清楚事情的原委。于是我给双方的父母打电话把情况说明，M的母亲急忙说要来学校解决此事，听着她焦急的声音我同意她来访。

M的母亲为人朴实，说是从单位请假过来的。来到办公室，她当面斥责了M一顿，又让M同学诚恳地向N同学道歉。手机已经丢了，只能赔钱，M母亲说没带现金，想把钱转给我，让我代交给N，我没有同意，建议她把钱直接转给N的父亲，这样做才合情合理。M母亲照做了，成功把钱转给N同学父亲，并取得了对方谅解。

虽然手机最后还是没能找回来，但是总算有了一个合适的结果，也让人深有感触。此后，每次进校门看见“树人”二字，心里更加沉甸甸。在这里，我们不仅仅要交给学生知识，更重要的是陪他们长大成才，帮他们树立正确的世界观、人生观、价值观，让他们的心中始终有一盏灯，让他们有一群可以相信的老师和伙伴，这样他们才能走得更稳、更幸福。

【案例启示】

以爱为路，陪孩子一起成长，这是班主任的责任和义务。孩子在青春期犯错误，有时并不是一件坏事，吃一堑、长一智是真理！有时学生的错误，只是因为缺乏正确的引导和监督，一时彷徨找错了前进的方向。对此，班主任要避免机械地处理问题，使管理既有刚性又有温度，更好地贯彻立德树人根本任务。因为孩子没有社会经验，也缺乏应有的法治意识，当他徘徊在违法的边缘时，学会用温情拉一把，也许他的人生就会是另一个开始，他的生活就会阳光灿烂。

案例六　尊重和信任叩开紧闭心门

班主任是一种身份，一种职业，更是一种人生。长期的班主任工作中，有成功的喜悦，也有失败的遗憾，但最大的感受却是充实。2012年秋季，我担任中专一（1）班班主任工作。该班学生构成较为复杂，在班级管理中，对于两名同学的教育方式和结果让我毕生难忘；在深刻的反思中，也让我对班主任工作有了新的认识。

案例（一）

小刚，男，16岁，2012年秋季进入我校中专一年级学习，班干部反映该生学习无兴趣，打架斗殴，在楼道里大喊大叫，甚至对女同学动手动脚。

调查了解到，小刚的父母常年在外打工，从小都是爷爷奶奶带，可是爷爷奶奶本身的教育能力有限，平时对孩子要么放任不管，要么只会责骂，一听说成绩不理想，就是一顿打骂。

通过近一个月的教学观察，我发现小刚性格方面以自我为中心，自我

约束能力差，自暴自弃；劳动能力方面较薄弱；学习方面兴趣不浓。主要原因是：

一是家长的溺爱。通过跟家长谈话得知，不管孙辈的要求是否合理，只要孩子开口，祖辈总是有求必应。尤其是孙子发脾气、哭闹、耍赖时，老人更是“俯首甘为孺子牛”，失掉原则，要啥给啥。祖辈一味迁就、给予、满足，导致孩子对物质需求的欲望过分膨胀，攀比虚荣，事事以我为中心。

二是教育方法的粗暴。祖辈对孙子在生活方面极其宠爱，对他的学习期望值又很高。他们认为自己的文化程度不高，孙子应该弥补他们的缺憾。因此，他们对孙子的学习成绩很重视，一听说成绩不理想，就是一顿打骂，很少有耐心的说理与交谈。长期下来，孩子对学习渐渐地失去兴趣，也逐渐产生了逆反心理。

作为教师，只有给予相应的帮助和心理疏导，促使他在心理上逐步健康，成绩不断提高，能力不断加强。古希腊医学家希波克拉底曾说过：“了解什么样的人得了病，比了解一个人得了什么样的病更为重要。”了解了他的心理特点及其成因后，老师必须有针对性地加强对他的心理疏导，加强对他的心理监护，使他的心理健康发展，树立信心，从本质上转化他，从而进一步提高教育实效。

深入家庭，进行家教指导

孩子是家庭的折射，孩子的成长离不开良好家庭环境的影响。要想解决他的不良表现，还得从他的家庭入手。首先，我向家长提出“多给孩子独立处理事情的机会，个人卫生自己动手，多做家务”；帮助家长提高思想认识、转变观念，与学校教育形成合力，进而培养学生良好的劳动习惯。其次，要求家长不要以分数来衡量孩子的成绩，当他的成绩不理想的时候，家长也不要以打骂相威胁。这样，形成浓厚的家庭文化教育氛围，帮助孩子形成自觉学习的习惯，改变家长对家庭教育的认识，提高家庭教育的质量。再次，恳请孩子的父母不要把孩子交给爷爷奶奶就撒手不管，要和孩子加强沟通。

发现他积极的因素，促进转化

我发现小刚虽然经常犯错误，但他依然有向上的愿望，他身上还有很多“闪光点”。比如，跑步在班级里数一数二，做错事敢于承认，不犯错的时候还挺讨人喜欢，上课也会积极发言。所以，我们可以发掘他这些向上的可塑性，对他进行再教育。在课堂中，我多为小刚提供表现机会；结合班上具体情况，开展一些集体的活动和竞赛，任命他为负责人，让他感到被信任，加强他的责任感；在组织活动中，他的主动参与使他觉得班上的活动自己也是一分子，从而达到消除行为惰性的效果。

引导集体关注他、接纳他

集体的力量是无穷的。我在培养他正确的交往能力的时候，还注意发挥集体和伙伴的作用，通过同学的爱护，帮助他在集体中找回自我，学会交往。我利用恰当的时机做好班级学生的思想工作，告诉他们不能因为某种原因而孤立班集体中的任何一员，向学生讲述团结合作的重要性。引导同学明白像小刚这样的学生，自暴自弃、以自我为中心的行为形成是长期的，是多方面原因导致的结果，不可能在短期内得到根除，大家要以发展的眼光看待他，要正确对待他的变化，以我们集体的耐心，接纳他的缺点，等待他的变化；并号召班干部带头和他一起交往，如果他有什么困难，要主动去帮助，以此来带动全班学生态度的转变。

尊重和信任他，正确看待“反复”

信任是一种人格力量，它促人奋进，使人努力。对小刚来说，只有信任他，才能得到他的信任。信任他，也是尊重他人格的表现，也只有这样，才能消除他自暴自弃的心理。他的错误不可能在一次两次之间完全改变，要耐心对待他的错误。

经过一段时间师生的共同努力，这个男孩的进步是有目共睹的：平时在和同学交往中发生矛盾能主动退让，懂得了对女性要尊重，家长也反映他在家能做一些简单的家务事，不会想要什么就要什么了；他从一个令人讨厌的孩子，成为班级中受人欢迎的一员；他能按时完成作业，和同学友

好相处，不随便打人，积极为集体做事。更令人高兴的是，他充分发挥自己的特长，参加了校运动会，获得了优异的成绩。我相信，以这样一种乐观向上的态度，他一定会取得更大的进步。

案例（二）

小哲，男，17岁，2012年冬季由市内一所职专转入我校学习，部分学生反映该生学习上不思进取，纪律涣散，我行我素，欺负学生事件时常发生。

该生是独生子。由于父母常年经商，从小疏于管理，而且教育方式简单粗暴，导致该生自我约束能力差，整天游手好闲。

有一天英语课上，当我转身在黑板上写字的时候，突然听到一个女孩子“哇”的一声叫起来。我忙转身查问，原来是小哲把一条玩具小蛇放在了同桌女同学的桌兜里。我一下子怒不可遏，喝令他站起来，可他竟然像没听见一样，动也不动。我走下讲台，拉他起来。他俯下身双手抱着课桌进行反抗。我被激怒了，猛一用力，只听“轰隆”一声，小哲连人带桌一起侧翻在地，桌上的书本撒了一地。空气瞬间凝固了，教室里静得连掉根针都能听得见。停了片刻，小哲猛然高喊了一声：“我不上了！”他站起来冲出了教室。余怒未息的我随即在班内宣布：“从今天起，小哲就不再是我们班的学生了，也不许他再踏进我们班教室一步!”我的气一时是出了。事后，他当镇干部的舅舅出面，学校领导把小哲转到了一（2）班。

一（2）班的班主任是一位德高望重的老教师，姓王。我默默注视着小哲在他的调教下会有何变化。我看得出小哲对我的敌视，但他却对王老师尊重有加。此间，我看到王老师领他到食堂里吃过几次饭；王老师还把教室的钥匙交由他保管；王老师让他当了体育委员，让他带领同学进行篮球、乒乓球训练……

仅仅一个月的时间，小哲就像换了一个人，开始知礼勤学而且上进了。学期末，小哲还被学校作为后进变先进的典型在师生大会上予以表扬。其后，我得知一直为儿子调皮难管而伤透脑筋的小哲的父亲非要邀请学校的领导、老师吃顿便饭，受邀的名单中理所当然没有我的名字，而王老师却位列榜首，我一时羞愧无言。

时隔多年，回首这段经历，我感悟很多。对小哲我是管了，却没有真正深入其心；我年轻气盛而只图一时之快，却没有考虑到一个十七八岁的孩子也有尊严；我急于求成，却没有考虑到教育和转变是一个需要耐心的过程；我方法简单，把学校、社会、家庭三位一体的教育模式割裂成唯我独尊的一个独立环节……这个失败的教育案例，今天想来仍让我痛悔不已。

我们不妨再换一个角度细细分析，王老师当初的教育方法今天看起来似乎再平常不过：邀请小哲吃饭是为了加强沟通，增进师生感情；让他保管教室的钥匙是为了培养他的责任感，也体现了王老师对他的信任；至于让他当体育委员并训练班级球员则是避其所短、用其所长。其实，沟通、信任、扬长避短永远是我们教育教学的制胜法宝。

【案例启示】

“以诚感人者，人亦诚而应”。班主任工作不可能脱离学生独立开展，一个好的班主任一定要学会尊重和信任学生。尊重和信任学生的前提是了解学生，知学生所想，解学生所惑，这需要班主任必须做好与学生的沟通工作，能够贴近学生的内心世界，及时地给予正确的意见和指导。与学生的沟通方式很多，可以在日常的班级管理中与学生进行沟通，在作业批改中与学生进行沟通，在评语中与学生进行沟通，还可以采用让学生记周记的方式进行沟通。在尊重的基础上，通过平等的沟通与交流，了解学生的学习心理及其他方面的情绪反应，及时给予教育、指正，了解学生的心灵，解决学生心灵上、生活上、学习中遇到的困扰，解决学生在老师面前难以启齿的许多问题。多交流、多沟通，可以帮助学生克服学习和生活中的困扰和困难，赢得学生的尊重和信任，这样才能扬其所长，为班主任工作的顺利开展打下基础。

案例七　拯救自弃的青春

刚刚接手了新一届职中一年级，还没来得及了解班级情况，军训就匆匆开始了。

中午刚进校门，电话就来了："张老师，来一下政教处！"政教处办公室的角落里，他耷拉着脑袋，一声不吭。空旷的办公室，充斥着教导主任的指责声，原因是他中午在厕所抽烟，被教导主任逮个正着。他叫孙某某，在这几天的军训中表现一直很低调，但在第一次课间游戏中他的一支《哪吒》歌伴舞让人难忘，落落大方的表现、活泼洒脱的舞姿、轻柔动听的歌声，赢得了满场喝彩。第一眼，我就注意到了他。

看我进来，他匆匆一瞥，眼神里一丝愧疚一闪即逝，很快便又恢复一副若无其事的样子。短短的四天，秋日灼热的阳光已将他瘦削的脸庞晒得黝黑，他嘴唇干裂，纤细的脖子上有几处皲裂，颀长的身躯罩在宽大的迷彩服下更显得无助。我有些心痛，强压住心头的怒火，领他出了政教处。

别的年级还没有开学，教学楼里一片宁静，那是一个适合谈心的环境。去教学楼的路上，他脚步轻捷，没有半点怯懦羞愧。身后，我分明听见了他给旁边同学的回话："不就抽个烟吗！我不在乎，反正在他们心目中我就是垃圾！"他语气平静，可在我听来却非常刺耳。

关上门，帮他扑打净衣服上的杂草，我的眼前闪现出《哪吒之魔童降世》中的哪吒，那么真切。

"孙某某，这才军训第四天……"我尽量降低语调。

"张老师，你骂我吧！我知道错了，给你丢人了！"他没有回避，口气坚决，清亮的眼神偶尔躲避着我的直视，游离的目光明明闪烁出心虚。

"我还是那句话，抽烟危害健康。上了中专，得学会自我管理、自我约束！"我知道，思想上的症结不除，百般的要求和说教纯属徒劳。

"我尽量控制自己……"低头的瞬间，眼神中闪出一丝难以掩饰的忧郁和茫然，令人心痛。

“我期待着你有好的表现。你那天的歌伴舞真的很精彩!”

“我……”他的眼神突然闪了一下，有一丝跳跃的活泼和纯真，露出正值青春的孩子应有的姿态。

……

一个抽烟的举动、一次大方的表现、一丝不恭的眼神，看似几个毫不相干的标签恰恰统一在了他的身上，里面到底隐藏着怎样的故事?犯错误后那轻快的步履，是阳光青春的本性使然，还是内心不安的故作轻松?“反正我是垃圾!”是一种自嘲，还是抗议?满不在乎的表象背后，是自暴自弃的迷茫，还是不为人知的叛逆?是自轻自贱的无奈，还是难以掩饰的虚弱? ……这到底是怎样的一个孩子啊，我的心里产生了一丝疑惑和痛楚。

没有一无是处的人，只有自暴自弃的心。直觉告诉我，孙某某复杂的表现是自我意识流失的外露，透露出他渴盼成长和现实无情相互碰撞的矛盾心理。唤醒沉睡的生命意识，实现自我生命意义的自由、自觉的建构，这是一个有情怀的老师的责任，是教育的应然追求。孙某某走后，我思索良久，决定从心出发，唤醒这一颗自弃的灵魂。

教育要做唤醒的功夫，而不是强行地灌输。多番思量，我制定了以下“唤醒”思路：积极关注，了解他过去的经历；尊重理解他的选择和坚持；了解他现在的表现和思想；了解他对未来的想法和个人计划。

走访调查，还原过往

打开学生的档案袋，我找出了孙某某的档案，操行评语一栏几句生硬的“官宣”与他灵动的眼神难以接轨，我决定去一趟他的母校。在与孙某某初中班主任的谈话中，他的故事逐渐清晰:

刚上初中的孙某某性格开朗，为人大方。初一快结束时，父母离婚，又各自再婚，他随爷爷奶奶生活，开始变得行为懒散，做事偏激。上初二时，同宿舍的同学丢了手环，虽然所有证据都指向他，但他拒不承认，后来手环在他的床下找到，这件事也就不了了之。之后，他变化很大，与同学关系有了隔阂。更因为不按时交作业、不积极打扫卫生、跟同学闹矛盾等大大小小的琐事，他成了办公室的常客，谈话、批评、检讨、请家长之

类的事情少不了光顾他。渐渐地，他成了老师和同学眼中的“刺头”“垃圾”，而且愈演愈烈……

孟子说：“是非之心，智之端也。”了解孩子是保持教育敏感、抓住教育契机的基础。没有调查，就没有教育的发言权，更没有个性化教育的发言权。只有通过调查了解，还原他们的成长经历，才能看到他们真实的面目、走进他们真实的内心。当然，调查还需做好准备工作。

心理换位，伺机而动

虽然了解了他的过去，但他的现在于我还是一片空白，我决定以不变应万变，开展第二步计划——了解他现在的思想动态。

军训结束后的一天，孙某某在操场上踢球时不小心摔了一跤，导致小胳膊骨折，在家里休养了半个多月。回校后，他借故自己是病号，愈发懒散、自私、多疑。骨折，成了他不交作业、不打扫卫生的理由；面对同学、老师的批评，他也不以为意，经常油嘴滑舌、插科打诨，全然没有高一新生的青春、乐观。“我本身就是垃圾，再当一次又能怎样？”他变本加厉，我倍感揪心。

谈话的时机，来了！

……

同理心，让我学会了将心比心、伺机而动。是不是过去太多的歧视刺伤了他的心，从此种下了自卑的根？还是偏见吞噬了他青春的纯真，让他在黑暗的深渊步步坠落？他的自弃折射出内心的脆弱，他的焦躁透露着被关注的渴盼。只不过，悄然绽放的心事唯有用心才能体会！

从背后被调查过去的经历我也曾拥有，孙某某内心的纠结我感同身受。在与他沟通的时候，我努力重拾青春时被误解的困惑和无端受猜忌的痛苦，只为走进他的内心。

优化情境，自我开放

一次放学后，我约了孙某某到办公室。

“我去找了你的初中班主任孙老师！”他一脸疑惑，有点不相信我的坦率。

“我想起自己上初二时，有一次因为感冒在考场上迷迷瞪瞪、鬼使神差地拿出了夹带，从此背上了作弊大王的名。”他神情转和，原来老师也有不光彩的历史。

“在很长的一段时间里，我一直背负着这样的包袱，有时真想破罐子破摔！”我自顾自地讲述着我的故事，回味着那段苦涩。

“直到升初三时，换了班主任。因为一件小事，我彻底改变了——”

“什么事啊，张老师？”突然，他紧张地插了一句，感觉不妥，又不自觉地伸了伸舌头。

“有次我上火了，嘴唇开了一个口子。上课的空隙，班主任让我去他的办公室抽屉里取来了泻火的药，并亲自倒好水，看着我服下去。”

“张老师，您真幸运！”孙某某眼睛亮了，啧啧感叹。

“更幸运的是，班主任的抽屉里放满了零钱！”我也感叹道。他的神情变得凝重、严肃，眼神坚毅、沉着。临走时，我建议他看看电影《哪吒之魔童降世》。

其实，我更想再看一遍。因为我深深地知道，在每个人心里都住着一个哪吒，只是在那一刻被照亮。

……

教育是一种智慧，要善于创新方式，突出教师的主导作用。正值青春的他更敏感于掩藏过的秘密，一旦捅破最后的纸，可能引发更强烈的叛逆。成佛成魔，全在一念，更在教师自我开放的谈话技术。自我开放技术是将故事与学生分享，开放对学生的态度、评价，应用自我开放技术可以让学生心理上产生归属感。

在与孙某某的对话中，我放弃了传统的问答式，地点也没有选择去心理咨询室。适宜的环境、方式更适合交流，让老师的自我开放更有效地促成学生的自我开放。

理性指引，长善救失

冰封的心门一旦打开，就会融化出炽热的能量。

第二天，我发现孙某某换了一身行装，原先盖过眉毛的刘海消失了，头顶几绺发丝俏皮地随风飞舞，曾经满身是兜和洞的牛仔也变得完好、简

洁，有一种朴素而灵动的美。

他逐渐走出了成见的阴影，重新回到了那个阳光活泼的青春时代。课堂上师生的应和声中，总有他踊跃而热切的声音，老师们都说孙某某厚积而薄发，我为他的进步暗自高兴。

只是他的成绩依然不理想，看着他失望的眼神，我有一丝丝的遗憾。这样的日子在缓缓地流逝中迎来了转机。学校庆祝国庆文艺会演，我想起了军训时孙某某表演的节目——《哪吒》，“浓眉上写着沧桑，乾坤圈藏一滴泪光……”的歌声犹在耳畔。

“我发现你有演艺的天赋，能不能在国庆会演中为班级增光？”他惊喜地望着我，眼神中有一丝狐疑。

“张老师，我……行吗？”面对他的疑惑，我明白过去他已习惯了被人不信任。

“怎么不行？你的《哪吒》演得那么好！”我一点点地瓦解他的抵触，引燃他暗藏的活力。

“那是我随便表演了一下！”他面露羞赧。

“随便表演就那么好，认真了还了得？”我知道，戏谑的语气能拉近距离，激发他昂扬的斗志。

“我……”他还有一丝的隐忧和不安。

“老师相信你，放手做吧！”我叫来了班长，当面安排了任务。

他蹦跳着离开了，颀长的双腿欢快而有力。在他的策划下，我们班在文艺会演上获得第一名。还是那支《哪吒》歌伴舞，只不过这次是十几名同学的伴舞，他是主角哪吒，主唱兼领舞。霓虹灯闪烁，他站在舞台上，伴着舞曲铿锵的节奏，他眼神犀利，引吭高歌，时而忧伤，时而倔强；时而激起，时而柔婉……一曲过后，那个满身戾气的少年变得喜笑颜开，听着台下热烈的掌声，他在台上会心地微笑。

他心中的“哪吒”，涅槃了！

“教也者，长善而救其失者也”。长善救失是一种将个性化教育理念应用于德育工作的因材施教，以长处挽救过失的实施考验着班主任的能力。掌握学情、客观认识，是鼓励、肯定学生的基础；理性指导、合理建议，是发挥学生主观能动性的关键。老师盲目地评价、笼统地赏识，与以德育人、以德化人的理念背道而驰。

赏而后识，拥抱成长

“功夫不负有心人”。春天的种子一旦播下，就静待它的生根、发芽。

在以后的日子，孙某某精神饱满、遵守校规；半个学期过去了，他不再逃学；一学期过去了，班级问题日少，学风日浓，班风大振。努力的付出和收获的甜蜜在不断地发酵中相互助力，踏实勤奋的性格使他的学习蒸蒸日上，大方义气的处世赢得同学的钦佩，也赢得了他人的信赖和尊敬。春节，他早早地给我发来了祝福短信。

“人无全才，人人有才”。他的优势不正是以后的发展方向吗？新学期开学不久，在我的引导下，孙某某如愿以偿地转向舞蹈表演，他的目标是叩开西北师范大学艺术学院的大门。

教舞蹈的杨老师经常在我面前提起他，听闻他健康的成长，我每每有一种由衷的幸福，也暗暗祝愿他在三年后的高考中实现梦想。

……

“人性最深刻的原则就是希望别人对自己加以赏识。”新时代的思政教育提倡显性和隐性的统一，在此背景下的赏识是一种积极的心理暗示。“赏”是做好班主任工作的情感基础，“识”是做好班主任工作的方法之源，“赏”“识”结合，才能发挥激励效应。

【案例启示】

赏识学生，让他们自己独立发展。对于孩子来说，最好的期许，就是不给他的成长设限；最好的支撑，就是给对、给足他的成长条件。教育处处是小事，但教育无小事。面对自暴自弃的灵魂，需要老师的爱和坚持，需要对生活细节的观察和掌控。煞费苦心的唤醒计划渗透着满腔的教育情怀，步步为营的拯救策略蕴含了高深的理论思想。

“心有猛虎，细嗅蔷薇”。唤醒是源自内心的爱，是细微之处的关注。学生一句不经意的牢骚之语，如草蛇灰线般牵出了他的成长经历和思想波折，这需要一种胸襟；与学生一次平常的对话，教师却以欲擒故纵之计等待教育的良机，这是一种睿智；没有高高在上的威严，适时、适地、适度

地用开放式的自述敞开心扉，这是一种艺术；一次随意的游戏潜藏着的天赋，化为他漫漫人生的启明星，这是一种伟大……

德国教育家斯普朗格说："教育的最终目的不是传授已有的东西，而是要把人的创造力量诱导出来，将生命感、价值感唤醒。"让我们不忘初心，砥砺前行，在教育的大地上做一个奔跑的灵魂唤醒师！

案例八　不嫌弃，不放弃

卢梭说："只有成为学生的知心朋友，才能做一个真正的老师。"要想和学生做朋友，老师应该学会换位思考。对学生的爱是教育的基础，没有爱就没有教育。爱孩子，孩子是会感觉到的，孩子也会爱你，只有爱孩子的人，才可以教育好孩子。对孩子的爱是关爱，而不是偏爱，尤其是对后进生，要多一点鼓励，多一点理解，多一点温暖，而且要持之以恒。无微不至的关爱是学生奋发学习的动力。

后进生的转化工作向来都是班主任工作中的重点，也是难点，特别是后进生转变过程中的反复，通常让班主任疲于应对。如何对学生自主成长进行妥当的引导和控制，让班主任既能够从繁重的转变工作中解脱出来，又能使后进生顺利愉快地进行转变，是班主任工作的焦点。在我所带的班级中，就曾遇到过这样的难题。该班学生学习基础好，学习态度比较端正，但还是有个别淘气顽皮的问题学生，他们头脑都很聪明，但是自控力差，学习主动性不强，成绩起伏很大。对于这一类学生的教育转化是对班主任能力的检测与考验。

学生张某，性格外向，极有幽默感，在同学中人气很高，但是自我约束力差，无论在纪律上还是在学习上都很懒散。中专二年级上学期时，该生因经常迟到、上课吃零食、上课睡觉、打架等违纪问题在德育量化考核时被扣分；很多科目的作业也总是应付完成，每次考试，成绩基本保持在后10名。

通过与该生家长的沟通，我了解到：张某的父母对儿子的期望很高，但由于以前疏于管教，致使该生养成了懒散贪玩的习性。

根据该生的状况，在二年级下学期初，我为他制定了激励工作计划，以期通过有准备、有计划、多方位的教育，对他进行疏导和转变。

制订计划

激励计划务必让学生体会到“自我实现”的快乐，用学生的自我实现需求来激发自我的上进心。

第一步，经常找该生谈心，从目前的学习环境、竞争环境和将来的就业环境等方面入手，帮助其找寻学习动力。

第二步，为学生完善学习计划，鼓励学生从最薄弱的科目开始。在课堂上给学生布置简单问题让学生解答，在协助其完成问题后予以表扬和鼓励。

第三步，安排班干部对他的学习及时督促和激励，安排学习成绩较好又热心的同学，在学习上引导和帮助他。

第四步，与家长保持沟通联系，将该生在学校的表现和进步及时告知家长，让家长从家庭方面给予激励。

第五步，在生活方面多给予他关心和爱护，经常嘘寒问暖。

实施计划

在找张某谈话之前，我预料他会很拘谨。为了排除他的紧张和顾虑，也为了让我们的谈话能够在轻松和谐的氛围中展开，我选取了边散步边聊天的谈话方式，结果我们的谈话进行得很顺利。在谈话中，张某首先主动认错，并承认自己上学期的表现确实很不尽如人意。随后他还告诉我，他个人也常因为不能很好地管理自己的学习和生活而自责，他觉得很愧对班主任和父母。以前有几次，他在我们的谈话之后想过要发奋图强，但是没几天就坚持不下去了。了解这些状况后，我不断地给予他鼓励和信心。这一次的谈话效果很好，不仅让我走进了张某的内心世界，也让他开始真正感受到老师的关心与期望。

这一次谈话后，张某在班级的表现确实有了变化，早晚自习的精神状态比以前有了很大的进步。于是，我趁热打铁，立刻找他进行了第二次谈心，对他学习态度的转变给予及时的表扬；随后，我又对他提出了更高的要求，让他从最薄弱的学科入手进行补习和提高。虽然他开始很犹豫，但最终还是点头接受了我的要求。当时我还与他做了一个私人约定，如果期末他能从班级50名进步到35名，我就请他吃饭。

平时在班级巡查的时候，我经常走到他面前主动问他有没有问题需要解答，而每次他都有一大堆的问题提出，我就不厌其烦地给予解答。慢慢地，不需要我的提问，他在课堂上也会主动举手回答一些简单问题，这一点让我很欣慰，连同学们也为他的勇气和改变鼓掌。

随后的时间我又安排了班委和成绩较好的同学帮忙监督他的学习。就这样，没有多久，班级很多同学向我反映说张某像变了个人似的，不仅学习很勤奋，就连平时爱犯小错误的毛病也少了。这是一个良好的开端，说明我的计划开始初见成效了。俗话说，“一分耕耘一分收获”。就这样，两个月后，通过不懈的努力，张某的成绩进步了，不是小小的两三名，而是五六名的进步。到二年级下学期期末考试时，他的成绩从班级50名进步到了33名，他也荣获了班级颁发的“成绩进步奖”。在给他颁发奖状的那一刻，作为班主任，我觉得特别幸福。

之后，在三年级上学期的一次摸底中，张某又一次给了我和全班一个巨大的惊喜，经过不懈的努力，他“奇迹般”地进入了班级前25名，成为大家学习的榜样。

转变过程中的反复现象

然而好景不长，随着天气渐渐转冷，我发现张某的状态开始松懈下来，成绩也开始出现滑坡的迹象，怕吃苦的弱点在他身上暴露出来。由于天气寒冷，很多学生在各个方面放松对自身的要求，张某就是一个典型的例子。

例如，两操检查记录里偶有他因为早操迟到而扣分的记录；在早自习的课堂上，他常伏在课桌上睡觉。种种迹象表明，这个学生已经开始对自己放松管理，很有可能再次回到以前那种散漫的学习状态。为了能帮助他及时刹住车，我频繁地找他谈话，时而用微风细雨式的说教，时而用暴风骤雨式的训斥，与此同时我也加强了与其家长的联系，期望家长协助老师对该生进行管理。由于双向管理比较严格，张某没有出现太大的退步。但与之前相比，他的成绩开始变得很不稳定，他在后面一段时间的表现始终不能够让我很满意。然而，我并没有因此而放弃他，仍然尽我所能让他的成绩不会出现大的滑坡。在之后的很长一段时间里，我时刻关注着他的变化，定期和任课老师沟通，了解他的学习情况；定期找他谈话，缓解他学习中的压力和解答他学习中的困惑，最终他没有让我和家长失望，考取了理想的医学院护理专业，朝着他期望的方向前进……

担任班主任工作的4年以来，像以上所述的案例不计其数。回顾自己的班主任工作，收获的确是令人欣喜的。对这份工作从起初的恐慌惧怕、不断适应、得心应手，再到如今的真诚热爱，这一路走来，班主任工作中有过酸甜苦辣，有过辛酸委屈，有过喜极而泣，但不曾有过退缩，不曾有过放弃，因为教育是一种感动！

【案例启示】

人的一生很像是在雾中行走，远远望去，只是迷蒙一片，辨不出方向和吉凶。可是，当你鼓起勇气，放下忧惧和怀疑，一步一步向前走去的时候，你就会发现，每走一步，你都能把下一步路看得清楚一点。往前走，别站在远远的地方观望，你就可以找到你的方向，班主任工作亦是如此。

案例九　永远的痛

在中职学校，我带出了很多学生，他们在各个行业各领风骚，风生水起：有的开办本地最大的汽车驾驶学校，承担人社部门的各类培训，生意红红火火；有的举办职业培训学校，承担新农村建设人力资源培训，解决

了数十人的就业问题；有的注册公司，从事园林设计和城市绿化，为美化城市尽心竭力；有的成为大学教授、博导，为国育才；有的回乡务农，带头致富，成为杰出青年，受到政府的表彰。我和我的学生保持联系，相互帮助，相互促进。但我在职专工作的日子里并非一帆风顺，也有过深刻的教训，小叶就是我永远的痛。

小叶是我刚到职专工作时教的学生，16岁，身材瘦弱，其貌不扬，不爱说话，见到人永远是腼腆地一笑。成绩一般，给人的印象是循规蹈矩。这样的学生我见多了，所以只要他按时上学，对他不太在意。时间在不经意间悄悄流逝，转眼一年过去了，却发生了令我意想不到的事。

那是周一的早晨，小叶的父亲突然来到学校，告诉我要带走小叶的东西，我已经发现小叶没来上学，正准备打电话询问，他父亲来了，正好。小叶的父亲和小叶一样腼腆，黝黑的肤色，一副老实巴交的模样。他吞吞吐吐地告诉我，上周周末放学后，小叶与几个社会青年在大街上抢劫，已被拘留，再也不能上学了！

犹如当头一棒，我彻底蒙了！小叶，一个沉默寡言的孩子居然参与拦路抢劫！而我——他的班主任对此却毫无察觉！

深深的自责中，我在学生中了解，才知道小叶热衷武侠，希望成为“老大”；才知道小叶早就文身，在校外与人拉帮结派；才知道小叶其实经常欺负其他同学，以“拼命三郎”“不要命”著称！

我近乎崩溃。这是我熟悉的学生吗，这是我眼中温顺的孩子吗?！如果我早点去了解，早点对他进行正确引导，早点对他进行法治教育，何至于今天?

但是没有如果。小叶被判刑。一个活脱脱的孩子就这样被我这不称职的班主任给葬送了前程！

从那时开始，我再也不敢粗枝大叶，再也不敢掉以轻心。每一级学生，我都做了详细的了解，为他们建立档案。不仅掌握现在，我还了解他们的过去，防患于未然。我组织学生参加志愿者活动，培养他们的社会责任感；我动员学生参与学校社团活动，帮助他们培养正当的兴趣爱好；我鼓励学生开展社会调查，向社会学习，增强行业意识和职业道德；我和学生一起，收集学校发展中的大事件，用校史教育、激励学生成才；我收集有关法治教育视频，作为专题周会的内容，教育学生遵纪守法，成为合格公民。我和毕业的学生建立联系，经常互动，以学长、兄长、家长的身份和他们交流。因为，我不能忘记我工作中的失误，决不能让悲剧重演！

【案例启示】

“祸患常积于忽微，智勇多困于所溺”；“千里之堤，毁于蚁穴”；“莫以善小而不为，莫以恶小而为之”；“差之毫厘，谬以千里”……前人之述备矣。我辈当常怀敬畏之心，从小事抓起，从细节抓起，善于发现、善于总结，把教育培养学生当作最大的事业。

案例十　班主任要做教育家

班主任是班级工作的管理者和引导者，是学校与学生、家长之间沟通联系的纽带和桥梁。如何发挥这一管理纽带桥梁的作用，组织和协调内外各种教育力量，最有效地形成班级的凝聚力，是每位班主任关注的问题。

确立班集体奋斗目标

班集体的共同奋斗目标，是集体的理想和前进的方向，在一个良好的集体中，奋斗目标会形成强大的凝聚力。作为班级的组织者和领导者，我结合实际制定出本班的奋斗目标：“学习上，尽我所能；纪律上，我所能尽；生活上，我尽所能。”在实现奋斗目标的过程中，充分发挥每一个班级成员的自主性，一切“从我做起”，使得整个目标实现过程成为“自我教育和提高”的过程，让学生从自律中体验自我奋斗的快乐和幸福，从而形成他们强烈的责任感。为了配合奋斗目标的实现，我和同学们一起研究制定班规：早起半小时做好学习准备；上课抓好学习，课间抓好休息；晚睡前结束所有任务，争取取得优秀宿舍、优秀班级的“双优”成绩。

凝练班级管理思想

班主任工作，可以说酸甜苦辣样样滋味皆在其中。尽管工作不够尽善尽美，但已尽心尽力。我总想，只要每个班主任能够以爱心、细心、耐心去面对工作、面对学生，就“没有过不去的坎”。班主任对学生不仅应施以爱心、施以细心，更应施以耐心。“谁爱学生，学生就会爱他，只有用爱才能教育学生。”班主任要善于接近学生，体贴和关心学生，和他们进行亲密的思想交流，让他们真正感受到老师对他们的亲近和“爱”，这是班主任顺利开展一切工作的基础。研究学生是教育取得成功的必要条件，最好的途径是通过活动观察。温馨和谐的班集体，是学生健康成长的一方沃土。我从来都把我带的班级，看作是一个大家庭。无论老师还是学生，都是这个家庭中的一员，要想家庭兴旺，大家必须努力。

培养学生习惯

实行班级管理民主化、精细化。“抓在细微处，落在实效中”。班主任工作只有细致入微，才能使班级管理见成效，而在细致管理基础上还应充分发挥学生的自我管理能力，班主任要有意识地让学生主动参与管理。我为学生积极创设各种表现机会，充分调动全班同学的积极性，营造浓郁的民主管理气氛，使学生自我表现心理得到满足，民主意识得到培养，管理能力得到增强。班干部既要有管理能力，又要有民主管理的具体行动。每个干部都要明白自己的职责，及时认真地完成每一项工作。因此，在新学期开始时初评出几位同学作为值日班干部，吴磊担任班级团支部书记，负责班级团员和团内各个活动的开展，实施班级文化建设；冯小宝任班长，全面负责各项工作的开展和协调；刘华作为副班长，负责班级学习氛围营造及各科作业检查；李立衡任生活委员，负责班级卫生管理和日常班级日志的记载。

我十分相信他们，相信他们的能力，相信他们的信心，相信他们的表现。我的相信给了他们充分发挥作用的机会，让他们自主地把班级管理好，他们表现得非常出色。在班干部中，还定期开展批评和自我批评，让大家意识到当班干部不是为了一时的光荣，应该更加以身作则，成为班级各方面的模范。

对于各方面不自觉的同学，请学生干部和他们结成互助小组，班干部进步的同时也要帮助这些后进生一同进步，效果比较明显。班主任和同学也为这些干部打分、评比，为期末的干部考核、评比打下基础。学生自己按照班规定期开展批评和自我批评，实现了班级进步的常态化和持续性。

转化后进生

后进生之所以后进，有很多原因，大致可以这么归类：智商确实低下的，属于真差生；智商正常，学习态度、学习习惯、学习方法低下的，属于假后进生。对于前者，只要引导其尽量学，尽其所能学习文化知识、掌握基本技能，不能对学习成绩提出硬性要求。对于后者，教师首先要从优秀毕业生成功事例、当前就业面临的压力、社会需求等方面引导学生端正学习态度，激发他们学习的兴趣。引导学生主动学习，以“良好的心态，执着的追求，不懈的努力，争取做第一”的班风要求每个学生，力争学生自己在良性环境中实现自我突破。可采取家访、家校联系、课余补课等方法，辅导其进步。对厌学的学生，要深入细致地找出厌学的原因，要多做家长工作，取得家长的配合，对症下药，克服厌学心理。强化心理疏导，可以让学生给老师写写心里话，还可以通过写日记的方式表达内心活动，或者利用周会课开展说说心里话活动……

以前在我班上，有一位名叫小鑫的学生，人挺聪明的，读小学时成绩也不错。但在初中阶段，好像换了个人似的，完全没有了上进心，成天和一些后进生混在一起，经常在外玩到深更半夜不回家，还学会了抽烟、喝酒，甚至还在校外敲诈低年级同学。中考失利进入我班后，心灰意冷，准备独自出去打工，目标是最多领个中职毕业证。开始时，我经常找他谈心，耐心教育他，但他性格孤傲，收效甚微。我想，一个人并非一生下来就是差生，一个人由积极进取到不努力上进，肯定会有很多的因素，只有把这些原因找出来，才有可能转变他。

经过多次与家长沟通，我对小鑫的生活状况有了比较深入的了解，知道了小鑫的处境。原来，小鑫以前一直当班干部，初二时学习不太理想，老师让他专心学习不再担任班干部，他感到非常失落，不知如何去面对这

样的现实，所以当有人叫他一起去玩他当然就去了，根本就没有是与非的观念。他慢慢地沾染上了不爱学习、抽烟、喝酒这些不良习气，学习成绩也是一落千丈，成了学习成绩差、行为习惯差的学生。他的遭遇让我感到同情和惋惜，更让我为他的前途感到担忧。

基于我对他的了解，我与小鑫开展了数次交流。我给他定了个目标，只要好好学习，改掉自身的坏习惯，明确学习目标，可以让他当小组长，后续表现好了还可以调整当科代表。经过一学期的教育转化，小鑫在学校的表现有了明显的转变。

在转化过程中，我对小鑫给予了比其他学生更多的鼓励。因为我深深地知道他自卑、自暴、自弃的表现，更需要正面的引导和激励。在相当长的时间内，我注意挖掘他身上的闪光点，适时地加以表扬，使他摆脱自卑心理，重新认识自己、相信自己，帮助他重塑信心。我放下了老师的身份，和他做了知心朋友，像朋友一样耐心地开导他，倾听他的心声。

“功夫不负有心人”。在我不懈的努力下，两年后，小鑫终于重新找回了人生目标，最后在学校2+3升学考试中以优异的成绩考入武威职业学院，还申请加入了大学生“三下乡”志愿服务队，成了一名志愿者。

注重学生心理健康教育

学生日常学习过程中，存在多种心理问题，不单是大部分后进生有心理问题，就是一些优等生也存在各种形式的心理压力和问题。

小磊同学是2016届我班上的一名学生，学习非常认真，但是成绩不理想，每次考试之后，面对与付出的努力不相称的成绩，常常唉声叹气，几天不与老师同学说话，甚至几周时间不愿参加集体活动，心理十分脆弱。对于他的心理辅导，我是从心理暗示开始的。在言语中，照顾到他脆弱的心理，暗示他是老师心中一个坚强不屈的孩子，经常安排和他关系好的同学主动找他交流、谈心、玩耍。在心理疏导的基础上，我和他一起探讨学习成绩不理想的原因，寻求适合他的学习方法。经过半学期的悉心教育，现在他在学习上有了很大进步，人也变得开朗了许多。

【案例启示】

教育无止境，自我成长是永恒的方向。只有不断努力，才能遇见最好的自己。班主任要不断反省并改进自己的教育方法及教育理念，关爱和尊重每一个学生。不仅要上好课，搞好日常班级管理工作，还要善于观察和了解学生，特别要深入了解班上每一个学生的家庭情况、社会关系及个性特点等。对班上个别有怪癖或易违纪的学生要细心观察，认真分析造成这些问题的社会根源、家庭原因。对有心理健康问题的学生的教育，要做到因材施教，对症下药，耐心教育，以平常心对待，帮助他们摆脱心理阴影，形成良好的个性及人格。

张良拜师

张良，是汉高祖刘邦的军师，祖先是韩国人。秦灭韩后，张良立志为韩国报仇。有一次，因刺杀秦始皇未遂，受到追捕而避居到下邳。

张良在下邳闲来无事。有一天，他到下邳桥上散步，碰到一个老人，穿着粗布短衣，走到张良旁边，故意把鞋子掉到桥下，然后回过头来冲着张良说："孩子，下桥去给我把鞋子拾上来!"张良听了一愣，很想打他一下，但一看他是个老人，就强忍着怒气，到桥下把鞋拾了上来。那老人竟又命令说："把鞋子给我穿上!"张良一想，既然已经给他拾来了鞋子，不如就给他穿上吧，于是就跪在地上给他穿鞋。那老人把脚伸着，让张良给他穿好后，就笑嘻嘻地走了。张良一直用惊奇的目光注视着他的去向。那老人走了里把路，又折回身来，对张良说："你这个孩子是能培养成才的。五天以后的早上，天一亮，就到这里来同我会面!"张良跪下来说："是!"第五天天刚亮，张良到了下邳桥上。不料那老人已经等在那里了，见了张良就生气地说："和老人约会，怎么迟到了？以后的第五天早上再来相会!"说完就离去了。到第五天早上，鸡一叫，张良就赶去，可是那老人又等在那里了，见了张良又生气地说："怎么又掉在我后面了？过了五天再早点来!"说完又走了。到第五天，张良没到半夜就赶到桥上，等了好久，那老人也来了，他高兴地说："这样才好。"然后他拿出一本书来，指着说道："认真研读这本书，就能做帝王的老师了!过十年，天下形势有变，你就会发迹了。以后十三年，你就会在济北郡谷城山下看到我——那儿有块黄石，就是我了。"老人说完就走了。

早上天亮时，张良拿出那本书来一看，原来是《太公兵法》(辅佐周武王伐纣的姜太公的兵书)!张良十分珍爱它，经常研读，反复地学习、研究。

十六年过去了，陈胜等人起兵反秦，张良也聚集了一百多人响应。沛公刘邦率领了几千人马，在下邳的西面攻占了一些地方，张良就归附于他，成为他的部属。从此，张良根据《太公兵法》经常向沛公献计献策，沛公认为很好，常常采用他的计谋，后来成了刘邦运筹帷幄、决胜千里的军师。刘邦称帝后，封他为留侯。

张良始终不忘那个给他《太公兵法》的老人。十三年后，他随从刘邦经过济北时，果然在谷城山下看见有块黄石，就把它取回，称之为“黄石公”，作为珍宝供奉起来，按时祭祀。张良死后，家属把这块黄石和他葬在一起。

第三章　慧眼识珠

慧眼原是佛教用语，指能认识到过去和未来的眼力。《维摩经·入不二法门品》：“实见者尚不见实，何况非实。所以者何？非肉眼所见，慧眼乃能见。而此慧眼，无见无不见。”

韩愈《马说》云：“世有伯乐，然后有千里马。千里马常有，而伯乐不常有。故虽有名马，祗辱于奴隶人之手，骈死于槽枥之间，不以千里称也。马之千里者，一食或尽粟一石。食马者不知其能千里而食也。是马也，虽有千里之能，食不饱，力不足，才美不外见，且欲与常马等不可得，安求其能千里也？”

现代职业教育的先驱黄炎培先生认为，“十步之内，必有芳草，此中不少天才，徒为境遇所困，无由发展”，坚信“今日之蹄涔萌蘖，他日之江河林木”。

案例一　只要努力，中职生一样有作为

2015年5月，全国人大贯彻落实《中华人民共和国职业教育法》执法检查组由陈竺副委员长带队来到甘肃。座谈会上，一位学生代表得体的衣着、大方的举止、清晰的思路、流利的普通话引起了他的注意。当晚，地方电视台播出新闻，节目多次出现这位学生的镜头。

这位学生名叫王丽丽，来自当地唯一一所国家中职教育改革发展示范校——职业中专。

王丽丽为什么成为焦点人物？让我们一起去看看她走过的路。

2012年9月28日，一位中年男子面带愧疚敲开了职业中专分管招生工作的副校长的办公室，他的身边是一位满不在乎的女孩。女孩是来上学的，此时距离开学已经过了一个月。原来，女孩未考上高中，又不愿意上职中，现在是山穷水尽，走投无路，所以姗姗来迟。

“学什么专业？”

“随便！”

“你喜欢什么？”

“无所谓。”

副校长莞尔一笑。这样的孩子见多了。

“根据你的身体条件，建议你报学前教育专业。”

“无所谓。”

就这样，王丽丽成了学前教育专业的一名新生，无精打采地上课、漫不经心地作业，一副冷眼观缤纷世界的样子，似乎不可救药。

但班主任、舞蹈老师还是发现了王丽丽冷漠外表下潜藏的渴望：舞蹈课上每逢高难度动作，王丽丽总会暗地里完成，且质量上乘。

转机出现在学校举办校园艺术节上。班主任特意安排王丽丽担纲舞蹈《青藏高原》的领舞。对王丽丽来说，这样的表演驾轻就熟，不过，看过其他班级的节目排练，王丽丽还是下了一番功夫。她下载舞蹈视频，反复揣摩，又请舞蹈老师指点。“功夫不负有心人”。舞蹈《青藏高原》得到学前教育组教师的好评，获得舞蹈类节目一等奖。得到老师的肯定，王丽丽嘴上不说，心里其实美滋滋的。从此，王丽丽有了细微的变化，人也自信起来。紧接着，王丽丽成了舞蹈社团的成员，并被任命为小组长。自小就爱管人的王丽丽，这时候有了用武之地。在她的领导下，小组成绩提高很快，王丽丽又成了班里舞蹈科代表，这下王丽丽工作更加卖力，组织的班级活动也越来越丰富。第二年，王丽丽成为学校模特表演队队长，并被选为学生会副主席，分管学生自律岗工作，经常检查寝室卫生、餐厅用餐、校园监督岗。2014年，学校广播站成立，王丽丽成为第一任播音员、站长。王丽丽的身上，再也看不到昔日玩世不恭的样子。王丽丽已经完成了华丽转身。

2015年5月，在贯彻落实《中华人民共和国职业教育法》执法检查活动中，大家一致推荐王丽丽作为学生代表参加会议。她出色的表现赢得了赞誉。

【案例启示】

只要努力，中职生一样有作为。而中职生的努力不是与生俱来的，实现蜕变需要伯乐、需要外因——老师的引导、教诲、发掘；不如此，人才会被埋没，千里马也会骈死于槽枥之间。

案例二　丑小鸭的蜕变

上中职时，冯霞绝对是最平常不过的学生。由于初中毕业后在农田地里干了一年的活，体型变得不太协调，发胖，红脸，皮肤又黑又粗糙。原本读初中时成绩就差，加上辍学一年，许多知识早就还给了老师，上中职后学习更加吃力，有老师开玩笑说：“二分之一加二分之一，冯霞绝对会算成四分之二。”在老师的建议下，她选择了服装专业。这个专业不要求

学习排列组合和微积分，专业英语难度也不大，老师了解冯霞自小就喜欢绘画，而服装专业是需要绘画基础的。根据对她平时表现的观察，班主任老师感到冯霞肯定有优点，并非不可救药。在班主任的鼓励下，她负责班级的卫生工作，很认真、很卖力。在历次全校卫生评比中，班里的卫生工作得到了一致好评，那面标志着班级卫生工作先进集体的红旗，一直挂在教室里，同学们很感激她。二年级的时候，大家推选她担任了副班长。冯霞的工作更起劲了。

她倡导组建了志愿者小组，开展各种活动。为了避免同学们整天埋头手机，成为低头族，她在班主任的支持下发起组织了读书小组，让阅读成为课外活动的一部分。

一次，班上一位同学患了病。雪后的晚上，打车很不方便，冯霞二话不说，背起同学就走，别人要替换，她笑着说："当过农民的身体，你们能比吗?"硬是将同学送到了医院。还有一次，担任服装设计教学的老师病了，需要请一周的假。学校一时找不到代课的教师，让大家上自习。冯霞找来教学课件，播放给同学们看，还组织课堂讨论，硬是弥补了教师不在的不足。之后，她又在班里组织了一次服装设计比赛。期末的时候，学校组织鉴定同学们的服装设计水平，全部过关。大家都说，这个成绩里有冯霞的一半功劳。

这一年，冯霞在学校找了一份勤工俭学的工作——帮助食堂收碗筷、打扫卫生。同学们笑话她，她说："我是农民的孩子，干点活儿养活自己减轻父母的负担，没什么丢人的。"在她的带动下，班上有好几位同学加入了勤工俭学的行列。勤工俭学磨炼了她的意志，三年级的时候她决定参加职教高考，对这个决定大家不再觉得突然、不再觉得不可思议，因为此时的她已不再是刚入校时那位懵懂的青涩女孩了。

毕业的时候，冯霞考入了江西服装学院。中职三年，冯霞已经掌握了服装设计基础知识，具有了基本技能。这下冯霞的专业优势凸显了出来。大二的时候，她的服装设计获学院一等奖；大三的时候，她作为交流学员被派往韩国学习。

丑小鸭最终成了小天鹅。

【案例启示】

环境造就人才，量身打造和鼓励同样不可或缺。试想，如果冯霞不是处在一个和谐的环境中，她会顺利成长吗？如果老师不是根据她的特点帮助她选择专业，她会有今天的成就吗？鸡蛋孵出小鸡，需要具备内因，更需要适宜的温度、湿度、时间；内因是基础，外因则是必不可少的条件，在二者共同的作用下，本质的转变才能发生。

案例三　主持人的经历成就了他

小杰做梦也想不到他会成为学校职业教育宣传月活动的节目主持人。

几个月前，班里表演话剧《雷雨》，小杰被指定扮演周朴园。原本小杰是抱着“玩”的态度参加的，以调皮捣蛋著称的司杰，确实是班里的“明星”。刚到职业中专的第一学期，他邀请社会青年来学校参加校园艺术节就与其他班的同学因为争抢座位大打出手受到学校通报批评，第二学期，又因为留长发拒不改正被诫勉谈话。班里组织话剧表演，也许是他独特的嗓音，也许是他流利的普通话，班主任非让他参加不可。实在找不出推辞的理由，小杰只得从命。周朴园是谁，小杰不知道也不想知道，反正是完任务，照本宣读而已。可班主任不行，他拽住小杰，和他谈曹禺、谈周朴园、谈话剧艺术，鼓励他好好排练。渐渐地，小杰了解了周朴园，知道了曹禺，慢慢融入了角色中。

那天彩排，小杰全身心投入，将周朴园内心的纠结、矛盾、狡黠表现得入木三分，恰恰被路过的校长听到。这一年职教宣传月文艺演出选择节目主持人时，校长点了他的将。他行吗？

一个月后，当小杰站在舞台上，用浑厚的男声将节目串起时，他成了当晚的焦点之一。这一刻，小杰心底萌生了一个强烈的梦想——成为主持

人。小杰换了一个人，原本单调的单词、苦涩的语法、繁杂的公式，与小杰形影不离。三年级毕业，小杰考入四川广播电视学院播音主持专业，踏上了实现梦想的征程。毕业后，小杰回到家乡，考入电视台担任节目主持人。小有名气的他常常自豪地向别人“炫耀”自己的职专经历，也经常性地回学校参加各种活动。班主任成就了他，校长慧眼识珠造就了他，“千里马常有而伯乐不常有”，小杰常常在内心感慨。

【案例启示】

“慧眼识得金镶玉”。每个学生都有有别于他人的优点，善于发现其优点、为他营造发挥优点的环境，提供成才的土壤，帮助他建立自信、确立人生目标，是班主任义不容辞的责任，也是每一个教育工作者神圣的职责。

案例四　羸弱中的坚强

参加工作以来，我已经带了四届烹饪班了。2019级23班是我所带的第三届烹饪班。这一届班上有的同学整天沉迷于游戏无法自拔，有的同学整天无所事事、不想学习、百无聊赖，有的同学整天算计着向家长多要些钱，买零食、买流量、谈恋爱。可是，却有这样一位同龄人，除了学习，他不向家人伸手要钱，还要照顾母亲、外婆、弟弟。

我的故事的主人公叫L。第一次见到这个皮肤黝黑的孩子，感觉他对老师特别尊敬，还带点羞涩，身上散发着一股劲，和别的孩子不一样。通过侧面了解，才知道他妈妈是先天性聋哑人，失败的婚姻留下了L和年幼的弟弟。生活的重担压在他肩上，L没有向命运屈服。在家里，他将外婆、母亲、弟弟安排得妥妥帖帖，在学校里尊敬师长懂得学习，老师和同学们都非常喜欢他。

刚开学军训的时候，他是最能吃苦耐劳的，站姿、走姿俨然像一个钢铁战士，军训中教官以他为榜样让其他同学学习他，军训结束他被评为优秀标兵。军训结束后，L依然以军人的纪律严格要求自己，绝不迟到早退，上课也是坐得最端正、听得最认真的。一次菜肴实训课上，制作土豆丝，刀工和火候都欠佳，他没有炒好，他又制作了四次，直到让老师和自己满意。在所有的文化课中，他最喜欢学的就是政治，上课经常向老师请教，课余还找一些报纸或杂志阅读，对一些热点问题，他经常聆听广播，和任课教师讨论，具备了较强的思辨能力。学校组织中专生辩论赛，他自告奋勇担任教练和辩手，给同学们解读疑难，寻找辩题的核心，设计辩论技巧，最终帮助班级取得了优异的成绩。L的表现感动了我，我也将他树为典型，这一年，他被学校评为“奋发有为好少年”。

第三学期，顶岗实习，我班上的学生去南京。大部分同学都是第一次坐火车，第一次离开父母的怀抱，有激动也有焦虑，去一个陌生的大城市，难免有些不适应。一是语言上不会说普通话，二是不会和别人打交道，三是害怕不能适应工作和气候。除了这些担心，同学们也充满了期待，想去看看大城市，想去见见世面，想去挣钱，想去学着独立……刚到南京，时值九月，天气还很炎热，有的同学受不了那种湿热的天气，还没去上班就买票返回了。我真担心L也半途而废，正准备和他联系，他却先向我表了态——“不怕！高楼大厦、人来人往、车水马龙，还是很有吸引力的。”工作安排下来了，工作难度倒是不大，但是一定要耐心和细心，这对于L同学来说能拿得下来。休息时间，他就主动向其他员工及班长请教，虽然普通话不标准，但是他们能听出这个孩子的进取心和对长者的尊敬，他们很乐意教他，和他谈家乡的饮食、谈菜肴的制作、谈食品雕刻，L如获至宝，笔记写了满满的一大本。班长看到L干工作很认真、责任心很强，也给了他很多加班的机会，他拿的工资是最高的。转眼三个月顶岗实习期结束了，L同学要继续上学了，公司的领导和同事们依依不舍，他们忘不了这个勤奋刻苦又懂事的孩子。

因为疫情，2019级的同学们，直到二年级才有了参加运动会的机会。报名开始的时候，其他同学都缩手缩脚，这个项目不敢，那个项目不行，报名者寥寥无几。L同学自告奋勇地报了3000米，还报了跳远，然后利用休息时间去练习、向体育老师请教。在L的带动下，同学们活跃起来了，

都去操场里试试，发现自己也有能拿得出手的项目，开始踊跃报名了。拔河是集体项目，L和同学们组好队，几乎和二年级所有男生班都进行了比试，以赛代练，还针对其他班级的人员结构进行了分析，讨论制定了策略，研究如何听指挥，如何发力，我第一次发现关于拔河居然还有这么专业的一套训练方法。在正式比赛时，同学们听着指挥，带着节奏，把对手控制在了我们的手下，看着一次次地将对手拉过来，同学们无比激动，我也激动不已。

对于烹饪班的同学来说，打扫卫生是最难的事情，烹饪实训室很脏，需要清洁的面积也大，物品也很杂乱。善于处理家务的L帮助我制定了5S管理法。首先将所有的卫生工作罗列出来，然后进行分类，对班级学生进行分组，按照卫生工作需求去分组，比如灶台组、案子组、原料组等等，分好组，对每一位同学进行分工，责任到人，责任区划分精准。然后要求他们从上课前、上课中以及课后，时时刻刻都要保证自己的卫生区域干净，老师和班干部及时检查卫生，就能够保证卫生干净彻底。

L同学是不幸的，家庭支离破碎，小小年纪就要承受生活之重。但他敢于与命运抗争，学会了在逆境中奋斗，这又是他的大幸。

而我是幸运的，作为班主任，有了L这样的学生，不仅班级工作得心应手，从他身上我还学到了许多受益终身的东西。

【案例启示】

教育并不能让学生瞬间顿悟，“冰冻三尺，非一日之寒”。弗洛伊德和海明威都曾提出冰山理论，它指一个人的“自我”就像一座冰山一样，我们看到的只是表面很小的一部分，而更大一部分却藏在更深层次，不为人见，恰如冰山。冰山虽大，只要持之以恒，终将融化。

案例五　一把钥匙开一把锁

班主任是一个班级的组织者和领导者。班主任的工作尽管是烦琐、辛苦的，但又是幸福的。当看到学生的成长进步，那种幸福的感觉超过了一切。

案例（一）

在我担任2015级4班的班主任时，有这样一位同学赵某某，他文化课基础比较差，个人表现也不是很好，但善于管理，有一定的组织才能，我大胆尝试让他担任班长。他在工作上认真负责，虽然学习成绩不突出，但班级工作做得有声有色，为我和各任课老师的德育工作取得成效奠定了良好的基础。

以人为本，倾注师爱

尊重每一位学生是与学生交流的前提，“以人为本”是班主任的工作取得成效的基石，同时也是对每一位教师的基本要求。教育是心灵的艺术，如果我们承认教育的对象是活生生的人，那么教育的过程便不仅仅是一种技巧的施展，而是充满了人情味的心灵交流，这样教师才会产生发自内心的热情。学生不仅仅把我们当作老师，更会把我们当成他们最亲的长辈。心理学家认为，“爱是教育好学生的前提”。在“爱”的感召下，还有什么困难不能够克服呢?

中专一年级刚刚开始，班级各方面的工作多，许多事情本来其他人都能够做的，可是我就只找赵某某，如教室的布置找他，住校生宿舍卫生不好找他，自习课学生吵闹、作业完成不好找他，给了他表现的机会。他也会把握，经过一段时间，他的胆子也大了，敢于主动处理解决问题了。应该说，这一个阶段是赵某某后来进步的关键。只要教师敞开心扉，大胆尝试，以关爱之心来触动他的心弦，“晓之以理，动之以情”，用师爱去温暖他，用理去说服他，用情去感化他，他一定会主动地走上来。

良师益友，宽容以待

班主任是学生的良师益友，对学生应宽容以待。在中专学生群体中，绝大部分学生不喜欢老师过于直率，尤其是批评他们的时候。因此，我与赵某某从和他共同探讨班级工作、谈论学习心得开始，让他感受到老师对他的信任，让他感受到老师是自己的良师益友，让他感受到老师给自己带来的快乐。暂时性地容忍宽恕学生的错误，采用灵活委婉的方法去教育他、鼓励他，既保护了学生的自尊心，又促进了师生的情感交流。

因材施教，循循善诱

有一次，因为开完运动会又是“十一”放假，学生返校后违纪现象比较多，他自己觉得很过意不去，连上课的时候回答问题都没有以前用心了。看到这种状况，我主动找到他，告诉他违纪现象比较多与你这个班长没有关系，给大家空间和时间，这些都不是问题。班干部有工作，但更要把学习抓起来，只要你们把成绩抓起来了，班级的学风就好了，这就像一块长了荒草的土地，锄草的最佳方法就是种上庄稼，违纪现象在你们把学风带起来后还是个问题吗?

通过三年的潜心努力，精心转化，班级的状况和他的学习都取得了令人可喜的成果，最后他顺利考上了兰州石化职业技术学院。赵某某由不自信的小孩子转变为自信的少年，由遇事信心不足、需要人鼓劲转变为能够独当一面的班长，班级各个方面也取得了很大程度的改观，在学习和纪律方面都走在同水平班级的前列。我也相信，在后面的工作中，只要我们倾注爱心，他也必然会取得更大的进步。

案例（二）

在2015级，我班有一位叫包某的男生，头脑聪明。但是，无论在纪律上还是在学习上都很懒散，自我约束力很差。高一上学期时，该生经常迟到、吃零食、留长发、上课睡觉、玩手机，很少认真听讲，很多科目的作业也总是应付完成或是有时候干脆不写，上课有时还爱跟任课教师抬杠。

学校、班里组织的活动经常不参加，而且谁用心参加他还挖苦讽刺。每周的“德育量化考核”成绩从来就没有及格过，似乎“德育量化考核”对他来说就是考核别人的。有时候编谎话请假，若不给批假还要要挟我。据说以前的老师就拿他没辙。用我们的土话说，这是一个比较“刁”的学生。应对这样的学生该怎样办呢?

我提醒自己：千万不能放下他，必须找到适合他的教育方法。经过一段时间的观察，我对该生有了较全面的认识，发现他属于个性极强又爱面子的那类学生。所以，应对这个学生，我从不直接批评，而且绝对不因他做错了什么事状告家长。我采用以下措施：

大力表扬用心维护班集体的同学，让其感到为班集体服务是每个人的光荣。

发现该生点滴的进步就抓住不放。在期末测试中，该生的成绩提前了四名。对此，我首先在班级里大力表扬并及时把这件好事打电话告诉其家长（尽管其父母都在外地打工）。然后我抓住这件事认真和他谈话，指出他的优点，也指出他身上存在的缺点。他不仅听进去了，也虚心理解了。渐渐地，该生在变：下课能够主动擦黑板了，坚持做值日了。这时我看在眼里、喜在心头，又不断地找其耐心地谈话，不断认可他的改变。在一次卫生大扫除时，他不怕脏、不怕累、多干活，出色的表现博得了同学们的肯定。从此以后，该生真的变了，不仅上课用心听讲、积极回答老师的提问，而且热心参加学校、班级组织的活动。在该生的进步中，我感到了做班主任的乐趣，也坚定了自己的工作方向。

班主任的工作就应是充满人性的工作，它的前提是尊重人、关怀人。有时候，我们也常常不分析我们的工作对象，而用自己的眼光来看待发生在他们身上的事，这是不科学的，也是不可取的。

从心理特点上看，这个年龄段的学生已经摆脱了对老师的崇拜、对父母的听从，更多的时候，他们追求个性，崇尚个性。允许学生犯错，应是班主任务必拥有的度量。在学生的差错面前，班主任认清学生差错产生的缘由至关重要。只有这样，才能对症下药，才能真正帮助学生认识错误、改正错误。事实上，我们平时所说的“挖掘薄弱学生的闪光点”也是基于同样的认识。

【案例启示】

“严格”和“关怀”是班主任有效开展工作的两翼，但宽严的界限在哪里？两个相悖的概念怎样才能完美地融合在一起？这实质彰显的是“以学生为中心”的教育精神与理念。教育工作者将学生看作自己的孩子，宽严有度，爱而不溺，一定可以看到学生成长的脚步。

案例六　在民主的氛围中成长

在班干部的产生过程中，我认为教师的包办代替，必定会使班干部失去群众基础，给日后的工作带来不必要的困难，因而是不可取的。比较好的办法应该是先民主后集中，即先让学生进行投票选举，再由教师权衡。班主任对班干部，不能只是单纯地使用，还应该进行教育和培养，鼓励他们既要大胆工作，又要严格要求，注意工作方法。

上学期，我班学生在自习期间发生了这样一件事：一位学生开玩笑，抽掉了另一位学生的凳子，造成了那位学生腿部受伤。事发后，学生乱成了一团，班干部束手无策。我刚听到这个消息时，感到异常气愤，为什么我的班级会发生这样的事情。冷静下来仔细思考，我想到，是不是由于我平时管得太多，学生不会自主管理造成的呢？孩子们长大了，他们应该学会自己解决问题。第二天，我对同学们说：“昨天我们班级发生了一件事，老师不想说什么，我想让你们自己去解决，你们看怎么样？”学生们表示同意，然后我退出教室，学生在班干部的带领下自己开了一个班会，并整理了一份班会记录。

班干部们自我反思，都认为应该对这件事的发生负一定的责任，作为一名干部，应该发挥好监督职责，班主任老师不在的时候，应管理好班级，维护好班级的纪律，看到不良现象要及时制止。

同学们也发表了自己的想法，如果班级中的每一个成员都自觉遵守课堂纪律，就不会发生这样的事故。因此，在今后的学习生活中，我们要牢记这样的教训，避免再发生类似的事情。同学们认为人人都会犯错，只要认识到错误的严重性并加以改正，杜绝此类事件的发生，不要一错再错，这才是至关重要的。长大的我们，不应该让家长、老师担心了，同学之间开玩笑也应该有分寸，不能太过分，做每一件事都要考虑到后果。同学们对这件事的发生感到十分羞愧与内疚，都认为应该引以为戒，所以大家共同制定了一些规章制度，以此提醒自己，作为集体中的一员，今后应该如何做。这样，同学们慢慢学会了对自己的行为负责。

通过这件事，我体会到班主任应该坚持民主思想，通过理性和宽严得当的方法来教育学生。理性感化的教育方法，可以培养学生遵守班级行为规范的自觉性，增强学生的主人翁意识。学生对班集体建设的目标、方法、制度等有正确的理解，会有自觉做好本职工作的意识，同时也增强了合作意识和自我教育意识，学生学会了自我管理、自己解决班级的问题。

班里的男生林某杰是最令我头痛的一个学生。他对学习一点兴趣都没有，上课要么扰乱他人学习，要么情绪低落；下课胡乱打闹，同学们经常笑话他；老师不在身边，他能交空白卷；平时就更不必说了，不做作业，各门功课单元测试不及格……每天不是任课老师就是学生向我告状，真让我头痛。无论是苦口婆心的劝说还是声色俱厉的批评均无济于事，一副“死猪不怕开水烫”的样子。我一次次苦心策划的转化计划都宣告失败，实在是无计可施了，但又不忍放弃，放弃不等于宣判“不可救药”了吗？在一次偶然听到“成功教育”法之后，我想，何不试一试呢？于是，我在提高林某杰的学习兴趣上下功夫，千方百计地创设机会让他获得成功，细心注意他哪怕是微小的进步，只要他的学习有一点进步时我就及时给予表扬、激励。他生病时我给他买药，使他处处感到老师在关心他、信赖他。他也逐渐明白了做人的道理，明确了学习的目的，看到了自身的力量，获得了成功的喜悦与自信。哲人说：“使人前进的最大一种刺激物，是一种成功的感觉。做了一点事的人，无论事情大小，只要他尝着一点成功的快乐，便会渴望再次成功的光荣。”经过努力，我终于高兴地看到林某杰逐渐有好转的迹象了：学习兴趣浓一点了，纪律好一点了，作业书写进步了

……总之，爱心+细心+耐心，尽管与其他同学还相差很远，这“孺子”居然可教了。期中考试居然有四门及格了。

面对林某杰的变化，我深切地认识到：只要每个班主任能够以爱心、细心、耐心去面对工作、面对学生，就“没有过不去的关”。

【案例启示】

“谁爱孩子，孩子就会爱他，只有用爱才能教育孩子”。班主任要善于接近孩子，体贴和关心学生，和他们进行亲密的思想交流，让他们真正感受到老师对他的亲近和“爱”。这是班主任顺利开展一切工作的基础。

案例七　机缘巧合下的转折

小鹏，上小学时年年被评为三好学生，考入初中后逐渐产生厌学心理，上课听讲精力不集中，成绩迅速下滑。逃课成为家常便饭，沾染抽烟陋习。作业完全靠抄袭，假期作业掏钱雇请同学代劳。初中毕业后未考上高中，经人介绍到职业中专就读。在老师的悉心教导下，逐步喜欢上了职业学校，喜欢上了所学的专业。班主任趁热打铁，让他代表班级做国旗下的演讲。下面摘录的是小鹏的一篇作文。

国旗下的演讲成就了我

曾几何时，我是那样的无助，那样的自卑，在我眼前的是一片迷惘，我仿佛成了一只在汪洋大海中随波逐流的小船，随时都有被风浪击沉的危险。

那年，我中考落榜，不得已进入职业中专。

不必说初中同学异样的目光，也不必说父母失望的神情，单是亲戚们的窃窃私语已让我无地自容。是啊，小学时，年年三好学生，我是父母骄傲的资本，我也以此自得；当我以优异的成绩考入全市最好的初中时，亲戚们无不夸我聪颖好学，是棵好苗子，我是那样的其乐陶陶。可今天……

虽然学校离家不远，但我依然选择了住校，个中原因只有我自己知道。

鲁迅说，不在沉默中爆发，就在沉默中死亡。陌生的环境，陌生的同学，陌生的老师，我多么想在陌生的心境中把自己抹去。可我不想死亡！

开学的第一个月，班主任天天陪我们上晚自习、聊天、话家常，表扬我们哪怕是微不足道的进步，好像我们不曾有过劣迹，每一个学生都是他的掌上明珠。闲暇的时候，我们参观了学校的实训室，观看学哥学姐的专业操作。和普通中学不同，文化课之外，有更多的时间上实训课，尤其是晚自习，不是坐在教室里看头疼的课本，而是在实训室练习或者在多媒体教室观看专题片、在社团参加各种活动。

日子在平淡中一天天度过，一学期过去了，我学会了操作键盘和制作模型，学会了使用焊枪和万用电表，初中头疼的物理课，在这里变成了活生生的实际操作，我成了电力拖动的优等生，我慢慢喜欢上了职业中专。

一年级第二学期开学，班主任找我谈话，让我准备开学典礼时做国旗下的演讲，老师说："你行，你一定是最棒的！"我的心头一热。几年了，我听到的只是父亲低沉的叹息和母亲暗暗的啜泣。我暗下决心，一定要做到最好！

我开始准备。"你准备好了吗？"对！就以它为题！我查阅资料，写出草稿，请语文老师修改；我跑到学校理发室（以前我一次也没有去过），请师傅理了平头；我早早将校服洗干净、压平；早晨，同学们还在熟睡，我就悄悄爬起来，溜进舞蹈大厅对着镜子练口型；社团活动时，我偷偷请老师指点演讲的要领。

开学典礼的日子终于到了，我浑身充满了自信，真的，一点也不紧张。"请小鹏同学做国旗下的演讲！"该我上场了，我看到班主任对我挥舞的拳头和竖起的大拇指。我一溜小跑登上讲台，深深地鞠躬："尊敬的老师，亲爱的同学们，大家早上好！我演讲的题目是——你准备好了吗？"

不，不是演讲，那是激情的宣泄，是经历漫长冬季破土而出的小草舒张的身姿，是酝酿已久喷薄而出的火山，是我对未来的宣誓！我已经准备好了，随时接受任何挑战！

掌声雷动，我看到了班主任激动的泪花，我看到了校长赞许的目光，我看到了同学兴奋的表情，甚至连最苛刻的思想品德课教师也在向我微微点头。

“你准备好了吗？小鹏同学用实际行动证明了，机会垂青于有准备的人，希望大家像小鹏同学这样，时刻准备着，接受挑战！”

几天过去了，校长的话还在我耳畔回响。

当烟瘾上来，想偷偷抽一口时，仿佛有人在问我：“小鹏，你就这样让大家向你学?”（可以告诉你，从此后我告别了香烟。）

当学习遇到困难，想放弃时，我就质问自己：“你就这样准备着?”

刚上三年级，我参加全省学生职业技能大赛，获得中职学校学生电力拖动一等奖。马上就要毕业了，我想考上大学继续深造。一定能考上，因为，我已经准备好了！

演讲，给了我自信，给了我前进的动力，国旗下的演讲成就了我！

……

毕业后，小鹏如愿考入高职院校，现在已经成为一名公务员。

【案例启示】

教育需要润物细无声。当教育者倾注爱心、热情和期望，赢得了学生的信任，对他们取得的点滴成绩都及时给予表扬和鼓励时，在他们身上就会产生罗森塔尔效应（即爱的效应），学生就会在爱的氛围中产生愉悦的心理体验，逐渐开启自己的心扉，乐于接受老师的教诲，必能收到“亲其师，信其道，学其理”的良好效果。顾鹏的成功在于自身的勤奋不息，更在于老师的不言弃、不放弃，在于教师的鼓励和帮助。同样的人，在不同环境、不同教育方式下的蜕变，需要教育工作者深思。

案例八　尽其所能展其才

“不为贤相，即为良师”，是我成为教师后的誓言。为了实现这一誓言，我把教师职业当作神圣的事业，孜孜以求。

初到职专任教，接手的是电子电器专业班。班上有学生40名，均为男性。经过一周的观察，初步了解了学生特点，组建了临时班委会：胡全是班上年龄最大的学生，来自山区，家境贫寒，为人忠厚，自律能力强，我让他担任班长；程大明年龄最小，聪明好动，家中经营电器，家境殷实，喜欢与老师交流，爱出风头，担任学习委员；种宁沉稳老实，初中毕业后在私营企业打工一年，学习主动，不怕吃苦，担任生活委员；王德利学习基础薄弱，接受知识能力较差，但爱好体育，有一副天然的大嗓门，担任体育委员……试用一个月后，经无记名投票，正式成立班委会，班级工作步入正轨。

孩子们全都来自农村，朴实、善良，特别能吃苦。我抓住这一特点，在任课教师的配合下，重视班风建设，狠抓学风，互帮互学，相互促进，营造了浓郁的学习氛围。任课教师普遍认为该班学生上进心强，可塑性强。我多次在班会上传达任课教师的评价，鼓舞了士气，增强了学生学好专业的信心。二年级时，学生已经可以独立完成洗衣机维修，胡全、种宁、程大明已经可以维修电视机。

但响鼓也需重锤敲。程大明维修速度快，但不够细心，常常前脚走后脚又让事主找上门，返修率较高；自视有技术，晚自习不请假外出。对此，我组织故障排除、元件焊接、配件更换等技术比武，让程大明着实出了几身冷汗，认识到了自身的不足，查找了与其他同学的差距；学习校纪校规，重温班级纪律，责令程大明在班内公开检讨，认识自己私自外出的错误，警示其他同学。班上还有一名叫叶果园的同学，对学习家用电器不感兴趣，但对家电说明书则常常评头论足，我鼓励他从应用文写作入手，进而强化小说、散文阅读，并与他交流阅读心得，二年级时参加新概念作文大赛获二等奖，从此爱上了散文创作。

毕业后，该班学生在各方面均有建树。胡全在家乡创办家电维修班，培养专业人才，后加盟各大家用电器特约维修，在当地颇有名气。种宁参加职教师资考试，考入甘肃农业大学，毕业后读研，现在兰州一家高职院校任教授。程大明毕业后经营自家商店，后拓展业务，经营摄影棚、录音棚，承担本地春晚节目录制灯光技术、背景制作。王德利毕业后参军，服

役期间利用自己学到的家电维修技术在培养军地两用人才上做出了积极贡献。叶果园出版了散文集，加入省文联，后供职于家乡教育系统，主办政务新媒体……

回顾这段经历，我有以下体会：

第一，帮助学生明确目标，树立信心，及时肯定成绩。一个人如果没有目标，就如海上失去了航向的船只。首先应帮助学生明确学习目标，树立起他们的信心。任何人都有自己的长处，也都希望得到别人的肯定。当学生取得成绩时，应该及时在班级里加以客观评价和表扬，使他们在心理上得到一种满足，而这种满足往往会持续很长一段时间，产生更大的心理效益。

第二，细心了解学生的个性特点，引导他们“扬长避短”。每个学生都有自己的个性，不同的学生又有各自不同的特点。这就要求教师必须主动接近学生，深入他们中间，了解他们的个性特点，在处理具体问题的时候有一定的针对性，能够针对不同个性的学生，采取不同的方法解决问题，使我们在做工作的时候不但不被动，而且还可以收到事半功倍的效果。

第三，融情入理，以理服人，尊重学生的人格，关心学生的成长。职业学校学生自我意识不够健全，以自我为中心的意识较强，自控能力差。因此，教师在做学生思想工作的时候，应该注意方式方法。学生是独立的人，他们都是有感情的，都有善的一面，只是我们没有深入他们的内心深处，受传统的“以分数来划分优差生”等的影响，使我们在做学生工作的时候失去了“重心”，从而经常性地在语言、语气和语调等方面无意识地伤害了学生的自尊心，使他们本来的“模糊目标”变得更加“模糊”，产生了一些负面影响。

【案例启示】

“玉不琢，不成器”。教育工作是一项神圣又艰巨的工程，教师的工作对象是有感情的人，这就决定了我们工作的复杂性和情感性。有人说：要保持内心的光，因为你不知道什么样的人会借此离开黑暗。或许当我们可以去爱自己，并且借由着爱自己产生的慈悲去爱身边的人时，既改变了自己，也改变了他人，然后把自己的周围变成一个越来越光亮的世界。让我们一起不忘做教师的初心，用爱心感化学生，用耐心教导学生，让他们健康成长。

案例九　做最好的自己

2014年7月20日，对杨阳来说是非同寻常的一天。这一天，他以职教高考613分的分数被兰州城市学院学前教育管理专业录取。要知道，两年前，在重点高中上学的他，由于每次检测考试总分不到300分，常常名列年级倒数，数次的挫败感已经彻底让他丧失了继续读书的信心。“病急乱投医”。经别人介绍，家长将他转学到职业中专学习专业技术。

和其他无可奈何选择了职业教育的孩子一样，杨阳认为自己这辈子就这样了。没想到的是，刚刚转入职专，班主任就根据他的条件让他加入了学校乐队，成了小号手。经历了苦涩，经历了难堪，经历了痛苦，经过两个多月严格的训练，当他代表学校在城市中心广场成功演出、博得一片喝彩时，他感到了一种难以言表的激动。他突然觉得，天空是那样的湛蓝！

演出成功给了他信心，那个时常穿着开洞的牛仔裤、脖子上挂着骷髅头的少年不见了，杨阳开始刻意注重自己的仪容仪表和言行。这一年，在市级中职学校学生职业技能大赛上，杨阳获得职业英语比赛一等奖。班主任告诉他，以目前的状态，他可以参加职教高考，只要努力，一定有好的结果。他的心动了。上大学无望的他，又有了圆大学梦想的机会！

希望一旦萌动，就会生根，就会发芽。杨阳将希望埋在心底，不敢告诉他人，只是默默地努力。

2014年5月，杨阳参加甘肃省职业教育对口升学考试，总分613分！激动的杨阳通过短信告诉原来高中的同学：“相信吗，我也考了600多分！”

【案例启示】

莎士比亚说："自信是走向成功之路的第一步，缺乏自信是失败的主要原因。"著名教育家爱默生说："自信是英雄的本质，自信是成功的第一秘诀。"可见，培养学生的自信心有着重要作用，它是成功的基础，更是学生成功学习的第一法宝。学生拥有了自信，就像一艘鼓满了风的帆船，可以在学海中乘风破浪，达到成功的彼岸。自信心是人的能力的催化剂，自信心能将人的一切能力都调动起来，将人的积极性调整到最佳状态。一个缺乏自信心的人，往往没有工作学习的主动性和积极性；一个缺乏自信心的人，很难在社会上开创自己的事业。只有充分自信的孩子，才更容易登上成功的顶峰。一个充满自信的孩子，往往处世乐观进取，做事主动积极，勇于尝试，乐于挑战；反之，如果一个孩子缺乏自信，就往往在一事当前时，退缩畏惧、胆怯悲观、犹豫不决。

王冕学画

古时候，有个孩子叫王冕。因为家里穷，他只念了三年书，就去给人家放牛。他一边放牛，一边找书来读。

一个夏天的傍晚，王冕在湖边放牛，忽然下了一阵大雨。大雨过后，夕阳照得满湖生辉。湖里的荷花更鲜艳了，花瓣上清水滴滴，荷叶上水珠滚来滚去。王冕看得出神，心想，要是能把它画下来，那多好啊！

王冕用平时节省下来的钱买了纸、笔和颜料，每天把牛赶到湖边吃草后，就专心地画起来。开始怎么也画不好，可是他不灰心。

他仔细观察荷叶和荷花的形状，观察清晨傍晚、雨前雨后荷花的变化。他天天跟荷花在一起，把荷花当成了好朋友。这样练习画了很长时间，那纸上的荷花就像刚从湖里采来的一样。

第四章　砥砺成才

教师工作的创造性体现在，教师面对的每一名学生，都是一个特殊的个体，既要了解学生的共性，掌握每一名学生学习认知的科学规律，又要掌握其形形色色的个性，使每一名学生都得到充分发展。所以，一个好老师，需要像一名农民，埋首于三尺讲台，苦苦耕耘；需要像一名工人，既熟悉流水线上的每个环节，又能切实负责自己的教学；需要像一名哲学家，对人生的价值意义有着高屋建瓴的通盘思考；需要像一名设计师，能够把所有思考绘制为精确的蓝图；需要像一名工程师，把蓝图中描绘的一切美好，化作不断得到落实的细致行动；需要像一名发明家，面对行动中出现的各种新问题，随时随地以新的方法及时解决；需要像一名艺术家，敏锐地发现美好，热情地鼓舞和讴歌……

案例一　退一步海阔天空

班主任是班级的组织者、管理者和教育者，基本任务是全面教育、管理、指导学生，用心努力为学生健康成长营造良好的环境。班主任工作效率的高低，直接关系到教育教学质量的好坏。在新课标教育理念指导下当好班主任，既是一门艺术又是一种职责，班主任工作就应由“经验型”向“专业化”方向转变。

我班学生张同学活泼好动，个性要强，自律能力较差。刚进学校时，她因多次违反学校纪律而被学校处分，几经周折的她重新回到班级，当天她从我身边走过时，我有意叫住她说：“新的起点，新的开始”“人非圣贤，孰能无过；知错能改，善莫大焉。”“我不计较你过去所犯的错误，往事就让它过去，不要放在心上，但愿你今后做任何事情都要三思而后行，不要冲动；新的开始好好表现自己，为父母交上一份满意的答卷。”听完之后，她低下了头。之后，我又多次与其家长取得联系，经过几次诚恳交谈，家长很支持我的工作，愿意配合学校共同教育。一年来，我在生活上关心她，在学习上支持她，在人际交往上引导她，使她逐渐接近了我，愿意与我坦诚交流。总的来说，她还是比较遵守校纪班规，自己失去的总是想方设法去弥补，不时为班级出谋划策，能够用心参加各项有益的活动，为班级争得荣誉。但是，在2020年期末考试结束后，她与本班同宿舍的其他三位同学在宿舍打牌娱乐被宿管老师发现，学校将对这一事件进行严肃处理。我找到学校有关领导交流看法，恳求再给她一次改正错误的机会，学校再三考虑，答应了我的请求。她重新回到班级之后，我又和她促膝长谈，谈人生的不易，谈生活的曲折，谈理想的丰满与现实的骨感，谈量力而行与尽力而为。这是又一次心灵的对话，她深有感触地说：谢谢老师，我会好好珍惜这段来之不易的美好时光。经历多次的挫折，此刻的她正逐步走向成熟。

我班有一个十分听话懂事的学生徐，进校一年来几乎没有违纪记录。

一个平常的上午，我正在办公室备课，徐同学跑来向我请假，因为他感冒好几天了，在校医那里看了几次，没有效果，他想利用中午时间出去到医院看病。我问他家里知道吗，他说已经告诉父母了，于是我就给他批了中午出校门的假。晚上，当我去教室时空着一个座位，原来徐同学未到。一问值日班委才明白他下午一直没在，他去哪里了呢？贪玩？不会的！我心里掠过一丝不祥的感觉，我安慰着自己，耐心地等待他回来。到了晚上第二节课仍然没有他的消息，我心中开始不安起来，同时也向周边的同学进行调查，是否发现徐同学近期有异常状况，班级的气氛也一下紧张起来，我吩咐同学只要有他的消息在第一时间通知我。我向政教处汇报了情况，请示是否应向公安机关报案。第二天我通知他父母来到学校，详细告诉他们情况，经过多方面的分析，他有可能出去玩去了，家长决定先不报案，由他们去寻找。又一天过去了，仍然没有他的消息，在焦急的等待中，第三天下午才看到他回来。看到他的那一刹那，我真想狠狠地揍他一顿，但我没有那样做，毕竟人回来了一切都好办了。然而一波未平一波又起，他回来给我们带来了又一个“惊喜”，他要退学，不想读了。怎么办？经过父母和老师近一天的谈心，他给我们的答案是：他去邻近的城市找亲戚和朋友，觉得父母赚钱难，自己这样读下去也考不上大学，还不如去打工。态度很坚定，不管是父亲举拳要打，还是母亲一把鼻涕一把泪地诉说，他都无动于衷。从父母的口中了解到，他在家中是一个好孩子，十分听话，自强自立，钱自己要多少拿多少，家里从不过问，对他很放心；他自己也省着用，包括这次去别的城市，他三天都只用了100多块钱。怎么办？我感到事有蹊跷，为什么一个这么好的孩子会突然变了呢？我把他单独叫到校园里，我说此刻我不是老师，你也不是学生，我只是大你几岁的朋友，你说的话我是不会让别人知道的，开始与他谈心。我说，说实在的，我对你的那份自强自立和对父母的理解、孝心，十分欣赏和感动（这时我看到他眼中闪动着异样的光彩），但是（我看时机成熟了），我的直觉告诉我，我的朋友这次的决定并不是真正为了父母，而是另有原因，在走之前，我希望你能把真正的原因告诉朋友，也许能为你参考参考，好吗？这时他不好意思地低下了头，开始诉说了“她”的故事。他朋友在八中读书，这学期退学了，他这次是专程去劝她来读书的，但她决意去打工，他们感情很

好，为了能在一起并肩作战，所以他也决定去打工。中学生的早恋让他变得如此疯狂，如此不顾后果，怎么办？我首先肯定他重情重义，是一个十分不错的孩子，然后开始给他仔细分析，你虽然还不完全理解感情，但你却一心想给她幸福，这想法十分伟大，但你能不能真正给她幸福呢？此刻的你面前有两条路。第一条路，退学与她同甘共苦，用自己幼小的臂膀为她撑起一片天空，每月用自己辛辛苦苦挣来的2000元钱来安排你们的生活，可你想过没有，按照此刻的房价，你一年最多买一平方米，何时能给她一个家？怎样给她幸福？第二条路，继续读书深造，也许她在外会苦一点，但当你练好本事找了好工作，有了房子能给她一个家，这时你才可能给她幸福，才可能给你们感情一丝生机。他心里开始犹豫了，但还是坚持自己的决定。怎么办？先得想办法稳住他再说。于是我告诉他，其实你自己也没有把握，这个决定是不是对的，为什么不能给自己思考的时间呢？人生大事岂能草率决定，走过以后就不可能再回头，不要让自己后悔，你这学期的书费也已经交了，不妨在学校好好思考，你什么时候想好了，如果还是决定要走，想好了再走也不迟。就这样，他答应留下来思考人生的抉择，这只是万里长征的第一步。抱着“不抛弃、不放弃”的信念，我开始计划下一步，利用晚上的时间多次与他谈心，告诉他，既然在学校钱花了时间也花了，何不认真学点东西出去，以后说不定也能用得上。就这样，他没有让自己的学习落下，我开始计划下一步收网。但是一天晚上他告诉我，他想好了，还是决定不读了。怎么办？还是得拖住他，不能放下。我说，这一学期也只有两个来月就放假了，何不读完呢？也不浪费书费。他留下来了，但开始晚自习旷课。放下吗？我在苦苦思索。不，不能放下！他父母和我联系，求我多开导开导他。他父亲和他说不上话，母亲说的话他又不怎么听。怎么办？我了解到他还有一个姐姐在读大学，一个妹妹也在读书，都十分关心他。好，同龄人的亲情疗法应该会有效。于是要她姐妹经常与他联系，并联系他的那个朋友，给她鼓励开导。“精诚所至，金石为开”。徐同学终于开窍留了下来，并在我班担任了班干部，有了新的目标。

从对他的教育过程，我深深感受到对学生的爱，绝不能放手，要坚守“不抛弃、不放弃”的信念，直到最后一刻，相信会迎来新的转机。

带班不久，我就发现班级里的几个男生抽烟。为制止他们抽烟，我一再加重对抽烟的处罚，然而抽烟事件还是频频发生，看来处罚对他们并没有多大的威慑力。怎么办？经过秘密调查，我基本掌握了抽烟同学的名单，开始逐一对这些同学进行谈话。

那天刚上晚自习，我从马同学身边走过，凭我对烟味的敏感，我明白他刚抽烟不久，我把他叫出来，首先我表扬他说，你虽然成绩不是很理想，但为人诚实，犯了错误，能坦白地向老师认错，有男子汉的气概，敢作敢当。他笑了笑。笑说明已经放松了警惕，我抓住时机，话语一转说，但是我这些天从你那儿经过时，闻到一股烟味，此刻我还能闻到，你能告诉老师这烟味是从哪里来的吗？他不好意思地笑了笑，低下头承认是他抽的，我再次表扬他的敢作敢当。之后开始给他讲吸烟的危害，焦油对人体的伤害，并坦白地对他说，如果我要抓你很容易，我对烟味十分敏感，要扣完你的德育量化考核20分也很简单，但是我抓了你送到政教处又有什么用呢？只能证明我班主任做了工作，估计你还是会抽，可能抽得更厉害，我期望的是你自己能戒烟，如果你真正能戒烟，班级扣那几分又怎么样呢？我期望的是我的学生能有一个好习惯，而不是徒有虚名，你能帮我做到吗？他听我这样一说，明白我不扣他分了，就打开了话匣，他告诉我他抽烟几年了，此刻也想戒烟，口袋还有三支，想抽完这三支就不再抽了。看到他的转机，我当然不会放过趁热打铁的机会，再次表扬了他戒烟的想法，然后告诉他人是有依赖性的，此刻你也许想抽完三支不再抽了，可能明天你就会想再抽一包不抽了。给自己留后路，就会永远把自己前进的道路堵住。你那三支烟交给老师也好，自己抽也好，你能够自己处理，我会根据这件事情重新认识你，然后叫他回班级叫下一个同学出来。他转身走了几步又折回来，从口袋掏出那皱巴巴的三支烟交给我说，老师我决定从此刻开始戒烟。我笑着点了点头。从那以后，我再也没有从他身上闻到烟味。

班主任工作是辛苦的、琐碎的，有喜有忧、有乐有悲，但也是最有价值的，最有好处的，最幸福的。在日常班务管理过程中，作为班主任，能够在自己实际工作中不断总结积累经验，虚心求教于他人，不断提高自身素养和管理水平，但不可完全套搬他人的工作经验和方法，要切实根据自

己班级实际进行创造性的个性化管理。

【案例启示】

信任和宽容是打开学生心扉的金钥匙。当好班主任，就是要学会宽容，学会交流，一张一弛，严而有格，尽自己最大努力教育好每一个学生，帮学生健康成长。循循善诱，爱而不纵；锲而不舍，孜孜以求。

案例二　认可叛逆，疏导攻“心”

中职生随着自我意识及成人感迅速增强，无论是在观念上还是心理上都产生了一些微妙的变化，诸如早恋、自卑、焦虑、失落、恐惧、消极、逆反等心理问题，对学生的健康成长产生不良的影响，甚至会使学生出现行为障碍或导致人格缺陷。因此，中职生的心理健康教育刻不容缓。下面就如何做好中职生的心理健康教育谈自己的一些做法与思考。

赵某，男，16岁，对学习不感兴趣，学习成绩较差，但反应敏捷，接受新事物能力较强。性格倔强，个性刚硬，自尊心特强，逆反心理十分严重。经常和父母、老师发生冲突、顶撞，有很强的抵触情绪。你越是反对的事情，他就越和你对着干。在家里，一旦父母不能满足他的要求，他就使性子，以赖在床上不去上课来要挟父母，弄得父母实在没有办法。在学校，他的这种反抗行为也很突出。每当老师批评他时，他总是眼睛直盯着老师，头仰得很高，一副桀骜不驯的样子，甚至还和老师顶嘴，上课无精打采甚至故意睡觉，不交作业，家长和老师十分无奈。

该生的叛逆行为是进入青春期的一种表现，往往把家长和老师的批评、帮助理解为与自己过不去，认为伤害了自己，因而就会表现出严重的敌对倾向。通过详细的观察和调查，针对他的表现，我分析其原因主要有三个：

一、家庭教育方式不当。赵某的父亲在外工作忙，和孩子沟通少，任其自由发展；父母只给孩子每周的生活费，不太关心他的行为和生活，偶尔问起成绩，若不理想，见面父亲就斥责、谩骂；而他的母亲只关心孩子的生活和学习成绩，忽视了孩子的思想教育，认为孩子还小，大了就会懂事的。家庭教育中以学习成绩评定好坏和对孩子教育意见的不一致，造成了孩子的任性和无所适从。

二、教师教育和处理不当。个别教师不懂得学生的心理特点，针对学生上课不认真听讲，经常捣蛋插嘴、东张西望的表现，不去探究出现问题的深层原因，将其简单归结为不听话，不能正确对待学生所犯的错误，缺少与学生的心理沟通，使师生矛盾和冲突日益激化。

三、中职生思想半幼稚半成熟。这一阶段学生心理发展正处于半成熟半幼稚阶段，一方面以成人自居，开始有意识地摆脱童年期的直率和纯真，并以怀疑审视的态度来观察和面对周围的事物；另一方面却又受到自身经验和能力的限制，这一阶段容易冲动，行为不易预测，逆反心理比较强，看问题容易产生偏见，拒绝一切批评，所以对父母和老师的批评和劝导产生抵触情绪。

基于以上认识，我针对性地开展了以下工作：

一、家校互通，形成教育合力。其一，加强与家长的联系，在孩子的教育问题上达成共识，以便对症下药。其二，让其父母认识到家庭教育的重要性和责任感，父母应承担起教育孩子的重任，不要只顾赚钱，忽视对孩子的教育，而且教育孩子不能简单粗暴，努力做到和风细雨，打开他心灵的窗户。其三，及时发现问题，做好引导、处理和治疗，消除心理冲突，同时注意培养孩子的耐挫能力。

二、改善家庭教育环境。指导家长创造良好、民主的家庭环境，和孩子交朋友，多鼓励、表扬，少批评、责骂，合理对待孩子的需求，不挫伤他的自尊心，尊重他，信任他。利用亲情来感化他，慢慢地消除他的对立情绪。

三、坚持疏导教育，保护自尊心。教师要避免直接批评，不要与他发生正面冲突，要注意保护他的自尊心，采取以柔克刚的教育方式。当他犯错误时，不要当着全班同学的面点他的名字，而是在与他个别交谈时动之

以情，晓之以理，耐心帮助他分清是非，意识到自己的错误，并愿意主动地去改正，逐渐缓解紧张的师生关系。

四、因势利导，扬长避短。教师要善于挖掘学生身上的闪光点，充分发挥其作用。利用赵某的优势让其担任组长，使他把大部分心思转移到他自己爱好和感兴趣的事情上。

五、指导调节，端正认识。在明晰了他的问题、不足之后，我又指导赵某阅读一些伟人、科学家成功事迹的书刊，开阔视野，不断激励自己，使他明白只有胸怀宽广、能接受他人意见的人才能成就伟大的事业。把注意力引到学习上，启发、诱导他走出错误的心理误区，建立对自我的准确定位与认知。

六、加强感情投入，融洽师生关系。当教师让学生感到可亲、可敬、可信赖时，学生就愿意接受教师的教育。尤其对那些遇到挫折而对生活失去信心，并用怀疑、敌视的态度对待周围一切事物的学生，则要给予他们更多的安慰和关怀。

七、经常、持久地进行心理辅导。赵某这种顽固的逆反心理不是一两次说服教育就可消除的，要反复抓、抓反复，平时多留意观察他的情绪变化，经常与他交流、沟通，深入了解他的内心世界，帮助他解决青春期的烦恼。

通过两年跟踪辅导，赵某逆反心理逐渐消除，和父母老师的紧张关系也比以前缓和多了，学习比以往也有信心了，上课不再睡觉了，有时还能积极主动地回答老师问题。作业也能按时上交，认识他的人都说他变了个人似的。看着他的变化，我由衷地感到高兴。

【案例启示】

“心病还得心药医”。教师要加强对有逆反心理的学生进行心理辅导和心理咨询，加强心理健康教育，解决他们的心理症结。正如前联教育家苏霍姆林斯基所说：“没有心理上的修养，体力的、道德的、审美的修养就不可想象。”心理健康教育是一门攻“心”的教育，攻“心”的教育又需要爱心与耐心。学生逆反心理的形成，很多都与教师及家长的教育方法不当有关，教师、家长只有具有了健康的心态，才能让学生沐浴阳光而生善、生爱。当学生出现过激行为时，教师要学会制怒，善于运用教育策略，巧妙化解师生冲突，这样才能达到预期的目的。当然，学生心理的问题大多来自家庭，父母对学生多加关爱、学生多体谅父母就会少很多矛盾。

案例三　等待和民主也是一种教育

在班主任工作中，经常遇到一些性格特殊的学生，他们共同的特点是独立意识强，不易接受别人的意见或建议，凡事从自己的角度考虑得多，站在对方的角度考虑得少，在面对老师的管理时，他们很易冲动，甚至会发生正面的冲突。在这些学生身上，即使教育一时起了作用也很容易发生反复，这样的学生会使班主任感到非常头痛，处理不好也会在班级管理中产生很大的负面作用。

那是春末的一个早晨，我刚来到学校，任课老师就来“告状”：“你班李某某太不像话了！”我心中一惊，李某某是我们班里有名的“唱反调大王”，经常在老师或班干部安排工作时唱反调，以前有几次对老师不礼貌，但经过我苦口婆心的思想工作，最近已经大有进步，不知又做了什么“惊天动地”的事会把老师气成这样。我连忙问：“出了什么事?”任课老师向我讲述了头一天下午发生的事。

原来，前一天下午放学后，李某某并不是值日生，三组值日时他还不停捣乱，任课老师进行劝阻时，他也很不以为然，称自己在和同学开玩笑，根本没有“不尊重别人的劳动”，认为老师多此一举，并在老师叫他时装作听不见，扬长而去。

我听了这事后很生气，在向任课老师表示歉意的同时，真想立即到教室把这惹是生非的小子揪出来。气急之际，李某某以前所犯的错误还历历在目：前些天，李某某在数学课上称50多岁的数学老师“张哥”，数学老

师批评他不尊敬老师，他不服气，认为这是一种亲切的称呼，就跟数学老师杠上了；有一天，他未经同学同意，就拆开了同学的快件，当同学和他理论时，他还振振有词地辩解："同学之间能有什么秘密？"不过他说归说，我敏锐地感觉到经过耐心细致的引导，他在处事态度方面大为好转，许多老师都说他有进步。学生犯错误，尤其是习惯性错误，做老师的，做家长的，应该有应对反复的思想准备，绝不能够急于求成或丧失信心。不管别人怎么看，依我对李某某的了解，他虽然固执、冲动，但也是一个有正义感、知错能改的好同学，我相信他在事后应该有所醒悟，我过早介入此事未必能达到最好的教育效果，还是等一等吧。

果然，第三天，任课老师告诉我，李某某已经真诚地向她道歉，并感谢我所做的工作。我说，其实我什么也没有做，我只是做到了等待和宽容，我有的只是对学生的信心和耐心。在当周的班会课上，我没有批评李某某，而是就此事加以放大，在全班同学面前表扬他知错就改的好品质，并说老师认为他在学习上的潜力很大，相信他也会在学习上令人刮目相看。那一刻，我看到了李某某眼中闪亮的东西，那是被人信任后激动的泪花。

如果说"没有教育不好的学生"是唱高调，那么"没有不能教育的学生"则是实实在在的道理。学生毕竟还是孩子，孩子的天性就是渴望独立，就是容易犯错误。班级不可能不出问题，学生也不可能不犯错误，如果问题出在班风或学风方面，就必须特别重视。而对一般性的问题，要适当"容错"，只要学生意识到并努力改正就行了。这就是所谓"有所为，有所不为"。

对学生严格要求，不放松常规管理，但绝不是管得越严越好，跟得越紧越好。对于问题学生更是这样，否则可能引起学生的逆反。教育首先是服务，管理首先是尊重，相处贵在信任。我坚持一切班务都和班干部商量、和学生商量，既讲原则，又要充分听取学生的意见。大到自主管理各岗位的设立及确定人选，全班各项活动的安排，小到值日组的调整、座位的调整，都是和学生商量完成的。要充分相信学生，逐渐从事无巨细中解放出来，从早晚跟班中解放出来，不要总怕出事，如果什么事情都不出，还要班主任干什么？在循规蹈矩之中培养教育出的学生一定缺乏创造力。

教育时机的把握非常重要，这就像烧菜的“火候”或军事上的“战机”，往往稍纵即逝，而把握住时机则可收到事半功倍的效果。

在班干部的产生过程中，我认为教师的包办代替，必定会使班干部失去群众基础，给日后的工作带来不必要的困难，是不可取的。比较好的办法应该是先民主后集中，即先让学生进行投票选举，再由教师权衡。班主任对班干部，不能只是使用，还应该进行教育和培养，鼓励他们既要大胆工作，又要严格要求，同时注意工作方法。

记得有一次，学校组织中专生辩论赛。我让班长和学习委员挑选队员，组织集训。不想，有同学不服班长挑选的人选，认为自己才是最佳人选。情绪激动的该同学说着说着对班长有了推搡的动作，班长认为是对他的挑衅，于是双方发生了激烈的肢体冲突。

事情发生后，我心情十分沉重。学校政教处认为这是打架斗殴，必须严肃处理。我认为，这两位同学发生肢体冲突的起因是对队员挑选的意见不一致，而挑选队员参加辩论赛是为了集体，因此，这两位同学发生矛盾不是有个人恩怨，不能简单定性为打架斗殴。我向学校说明情况，请求由我处理，学校同意了我的请求。

我首先召开班委会。会上，班长就事情的经过做了说明，并就自己的冲动和鲁莽做了自我批评。我没有就此了结，要求班委成员就此事做进一步的探究。于是，大家展开热烈的讨论，一致认为，参加辩论赛队员的选拔存在漏洞，需要完善。于是，大家围绕队员选拔各抒己见，提出了很好的意见和建议。综合大家的意见和建议，最后议定，先在班内自由组合，组成辩论小组，然后根据学校下发的辩论赛辩题展开班内辩论，从中选拔辩手。这个决定在班上宣布后，得到了大家的拥护，同学们纷纷参与活动，在活动中选拔出了优秀辩手。

之后，我让班干部就整个事情的过程进行反思。班长在反思中写道：“任何事情，必须经过深思熟虑，必须集思广益，否则就容易发生矛盾。由于我处理问题的方式过于简单，导致了矛盾的产生，在校内造成了不好的影响，破坏了班集体的形象，这个教训是深刻的，我应该在班上检讨。”其他班委成员也表达了愧疚之情。

我抓住时机，在周会课上开诚布公地转述了班委成员的反思，请同学

们讨论。大家一致认为，班干部的工作是有成效的，工作中出现失误是可以原谅的。

那位冲动的同学也主动站起来，向班长道歉，班长表示自己工作不到位，造成了同学间的矛盾，应当承担责任，对造成的不良影响，向全班同学做出检讨。两人的表态获得了同学们热烈的掌声。

在这件事上，我没有立即做出处理决定，而是以宽容的姿态、迂回的方式顺利地解决了问题，从而达到了教育学生的目的。

【案例启示】

陶行知先生曾指出："民主的时代已经来到。民主是一种新的生活方式，我们对于民主的生活还不习惯。但春天已来，我们必须脱去棉衣，穿上春装。我们必须在民主的新生活中学习民主。"教育首先是服务，管理首先是尊重，相处贵在信任。民主管理班级，是师生平等的体现，是教师"权威"向"以人为本"转化的标志。班级教育中的民主仍然意味着尊重——尊重学生的人格、尊重学生的情感、尊重学生的思想、尊重学生的个性、尊重学生的差异、尊重学生的人权、尊重学生的创造力，等等；与此同时，教会学生尊重他人。

案例四　家校共育化解厌学心理

我担任中职班主任好几年了，接触过很多有厌学心理的学生。我尝试过各种方法转化这些厌学的学生，有过失败的经历，也有过成功的体验。以下是我担任2019级4班班主任时一次成功转化厌学学生的案例，至今记忆犹新。

王某斌同学，男，17岁，职中二年级上学期刚开学不久，向家长提出不想上学，坚持要请假待在家中。经过与家人的访谈，得知该生从刚进入初中起就存在强烈的厌学情绪，主要表现在逃课，不做作业，上课不专心听讲，课堂分组讨论时一言不发，缺乏主动参与意识，在课堂上睡觉成为常态，学习成绩一直落后，撒谎成癖，整天无所事事，对职业规划感到迷茫、模糊。

产生厌学原因分析

一是无良好学习习惯，缺乏学习目标。通过与王某斌的谈话得知：他由于基础较差，加上初中课程增多，无良好的学习习惯，导致上课听不懂，下课又不愿意向老师同学请教。久而久之，学习跟不上，形成了恶性循环，越发不愿意学习。初一第一学期结束成绩一塌糊涂，导致家人对其失望。他认为，不上学完全可以像父母一样去做生意，同样能养活自己，于是提出退学，目的未达成，开始自暴自弃。

二是家长教育方法不当。王某斌父亲经常在外，母亲做生意，对孩子管教较少。他母亲有一句口头禅："我没有拥有的，儿子全要享受。"因此，对孩子提出的买玩具、购电脑、打游戏、买品牌衣服等要求，一概满足。可每当听到孩子在学校的不良表现时，母亲又总是不问青红皂白地一顿责骂。当父亲回家后，母亲总是絮絮叨叨重复儿子在学校的不是，导致王某斌遭受一顿暴打。就这样，他在家庭约束一阵松一阵紧的情况下进入职中。

第三，该生的叛逆行为是进入青春期的一种表现，许多青春期的孩子对大人都有一种逆反心理。他们往往把家长和老师的批评、帮助理解为与自己过不去，认为伤害了自己，因而就会表现出严重的刺猬思维和敌对倾向。

第四，老师不是很了解学生的心理发展特点，不能正确对待他所犯的错误，处理方式不当，使矛盾和冲突日益加剧。青少年特有的半幼稚半成熟的特点，使他看问题容易产生偏见，以为与老师对着干很勇敢，在同学看来是一种英雄行为，因而盲目反抗，拒绝一切批评。

最后，学生没有树立正确的学习动机。他不知道什么是学习，认为读书是为了老师或者是家长，当他看到社会上一些没读书而赚了大钱的人时，觉得读不读书无所谓，这样也导致了他对学习没什么兴趣，甚至厌

学，出现情绪波动和情感消极。由于学习失败，学习成绩跟不上，受到来自老师、家长的训斥和同学的鄙视，会产生消极情绪体验，这种消极情绪不断积累，会严重妨碍学习，导致学无动力，把学习视为一种负担。

辅导过程和辅导策略

一是建立良好的咨询关系。在心理咨询室单独交谈，了解他的情况，让他充分地发泄内心关于学校与老师的不愉快记忆，以此消除心理上的隔阂。刚开始他闭口不语，我就避开主题，先从日常生活中的小事谈起，并多次强调会为他所说的话保密，后来他终于开口了。在交谈中，我还了解到他爱好打篮球，也知道了他的很多想法。

二是亲子沟通，赏识孩子，发现孩子的闪光点。王某斌同学与母亲坐下来进行了一次真诚的对话。母亲泪流满面地诉说着他的种种不良表现，可他一言不发。过了几分钟，他开始为自己辩解，母子开始围绕说谎话、逃学问题进行了激烈的争辩。通过谈话了解到，他非常喜欢养小动物，可得不到家人的支持，于是就偷来父母的钱自己去买来偷偷地养，谁知被父母发现了，就是一顿责骂，觉得他一无是处。最后在我的化解下，该学生表示以后不再说谎骗父母，并希望父母支持他养小动物。母亲表示同意，但要求他不要影响学习。

三是帮助他树立阶段性学习目标，树立学习信心。我与王某斌同学就学习情况进行了交谈，分析了不学习、没有知识的后果，并就他现在的学习成绩建立了分阶段的学习目标。首先，做到不逃课，上课专心听讲；其次，努力完成老师布置的家庭作业；最后，在他自愿的情况下补课。通过建立分阶段的学习小目标，逐步建立学习的信心。

四是坚持疏导教育，正确对待这类学生。避免直接批评，不与他发生正面冲突，注意保护他的自尊心。当他犯错误时，不当着其他人的面点他的名字，而是在与他个别交谈时动之以情，晓之以理，耐心帮助他分清是非，让他意识到自己的错误并愿意主动地去改正，这样逐渐缓解了紧张的师生关系。

五是因势利导，扬长避短。老师要善于挖掘学生身上的闪光点，充分发挥其作用。对他学习上的任何进步都及时给予肯定和表扬，让他尝到成功的喜悦，意识到自己还是有学习的潜力。尽量减轻学生的心理和学业负担，尤其是减轻他的心理压力，逐步培养他对学习的兴趣。

半个月后，王某斌同学的厌学情绪明显好转。他不再逃课，上课时也会认真听讲，不会随便和同桌或者其他同学讲话，能够按时上交作业、完成班干部布置的任务，并且积极地帮助同学。即使偶尔做错了，受到来自老师的批评，他也不会和老师顶嘴或者对着干。虽然成绩不是有很明显的提高，但是上课能够坐在教室安静听课，对于他来说，也是进步的一个方面，作为老师应该看到学生点滴的进步。

对厌学心理的思考和行为的纠正

一是培养对学习的兴趣。可与发展学生特长结合起来，其实特长与学习并不矛盾。众多事实表明，有特长的学生，他的学习一般也不错，因为它们可以相互影响，由于有特长、有兴趣，他们会经常受到来自学校和家庭的表扬和鼓励，他们的兴趣劲头也会潜移默化地转移到学习方面来，从而相得益彰。

二是提高学习能力。厌学的学生由于学习跟不上，经常受到老师的批评、家长的责怪以及同学们的轻视，于是索性破罐子破摔，经常逃学。对此，老师和家长尤其是老师要及时想办法、思对策。通过辅导学生的学习，提高他们的成绩。只有学生学习成绩提高了，才会使他们变得自信起来，那么学习的兴趣自然而然就会产生。

三是减轻学业负担。有部分同学由于害怕学习，唯恐失败构成对自尊心的威胁，于是对学习产生过度焦虑，从而害怕、讨厌学习。尽量减轻学生的心理和学业负担。老师和家长往往一厢情愿地给学生施压，还嫌不够，家长在家也要孩子开夜车，甚至恐吓学生，考不上大学，你就会完蛋，就别来见我。当孩子的心理和能力达不到和承受不了时，就会厌学，有的干脆离家出走。因此，老师和家长要尽量减轻学生学业负担，结合中学生心理特点施教，做到寓教于乐，劳逸结合。

四是辅导学生的人际关系。学生人际关系差，也是学生厌学的一个原

因。有的学生在家中因受到过分的宠爱，不能正确对待别人，有一种“我即中心”的优越感，自私自利，自以为是，对老师不尊敬，对同学不友好，甚至出口骂人，出手打人，因而师生关系不融洽，同学关系紧张。有的不能正确对待自己，对自己估计过高，目中无人，在学习上毅力不足，情绪波动极大，一旦遇到挫折，就对自己产生怀疑，认为自己不如别人，产生了厌学心理。学生来自不同文化、经济和涵养的家庭，他们的个性亦有很大差异，有些学生由于性格孤僻，不善交往，人际关系自然就差。如果老师和同学再对他们冷漠，他们就会更感孤独和不安，产生不良情绪，甚至厌世情绪。因此，对这些性格存在缺陷的同学，要伸出友爱之手，关心他们、帮助他们。同时，面对犯错误的学生，老师和家长要注意批评的尺度，成功时让孩子感到成功的喜悦，失败时让他们总结失败的教训。中专学生的承受能力远不如成年人，但作为成年人的老师和家长，在批评学生时，就要注意场合和尺度，以激励为主，少用批评、责怪为妙。对学生学习上的任何进步都要及时给予肯定和表扬，让孩子们尝到成功的喜悦，这对克服学生的厌学心理是有益的。

目前，王某斌同学已经没有厌学的想法了，虽然仍然会出现家庭作业未完成的情况，但基本做到了不逃课。和同学的关系也变得融洽，在交流时，他虽然话语不多，但已经可以说出自己的想法，有时会主动跟我谈心。对他的转变，我很是欣慰，也对他充满信心。

【案例启示】

苏联教育家苏霍姆林斯基曾把学校和家庭比作“两个教育者”，认为这两者“不仅要一致行动，向儿童提出同样要求，而且要志同道合，抱着一致的信念”。家校联动，方能共育英才。孩子的教育和成长需要家庭、社会和学校的共同努力，需要三方构成一个有机的利于孩子学习成长的社会支持系统，互相沟通，相互促进。如果中间任何一个环节出现问题，就会抵消教育效果，直接影响学生成长。

案例五　种瓜得瓜，种豆得豆

小超是我工作以来的第一届学生，他非常叛逆，性格耿直，脾气倔强，常常以自我为中心，学习成绩中下。在校园里不时与同学发生争执，偶尔会动手，同学关系紧张。他很少参加团体性活动，不太合群。而且回到家中，也很少与父母沟通。经过一段时间的观察，我发现对他的管理，不能用传统方法；并且从他的种种行为判断，他的家庭教育有很多问题。我知道每个人都有自己的优缺点，他还正处于成长的关键阶段，可塑性很大，只要找到了他的优点和长处，就能够以此为突破口，实施有效的教育。我决定先了解他，再与他的父母沟通。

对班级其他同学经过一周的随访后了解到，在同学们眼中，他性格内向，寡言少语，不愿主动与人交往，把自己封闭起来。所以，我分析，他在情绪上以抑郁、悲伤为主要心境，因而觉得生活了无意趣；在意志行动上，表现为精神不振，遇事从消极方面进行归因，以悲观的眼光看未来。后来，通过打电话跟他母亲沟通了解到，他初中二年级的时候，父亲出车祸意外去世，对他打击很大。因为母亲文化程度有限，并没有给孩子做一定的心理疏导，抑郁悲伤一直留在心里。后来母亲改嫁，他跟随母亲进入了新的家庭，但失去父亲的阴影一直在他心里，所以他一直无法接受新的家庭，加之母亲对他关心不够，不重视感情交流，缺少陪伴，他开始变得叛逆，学习成绩也不理想，自我评价低，对前途感到悲观。

有一次课堂上，我发现他低下头似乎在看什么。在做练习的间隙，我走到他的身边，我发现他正在认真地看一本关于特种兵的书。我并没有批评他，而是温和地对他说，先把书收起来，下课后再看。他照做了。下课后，我找到了他的QQ号，与他十分随意地聊了起来。他说他特别喜欢军营，喜欢特种兵，毕业了想去当兵。那次聊天过后，他对我的防备心理逐渐淡化。

后来，通过QQ，我在生活、学习上时常关心他、鼓励他，他开始变得

乐观积极起来，并且愿意对我打开心扉，诉说他的成长经历。他说，爸爸去世后对他打击很大，内心很恐惧、很害怕；并且常常想起爸爸，觉得很难受，好像没有人再爱他了。听到这里，我很难受。他妈妈说，在家里小超是一个难得的好孩子。他改嫁前，家里的重体力活，都是小超主动帮他做的。每到春种、浇水、秋收的时候，他都会请假帮她干活。可以说，他的母亲依靠着他，把他当一个男子汉。当时他才14岁，就挑起了家庭的重担。听到这里，我很难受，湿了眼眶，我决定全方位地帮助他。他家境一般，失去父亲后，全靠母亲打工维持生活。所以，我在经济上给了他一定帮助，并在放学后帮他补习功课。经常与他谈心，给他关心和鼓励。从那时候起，他在学校的表现发生了翻天覆地的变化。

在辅导学生过程中，我想最重要的是肯定对方的优点，在弱势中寻找优势，在缺点中寻找闪光点，以激励为主，以批评为辅，帮助他克服缺点。

首先，我找了几个平时和他接触比较多、比较好的同学，进一步了解他在学校、同学中间的情况，并鼓励同学们要用真心，热情、诚恳地接近他，帮助他。

其次，找他面对面谈心，了解他的生活学习状况和心理承受力。我告诉他，我对他的期望是很高的，在我心目中，他是一个特别懂事的孩子，老师从来没有放弃过他。在谈心过程中，我一直肯定他的优点，鼓励他充分发挥自己的优势。同时，诚恳地指出他的不足，要求他必须和同学好好相处，放下心中的戒备。为了让他上课专心，踏实学习，我给他明确了努力的方向和奋斗的目标，希望他慢慢改善。通过了解他的思想变化状况，多关心，多鼓励，多表扬，少批评，其目的是让他调整心理，平和心态，使他能正确地认识和看待自己及周围的人和事；同时，我利用学习到的心理学知识，帮他疗愈失去父亲的心伤，效果明显。

再次，找他妈妈沟通。希望她多关心孩子的内心世界，给他更多的爱和关注，并要求她每隔一段时间，跟我聊聊孩子在家里的变化，我也隔一段时间把小超在学校的变化告知她。我还主动找各任课老师，就小超同学谈了我的看法，希望老师们对小超同学多关注，多鼓励，少批评。最终希望在老师、家长和同学之间构成一个闭环式的帮教链，帮助他健康成长。

经过两年多的用心帮助，小超同学彻底改变了自己，不但在学习上用心了，学习成绩也稳步提升了，而且还乐于帮助同学了，交到了很多好朋友。二年级的时候，他被学校学生会看中，任命为学生会干事，之后他变得更加阳光自信了。他学习的是计算机专业，在三年级第一学期，考取了初级网络工程师证书。后来在学习上的进步越来越大，经过三年的努力学习，参加了甘肃省中职学校学生对口升学考试，考上了兰州资源环境职业技术学院。因为家庭困难，没有收入来源，懂事的他不想给母亲增加经济负担。所以，在大一时，他保留学籍，应征入伍，成了一名光荣的大学生士兵，实现了当兵的梦想，现在在空军某部队服役。

对于我的帮助，他非常感激，说我改变了他，是他一辈子的恩师，也把我当作了亲人。每逢休息的时候，都会给我打电话，聊他的军营生活。现在他已经成了一名出色的士兵，被部队评为“业务骨干”。他把他得的第一枚奖章送给了我，我既感动又开心，不禁感叹：一分耕耘，一分收获！

【案例启示】

学生是发展中的人，学生与学生之间存在着性格、个体学习风格和能力等方面的差异。人是有多元智能的，有语言智能，有数学逻辑智能，有音乐智能，有体育运动智能，有人际关系智能，有自我认识智能，有强势智能，有弱势智能，等等。这就意味着，教师面对教育对象，不能采取“一刀切”的教育方式，更不能用标准化的办法去培养学生的特点，要量体裁衣，因材施教。不但要深入了解该阶段学生的普遍心理特征，还要观察学生的个性特点和内心世界，根据每个学生的特点灵活地实施有的放矢的教育。

案例六　在提升自我认同感中行进

时间一晃，当班主任已有五年。

带完两届学生，我有诸多的感触。最深的感触就是学生普遍缺乏自

信，或者可以理解成为缺乏自我认同感，由此产生出一系列的问题。从学生入校开始，我就一直给学生灌输一种思想：我们的学生从全区各个初中升学而来，没有考上自己理想的高中，已经背负着来自家庭的精神压力和自我否定的思想，如果不尽快从这种精神压力中走出来，就会对即将到来的职中生活产生巨大的影响，甚至对自己的人生产生怀疑。所以，我对学生一直说：中考不是你人生的终点，没考上高中也不是你生活的结束，在别人眼里你不是破罐子，在你自己眼里你更不是破罐子，不能放弃自己。

在这几年里，我一直自学一些心理学的知识，认识到从心理学角度来说，处于16～18岁的青少年，更容易产生迷茫的情绪，再加上中考失利，往往不清楚自己是谁，不知道自己该做什么，这更加加重了中职生自我认同感的缺失。

学生自我认同偏差的表现

首先，自我图式混乱——表现为渴望知道“我是谁”。自我认同不当的学生往往缺乏对自我的加工能力，或是错误地加工，觉得自己被群体所淹没，于是他们努力想使自己独立出来，追求个性的发展，有时他们会弄巧成拙。

其次，角色混乱——“我在哪里”？表现为发现自己和过去不一样了，找不到过去的我，想给自己定位，但又不知道该定在哪里。

再次，自我挫败——“我怎么了”？表现为对自己不理解、不满意，类似于成长的烦恼。同时，对现实极为不满，对自己的行为无法控制和预测，经常会懊恼后悔。

最后，焦虑程度高——“我该怎么办”？他们会经常焦虑和忧郁，甚至会为了一些微不足道的小事困惑。

影响学生自我认同感形成的因素

首先，父母教育方式的影响。父母是中学生自我认同发展过程中的重要人物。研究发现：民主型的父母由于鼓励青少年参与家庭决策，从而促进了子女自我认同感的发展；专制型的父母由于对青少年的行为控制过严，不给他们机会表达意见，从而促成了子女自我认同早闭；纵容型的父母对青少年的指导极少，并且让他们自行其是，结果促成了自我认同的扩散。还有研究发现：在教育子女时使用解释、接受、同情等行为的父母会促进青少年自我认同感的发展，而使用武断及贬低等限制性行为的父母在青少年自我认同感的发展上则起到消极作用。

其次，同辈群体的影响。同辈群体对青少年自我认同的重要影响在于：在同辈群体中，彼此之间可以敞开思想，自由地探讨一些问题，如生死观、恋爱观以及人体生理器官等。中学生认为这些问题十分神秘，但对于朋友用不着保密。因此，在同辈群体中，学生形成了一套自己的价值标准。这些标准可能与社会的主流价值观相符合，也可能不符合，甚至背道而驰。他们在接纳、吸收同伴行为处事方式的同时，改造自己的行为处事方式，并形成相应的自我认同感，追求被同伴接纳和欣赏。

第三，社会文化的影响。中职生的成长和对社会的认知，很大一部分要从社会文化中获得。社会文化是一种覆盖面很广的人际交流载体，对一种文化共同的兴趣、不同的争议都是增进人们之间相互沟通与交流的良好机会，中职生就是在对社会文化的困惑与理解、反感与喜爱、接受与拒绝中加强与其他个体的碰撞，从而促使自己社会化进程的完成。社会文化作为一种生存的外在环境，对中职生产生的不仅是覆盖式的外部影响，而且是占领式的内部催化，中职生对自我认同的深化，正是在社会文化的熏染下发生的结构调整、元素整合、优化定型的巨大改观。社会文化可以把青少年塑造成富有知识、乐于进取、认真负责的一代，如果转化不当，也可以让青少年变得玩世不恭、过度消费、缺乏理想。

如何培养学生的自我认同感

（一）有效利用环境因素

首先，良好的家庭环境是培养中职生自我认同感的必要条件。在自我认同感发展的过程中，父母与孩子的关系起着重要作用。父母，可以使孩子在不知不觉中对自我进行肯定的评价。另外，父母对孩子的爱对于他们情感上的安全是必要的，而情感安全则有助于孩子自我认同的健康发展。那些充满爱心和责任感的家庭，可以培养出健康、有所作为、乐观向上的孩子，他们会踏着父母的足迹，走上正直、自制和乐于助人的生活道路。

在做班主任工作时，要经常与学生家长进行沟通，要多对学生采取接纳、鼓励的态度并且做出榜样示范，让学生在班级中有一种家庭的感觉，促进形成自我归属感。

其次，学校环境，尤其是教师的教育方式与中职生的自我认同感的培养有密切的关系。个体社会化的一个最大特点就是观察性的学习和模仿。除了父母之外，老师也是学生直接模仿学习的榜样。老师的一言一行、一举一动，都直接影响着学生的心理健康。作为班主任，长期和学生一起生活、成长，必须用一种严谨和严肃的态度在学生中形成一种威信，让学生感觉到班主任对自己关爱有加，同时还不能失去威严，这对学生形成健康的自我定位会起到积极的作用。

再次，同伴对中职生自我认同感的形成具有举足轻重的作用。个体发展到了青春期，更喜欢和同伴交往。在这个时期，如果与优秀的人交往，就会从中吸取营养，使自己得到长足的发展，把同伴的各种积极的价值观和信念融入自我概念中，形成健康的自我认同感；相反，如果交友不慎，则自身也必定受到不良影响。中国有句古语“近朱者赤，近墨者黑”，所以，这一时期对同伴的选择尤为重要。我们要引导学生向一些积极上进的模范学生看齐，在班集体中要多鼓励学生，出现几个优秀的、能带动班集体的学生。

另外，网络、电视、小说等大众传播媒介对当代中职生的影响也很大。作为班主任，更要紧跟时代，密切注意中职生对这些传播媒介的选择，积极引导，主动向他们推荐一些反映积极健康价值观的新闻、影视节目等，为他们提供直观、生动的示范，这有助于他们通过观察、模仿，获得健康的自我认同感，从而培养正确的“三观”。

（二）利用强化原理，引导正确归因

中职生由于常常关心“别人是否喜欢和接受自己”“自己在别人眼中是什么样的”等问题，进而关注自己行为处世的方式。如果自己的一句话、一个动作或某种行为获得了身边人的好感，这句话、这个动作或行为就有可能被内化，这是一种自我归因。由于有了自我归因，那些被他人肯定的做法才有持久性。归因理论认为，若把失败归因于自己能力不够这一稳定的内部因素，则这种失败无助于促使行为的坚持；若把失败归因于不

努力等不稳定的内部因素，则可能激发其加倍努力进取的决心。同理，在培养中学生健康的自我认同感方面，应着力使中学生关注自身内在的不稳定因素（如努力），而不宜过多看重内在稳定因素（如能力）。因此，适当的归因将在自我激励的过程中，由于思想品质的进步、各种任务的竞争、外来的奖励和自我责任心的实现得到加强，所获得的积极自我认同感就越强。

（三）培养移情能力

移情是指人们在人际交往中情感的相互作用、相互影响。当一个人感受到对方的某种情绪时，他自己也能体验到相应的情绪。移情是受他人的情绪、情感影响而引起的与之相一致的情绪、情感反应。移情包括两个方面：一是识别和感受他人的情绪、情感状态；二是能在更高的意义上接受他人的情绪、情感状态，并将自己置身于他人的处境，设身处地地为他人着想，进而产生相应的情绪、情感。在自我认同感形成的过程中培养移情能力，就是要引导学生能够换位思考，站在他人的角度反思自我，认识自身人格中的优点与不足，培养其内在的自我调节能力，从而获得比较全面的自我认同感。学生若能深刻体会他人的情绪、情感，当他们遇到类似的情况时，就会回忆以往的体验，重新整合自我认同的内容，抑制自己的消极行为，并作出积极反应。

【案例启示】

班主任工作是一种智慧，也是一种心理艺术。一个人的“自我认同感”并非天生，而是在后天成长中点滴形成，并对一生影响深远。面对缺乏自我认同感的中职学生，班主任要努力提升心理素养，学会从理论层次关注学生、研究学生，有效地帮助学生正确认识自我，从中寻求帮助学生健康成长的正确方法，启发他们自觉思考、准确定位自我，进而促进自身健康成长。

案例七　不抛弃，不放下

每一个人都有自己的优点和缺点，而往往能激发潜能的是人的优点；学生也不例外，再怎样调皮的学生，也会有他的长处，有他的优点。学生不缺少美，缺少的是我们老师发现美的眼光，只要我们有耐心、有恒心、有决心，从不同角度去寻找学生的亮点，激发学生的潜能，做到不抛弃、不放下，我们的教育工作就能取得突破性的进展。

在班级的管理过程中，免不了总有被学生冒犯的时候，有时候甚至是顶撞和侮辱。面对如此状况，有些班主任确实很难控制自己的情绪，常常肝火大发，甚至可能出口大骂。然而学生的冒犯多是由于年少冲动、年幼无知。如果我们能从一个更高的角度去看待学生的冒犯，并以此为契机，用爱包容学生的冒犯，用情促进其成长，会收到意想不到的效果。

那是班会课的时间，我正在讲德育考核分的处理，讲到“我并不想扣大家的分，只期望同学们能自觉地做好”时，“放屁！”突然一个声音传来，循声望去，才知这话出自赵鸿飞同学之口。班里死一般的沉静，犹如战争前的静寂，同学们都看着我，有焦虑的，有惊慌的，也有愤怒的。我当时真想冲过去好好揍他一顿（开学以来他屡教不改，是我班的一个“扣分能手”），但是我还是压了压肝火，沉默了20多秒钟，调整了自己的情绪，然后缓缓地说，你有意见请站起来提，不要以这种没有修养的方式来表达。简单数落几句后又转入正题，处理班级事情。

此后，我一直没有去理他，让他自己反省，晚上他让同学给我捎来了检讨。第二天，我把他叫到办公室，没等我批评他，他就开始认错了，说自己太冲动了，说完就后悔了，谢谢我没有跟他计较，没有给他难堪，他其实家教是很严的。抓住他心里想澄清自己的想法，我就装作不能原谅他的样子说：有没有教养不是你说了算，能不能原谅也不是你说了算，在今后的日子里，如果我再发现你有违纪现象，我也懒得管你了，也没必要再管你了，究竟怎样，你以后的行动说了算！

就这样，他之后的学习生活变得乖了、收敛了，多了一分自觉、多了一分礼貌。我设想，如果我当时真的没有控制住自己，那又会怎样呢？揍他一顿，自己心里舒畅了，却不可能看到这个学生的转变，甚至给他毁灭性的打击。为人师表，若能看到学生有好的转变，自己忍受一点，又有何不可呢？

一个都不能少。面对问题学生，不抛弃、不放下是中职班主任的责任，是师者爱的表现。以下两则案例更加坚定了我在班级管理中秉承的班主任“德育为首，教育为主，育人为本”的指导思想。不抛弃、不放下，是对每一个学生负责，是对整个班级负责，更是对教育负责。在这一管理理念的指引下，我总结出了“爱、严、勤、细”四字治班方针。

“爱”是班主任工作的灵魂

苏联教育家苏霍姆林斯基曾说过：“没有爱就没有教育。”这一教育名言告诉我们，爱是教育的生命，是教育的催化剂、润滑剂和黏合剂。有位专家曾说过，“班主任既是老师又是父母，除了传授学生知识外，还充当了父母的角色”。爱学生，就要尊重学生；爱学生，就要走进学生心里。爱在心里，落实在行动上。想学生之所想，急学生之所急，要将心比心，以心换心。在平时的生活中我关爱着学生，让学生感受到集体的温暖。天气凉了，我总要嘱咐他们：“多穿点衣服，别着凉了”；有学生感冒发烧了，我会提醒他们多喝水，记得吃药；没有钱时，我先给他们垫着；节假日前学生回家时，我会提醒同学们：“回家路上注意安全”；学生亲人病了或者故去，我会抚摸着他的头安慰他：“孩子别怕，有什么困难给我说”；孩子们做得好时，我常会竖起大拇指给予表扬；学生犯了错，我会帮他认识错误，并鼓励他改错。其实这些都是小事，都是我们随口可以说、顺手可以做的，但是就是因为这些简单的提醒，不经意的举动，会让学生感受到学校的温暖，感受到老师的爱。这样，学生才会“亲其师，信其言”，自然也喜欢你的课，听从你的教诲，爱上自己的班集体，班主任工作才能起到事半功倍的效果。

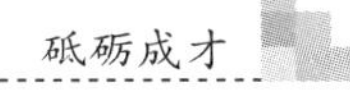

“严”是班主任工作的基础

俗语说：“严师出高徒”，“严是爱，松是害”。这些都充分说明了严的必要性。所以，要想做好班级工作，教育好学生，就必须严。

（一）严于律己

“博学为师，身正为范”。班主任是班集体的组织者，是学生的表率、楷模，其一言一行，时刻对学生起着影响、渗透、示范和教育作用。我们的人生取向、价值观念都自觉不自觉地对学生起潜移默化的影响。班主任只有以身作则，严于律己，才能达到“言传身教”的目的，才能令学生信服。俗话说：“喊破嗓子，不如做出样子。”因此，身为班主任，要求学生不能穿奇装异服，自己穿着就要整洁大方；要求学生按时到校，自己就不能迟到；要求学生勤奋、刻苦，自己就要有责任感、事业心；要培养学生积极向上的人生观，我们自己就应先具备这种美好品质。因此，我会自觉强化自身修养，以文明的言行、高尚的品格去影响学生，时时、事事、处处以身立教、以德育人。如果我们自身的修行出了问题，对学生的德育将是无力的。

（二）严格要求学生

俗话说：“没有规矩，不成方圆。”要建设一个良好的班集体，没有严格的规章制度作保证是不可能的。一是完善管理制度，明确班级目标。每学期开学第一天，我就会引导同学们认真学习《中专生日常行为规范》《职专宿舍管理办法》和《班级德育考核办法》，使全班学生在日常学习、生活中有“章”可依，有“章”必依，明确执“章”必严，违“章”必究的班规，并共同制定班级学期目标，确立班级努力方向。二是培养班干团队，促进良好班风。民主选举一批工作能力强、责任心强、威信高的班干部分管班级思想建设、学习、纪律、卫生、宿舍生活、文体活动、小组建设等七个方面的工作，明确分工，责任到人，并对全班同学在自己所管的方面每周进行记载评分；定期召开班团干部会议，深入了解班级动态，掌握个人表现，提出存在问题，商议解决办法；适时培训班团干部，提高他们的服务意识，教给他们科学的管理办法，督促其发挥模范带头作用，从而带动班风学风的好转。三是强化学生自治，提高班级凝聚力。正如英国教育家赫伯特·斯宾赛在《教育论》中指出的："记住你的教育目的应该是培养成一个能够自治的人，而不是一个要别人来管的人。"不包办，不当"司令"，放手让学生去做，让学生在学中干、干中学，把班集体当作他们除了学习文化知识之外的培养各种能力的实验场所。在班内实行了"全生皆官"，让每一位同学在某一方面都负一定的责任，按学号由学生担任值日班长，地面、墙砖、黑板、讲桌、窗台、水壶、卫生工具、走廊、环境区、花草等都由学生自己认管、认护、认养，责任到人，养成"我的班级我来管"的意识；在学校组织的运动会、艺术节、诵读比赛活动中鼓励每一位同学积极参与，师生共同努力争取获得名次，让每一位同学都树立"为班级争光光荣，为班级抹黑可耻"的集体荣誉感，从而大大地增强同学们的主人翁意识、责任感和成就感。四是重视主题班会，开放师生对话。每周制定切实可行的主题班会，采取学生易于接受的形式，从学生们的思想意识、学习态度方法、生活习惯、安全防范等方面正确引导，点滴教化，适时规范，达到寓德于教、诲人育才的目的。

"勤"是班主任工作的前提

俗话说："一勤天下无难事。"要搞好班级工作，管理好学生，勤是不可少的。

（一）勤观察

"出门看天气，进门看脸色"。看天气可以推测阴晴雨雪，看脸色可以推知个人情绪。学生面部表情不同，情绪也就自然不同。所以，我们要学会对学生察言观色，要随时从学生不同的表情中，敏锐地观察到他们内心隐藏的所思所想，并及时判断出问题的"关键"，采取相应的对策，防患于未然，解决问题于萌芽状态，不使问题与矛盾扩大和激化，不给管理工作留下隐患。

（二）勤接触

俄国教育家乌申斯基说过："如果教育家从一切方面教育人，那么首先就必须从一切方面去了解人。"所以，为了搞好班级，首先要深入到学生中去，多方面去了解，掌握学生的思想、性格等，与学生形成融洽的师生关系，多与学生交流谈心，加强师生之间的心灵沟通，从而减少教育时

的阻力。

（三）勤表扬

俗语说：“数君十过，不如赏君一长。”多表扬学生好的方面，通过这种积极的鼓励，形成一种良好的班风，激发人人向善的意识，从而达到管理班级的目的。

“细”是班主任工作的关键

要想管理好班级与教育好学生，就必须把工作做细，这样才能搞好班级。

（一）细心

做学生思想工作必须细心，只有这样，才能使其动于心，从而使学生明白老师的用心；也只有细心做工作，才能使学生明理。明理则心顺，心顺才会达到教育的目的。

（二）细思

面对一些学生常会犯的错误，自己应不断反复地思考：为什么会出现同样的错误？该如何来杜绝？在经过细思后，促使自己想出一些较好的解决方法，进而从根本上改变学生再犯的现象。

（三）细管

针对学生出现的各种情况，应从细的方面着手管理，做到分工明确，各司其职，从而切实解决令人头痛的问题，如实行值日生负责制、班干部分管制、违纪同学周汇报制等。

做班主任的“苦”与“累”是不言而喻的。可是，当我们看到学生一点一点的进步、班级一天一天的改观、学校一步一步的发展，你是否能体会到我们的“苦”“累”中有无穷的乐趣，在“爱中有严，勤中有细”的忙碌中，体现着我们安身立命的价值，完成着学校赋予我们诲人育才的使命！

【案例启示】

在教育管理工作中，只要我们能多从学生成长的角度思考，多给他们机会，对不同的学生采取不同的方法，千方百计地找到他的亮点，激发他的潜能，不抛弃、不放下，我们的教育工作一定会取得瞩目的成就。

案例八　总有阳光灿烂时

我从2016年10月开始担任班主任，一开始感觉非常新鲜、有趣，但随着时间的推移，我更感到班主任工作是一件非常烦琐，同时也是一件很重要的工作。经历过一次次心灵的历程，我认为做班主任是不乏味的、没有遗憾的，是充实的。通过做学生的心理辅导工作，与家长沟通，使自己的管理能力、人际交往、社会阅历得到了提高、增长。正是在班主任工作中，我看到了学生的希望，感受到了从未有过的愉快。

我刚接2016届电子商务专业班时，严某同学上课没精打采，要么搞小动作，要么影响别人学习，提不起一点学习的兴趣；下课追逐打闹，喜欢动手动脚；作业不做，即使做了，也做不完整，书写相当潦草；每天不是任课老师就是学生向我告状。于是，我找她谈话，希望她能遵守学校的各项规章制度，以学习为重，按时完成作业，知错就改，争取进步，做一个人人喜欢、父母喜欢、老师喜欢的好孩子。

她开始是一副爱理不理的样子，后来口头上答应了。可没过几天便一反常态，毫无长进。几次下来，我的心都快冷了，算了吧，或许她是根不可雕的朽木。但在短暂的失望之后，良心告诉我身为班主任，不能因一点困难就退缩，不能因一个后进生无法转化而影响整个班集体，必须面对现实。几番纠结之后，我内心一横：不转化你，誓不罢休！她没有进步，或许是她并没有真正认识到自己的错误，还没有真正想要做个她心目中好学生的念头，但不论怎样，都可能是因为班主任工作做得不到位。

为了有针对性地做工作，我决定先让她认识自己的错误，树立做个受人喜欢的好学生的思想。为了达成这一目的，我再次找她开展了针对性谈话。谈话沿着我提前预设的思路一步步展开。通过谈话，我了解到她心里十分怨恨之前的班主任老师。

我问她："你为什么会恨那个老师？"

她不好意思地回答："因为她常常批评我。"

我接着问："老师为什么会常在课堂上批评你，你知道吗?"

她说："因为我常违反纪律，没有按时完成作业，书写也不工整。"

"你已经认识了自己的错误，说明你是一个勇于认错的好孩子，但是，这还不够，你觉得应该怎样做才好？想改正错误吗？想做一个受他人欢迎的孩子吗？你要怎样做才好呢?"

"我今后一定要遵守纪律，团结友爱，认真完成作业。"

"那你可要说到做到哟!"

她欣然同意："好!"

后来，她无论是在纪律上还是在学习上，都有了明显的进步。当她有一点进步时，我就及时表扬她、激励她，使她处处感到老师在关心她。她也逐渐明白了做人的道理，明确了学习的目的，端正了学习态度。

为了提高她的学习成绩，除了在思想上教育她、感化她，我还特意安排责任心强、学习成绩好、乐于助人、耐心细致的程某同学跟她同桌，目的是发挥同桌的力量。事前，我先与程某同学进行了一番谈话：为了班集体，不要歧视她，要尽你自己最大的努力，耐心地帮助她，使其进步。程某同学满口答应，并充分利用课余时间或课堂时间帮助她、教育她。有时，程某同学也会产生一些厌烦情绪，说她不太听话、不太乐学，此时，我就跟程某同学说，要有耐心，慢慢来。后来，她取得进步时，除了表扬她，我还鼓励他们说，这也离不开同学们的帮助，特别是程某同学的帮助。在同学们的帮助和她自己的努力下，她各方面都取得了不小进步。她学习上更努力了，纪律上更自律了，甚至自己当起了值日生，劳动也积极了，成绩也有了很大的进步。为此，我会心地笑了。后来，有一次我找她谈话时，她说："老师，程某同学这样关心我、爱护我、帮助我，如果我再不努力，对得起她吗?"我笑着说："你长大了、懂事了、进步了，我真替你高兴。"

当严某同学到二年级时，刚好遇到技能大赛，考虑到她平时思维活跃、喜欢动手操作，我就让她和程某同学组了一队参加市技能大赛，在大赛中获得二等奖的好成绩。第二年全国移动电子商务大赛，我就让她继续参赛来发挥她的优势，她也没辜负学校的期望，通过刻苦的训练，在甘肃赛区取得第一名，在全国总决赛中获得二等奖。从此，她真正喜欢上了这

个专业，学习成绩一直稳步上升，最终参加职教高考，进入兰州石化职业技术学院。上了大学之后，严某勤学向上，她的电子商务专业水平大幅提升，多次代表兰石化参加电子商务各类比赛并获奖。

【案例启示】

中职学校的特殊生较多，有来自单亲家庭的，有父母离异的，有父母在外打工的，等等，这些都给中职班主任的德育工作带来了难度。这些孩子自尊心强，自卑感也强，只有我们对他们敞开心扉，才能更好地做好特殊生转化工作。教育特殊学生关键在于找到症结所在，有的放矢、对症下药。“没有教不好的学生，只有不会教的老师”这句话虽然失之偏颇，但班主任如果真正了解学生，量身打造属于该生的教学策略，教育目标一定可以完美实现。

案例九　精准发力，做好班务工作

2021年9月8日中午，宿管打电话告诉我，在中午例行检查中，他发现我们班有2名男同学不认真打扫宿舍卫生，所住宿舍地面脏乱，物品摆放无序，让学生到宿舍重新打扫卫生。我到教室后，并没有简单地批评2名同学，而是和他们交流了内心的想法，将事情的性质及恶劣影响说清楚，让他们认识到讲卫生的重要性，并责成其进行深刻的反省；还要求他们2人写出思想认识，让他们向有关老师与宿管作出检讨。谈话过后，他们又回到宿舍认真打扫卫生。

一段时间以来，班上一部分同学缺乏平时应有的自律意识与自强精神，这其中有极个别品行不佳学生带头煽动的因素，也有作为班主任经验不足、管理不够细致的缘故。班主任是班级工作的管理者和引导者，是学校与学生、家长之间沟通联系的纽带和桥梁。如何发挥这一管理核心的作

用，组织和协调内外各种教育力量，最有效地发挥班级的凝聚力，是每位班主任应该关注的问题。

一个班级的生机和活力在相当程度上依赖于班主任与全体学生人际关系的融洽、心情的舒畅以及为实现共同的班级目标所作的不懈努力，而人际关系的裂隙尤其是班主任与学生之间的摩擦及对立情绪是班级管理的大忌。学生和老师之间何以会产生各种隔阂，形成各种问题，主要是彼此之间缺少沟通交流和理解，这种紧张关系既妨碍了教师的工作，又影响了学生的学习。那么，班主任怎样才能有效化解与学生的对立情绪呢？

首先，要认清性质，辩证地看待对立情绪。对学生的对立情绪不可一概而论，任意定性，应认清其双重性。所谓双重性，是指学生对立情绪，既有合理的成分又有不合理的成分，既有积极的因素又有消极的因素。班主任要转化消除学生的对立情绪，就必须认真分析对立情绪产生的原因，在认真调查研究的基础上认清对立情绪的来源、划分对立情绪的性质，理清化解对立情绪的思路，对症下药。面对学生的对立，班主任尤其要有容忍的度量，学会多从学生的角度来看待自己、评价自己、严格要求自己，从而有效地疏导和化解学生的对立情绪。

其次，要设身处地，以理解疏导对立情绪。班主任在化解学生对立情绪的过程中，要注意把自己置于学生的心理位置上去认识，体验和思考问题，从而选择适当的方法来处理问题，以取得良好的效果，这就是我们常说的设身处地。

再次，要充分尊重学生。其实每一个人都渴望尊重，学生渴望老师的尊重，而我们有时对学生实在不够尊重，尤其在心绪不佳的时候，更容易发生公开批评、大声训斥、讽刺挖苦等不尊重学生的行为，当这种行为严重挫伤学生的自尊时，便会产生强烈的对立情绪。因此，我们要树立正确的学生观，理解学生、尊重学生、热爱学生，在管理教育批评学生时一定要注意自我情绪的控制，把握言语分寸，切忌简单粗暴，激化矛盾，导致情绪对立，给工作带来被动。

以上面两位同学不认真打扫卫生为契机，我决定开一次主题班会。我召集班上的班委及一些学习品德优秀的学生，布置任务，安排班会议题等有关事项。尽管离班会课时间很紧，但为了增强整顿教育的高效性与及时性，我还是决定加班加点准备，计划如期召开。关键的工作是我动员让班里每个人都去准备，去认识这个事件，思考如何提高班级的管理水平，如何提高自律与自强意识。

通过本次“自律与自强”主题班会，学生懂得了“不扫一屋，何以扫天下”的道理，激发了学生对生活的热情，勤奋自强，让学生明确自律自强意识对一个人成长的重要性，以此培养和发展自主意识、自律能力，引导学生做生活的主人、集体的主人、学习的主人、实践的主人。

学会多少知识固然重要，但更重要的是培养学生好的行为习惯。自己首先要热爱学生，不随意批评学生，挖苦学生，严禁体罚学生，不挫伤学生的自尊心。学生觉得老师好，就会听老师的话，班内各项工作也容易开展了。让学生增强自律意识，明确作为一个学生的职责、任务，努力做好作为一名学生应做的每一件事情。

学生的习惯养成要持之以恒、有始有终。我对学生的习惯养成教育与学校在纪律、卫生、学习等方面的要求同步进行，针对学生认知能力特点，细化要求，强化落实，让习惯养成内化为学生的自觉行动。

对学生的教育和管理要想事半功倍，就要想办法启发学生进行自我教育，把对个别学生的教育看成一次对全班学生引导教育的契机，让全体学生的思想品德得到一次净化，进而推动班级的管理工作进一步发展。给学生足够的时间与空间，不急于求成地去挤压学生敏感的心灵，以尊重为前提，双轨道去处理问题，从不同学生的兴趣和需求出发，在轻松与平和之中更好地寻求教育智慧，在春风化雨中做到智慧育人，让“教育无痕”。

透过这次事件与召开的主题班会，我和学生走得更近，之后我更加有意识地主动接触他们，去了解他们。在走近他们的过程中，对他们的学习与生活以及每个人的个性都有了比较深入的了解。班会之后，我有意识地给他们俩管理班级和为班组服务的机会，让他们进行班级管理与自我管理。自律与自强可以说关系到学生将来的命运，决定着学生的人生。学生有了自律意识，责任心就强，做任何事情都很负责，十分认真；有了自强精神，就磨炼了意志，具备了克服困难的毅力，做事情就容易成功。

教师热爱学生、对学生寄予希望，学生在心理上就会得到满足，从而乐于接受班主任的教育。每个孩子都是活生生的有感情的人，只要付出爱

心，枯草也会发芽；只要一缕阳光，他们就会灿烂。总之，心灵的桥梁要用情感去架设，用尊重、信任、体贴、关怀去充实。爱，是一种力量，一种品质，是班主任必备的修养；以爱为根基的情感激励，是做好班主任工作的关键。

在采取了一系列强有力的整顿措施后，我的工作取得了很大的成效，在全班同学努力下，班级面貌发生了很大的改观。

班主任的工作是充满人性的工作，它的前提是尊重人，关怀人。班主任要以平等的身份与学生交流沟通，要真情实意，放下老师的架子，真正与学生交心，态度要平和，把握沟通的技巧，切忌粗暴简单，恶语伤人。充分尊重学生，以情感人、以理服人，用老师的爱心和智慧征服学生，赢得学生的尊重和敬仰，树立班主任老师在学生中间的声誉和威望。“亲其师，信其道”。教师的亲和力，可以赢得学生的尊敬和信任，获得学生的宽容和理解。有时候，我们常常以“爱”的名义来解释我们的粗暴和武断。我们常常不分析我们的工作对象，而用我们自己的眼光来看待发生在他们身上的故事，这是不科学的，也不可取。

班主任往往是学生心目中最完美的榜样，老师的一言一行、一举一动，以及处理班级事务的一些方法，都会对学生产生深远的影响。因此，班主任对每位同学要平等对待，尤其对优生和学困生更要平等对待，让他们觉得老师对每位学生都公平。同时，班主任要有一颗爱心，用爱浇灌心灵之花。只有爱学生，才能得到学生的尊重和爱，尤其要关爱那些被遗忘的学困生，用爱激发他们的上进动力，让他们努力学习，展示自我。

【案例启示】

习近平总书记曾提出：“青少年阶段是人生的‘拔节孕穗期’，最需要精心引导和栽培。”班主任是班级的管理者，是学生成长的引路人。充分利用班会，精准发力，在学生教育上就可以事半功倍。班务处理精准，主要包括四个方面：一是原因分析要精准。综合学生在学校、家庭中的各种表现，与家长、任课教师一起进行综合分析；问题比较特殊的孩子，还应该多向专家请教，多进行“会诊”。二是方法指导要精准。理念认同是基础，方法引领是关键。有时候一种方法不一定奏效，我们还要进行方法创新，但无论哪种方法，都要便于操作。三是平时跟进要精准。尽量每天都与班干部沟通，用取得的成果增强班干部信心和班级凝聚力，及时解决班干部困惑，当好班干部的坚强后盾。四是制定发展计划精准。班主任和班干部都要集中精力，聚焦到需要解决的重点问题上，突出计划性和连贯性。

案例十　跟紧点，别掉队

2016年，我带的护理班有一个名叫张某某的学生，因为打架受了处分，没多久又因抽烟，被遣送回家反省。

这个学生是原2016级30班的学生，进校分数不低，大概300多分，但现在成绩是全班倒数第一！刚接班时，我就发现班内原来做过班干部的同学不多，这就给我的班级管理带来不便。这时，张某某自告奋勇要求担任班长。自告奋勇当班干部是需要勇气的，从这个角度说，张某某给我的印象还不错。但是在后来的班级管理中，我发现作为班长，他既有自己的朋友圈，又有着与他关系不和的敌对圈，这样的圈子不但在班内存在，而且在外班甚至其他年级都存在。班内同学对他的管理方式褒贬不一，很多女同学非常反感他野蛮、粗暴的管理方式，说他在管班级时出口成“脏”，毫无教养。

在对他有了一定了解的基础上，我找他开始深入谈心，告诉他作为班主任我对他的要求与期待。可是这次谈话似乎没有多大效果，结果是一切照旧。就在我正考虑接下来如何继续处理这些事时，又传来了他打架的消息，而且是找了本班和计算机班的三个学生在厕所打了烹饪班的一个学生，涉嫌校园欺凌。

为杜绝校园欺凌现象的滋生，学校给予张某某记大过处分，勒令回家反省一周。被打的学生一年级时和他是同班，他们之前就有过矛盾。在这件事发生前的一次早操活动时，两人因为语言不和，被打的学生踢了他一脚，他当时也没做什么反应，但内心非常不平，于是第二天找人在厕所将其打了一顿。

回校后，张某某要求辞去班长一职。考虑到他打架是由于一时冲动，事后又有悔改的意愿，我想以此为契机给他一次悔改的机会。于是，我第二次找他深入谈心。我让他观看校园欺凌警示录像，认识到校园欺凌是犯罪行为；与他谈犯罪记录对人一生的影响，提醒他切不可因一时冲动触犯法律。这次谈心的结果是他给了我一个保证，要把心思放在学习上，将班级管理挑起来。从此，我将他置于我的视线内，时时处处提醒他、关注他，终于张某某进步了，学习成绩提高了，自觉性增强了，班级管理工作也井井有条。

信息时代，中职生对社会的好奇心强，受社会及家庭教育的影响，对生活有自己的独到看法，应该说这是好事，也是学生成长的表现。但是，受各种因素的影响，中职学生对事情的看法，往往更关注自己身体及内心的感受，不能够更理性地解决问题。对他们谈话说教，似乎已起不到多大作用，你所说的他们都懂，但在做的时候就是另一回事。用他们的话来说：年轻就是用来疯狂的，就是用来享受、挥霍的！

有人认为，后进生是“生成的眉毛长成的相，落后面貌变不了样。班主任再怎么努力，也是瞎子点灯——白费蜡”。我却不这样看，关键是采取什么方法，用什么样的态度去做转化工作。对待后进生，首先要抱正确的态度，要正确地看待和估价后进生。他们的“后进”并非一成不变，在他们身上也会有潜在的闪光点。这就要求班主任具备敏锐的洞察能力，善于寻找和挖掘其上进的火花。一旦发现，就要充分肯定，大力培养。要尽一切可能树立他们的自信心，帮助他们克服自卑感，调整心理状态，使他们的优点和积极因素得到发扬光大。实践证明，尊重和爱护，启发和诱导，是转化后进生最有效的措施。对于他们，班主任应当用慈母般的爱去温暖他的心，去启迪他的灵魂，使他重新燃起上进的火花，其结果则会事半功倍。

班主任是班级的组织者、领导者和教育者。班主任面对的是有思想、有感情、有各种兴趣爱好的生命群体。班主任的一句极平常的鼓励，往往会成为一个学生一生追求的目标；一番入情入理的个别谈话，能攻克多年不化的“顽石”。因此，作为班主任，不仅要对学生的现状有全面的了解，而且要细心观察他们情绪上的变化，把握他们的情感走向，做好引导、组织和教育工作，即把握教育契机，进行适时教育。

王炳尧是刚从其他班级转到我班的。刚开始的时候，内向的他可能因为跟不上班级的教学节奏，整天愁眉苦脸的，加上他父母均在外地工作，平时只能在电话里关心他的日常生活。一段时间下来，他越发不爱说话了，学习成绩明显下降，几次向父母哭诉压力太大，没有信心学得很好，也没有信心交到知心的朋友，甚至向他父母提出回到原来班级去。得知此事后，我时不时地找他聊天，希望了解到他内心的需要，试图让他恢复原来的自信。“王炳尧你知道吗？老师从你还未进入我班的时候就认识你了，而且老师很欣赏你呢!”听了此话，他的脸上写满了惊讶。我继续说：“老师欣赏你，是因为你能在父母不在身边的情况下，生活自理；更让老师尊重你的是，同学们都认为你是学习的佼佼者，大家都叫你‘小超人’呢!所以，没有什么可怕的，只要你调整好自己的心态，老师相信你的学习成绩会越来越好的。”我还特别安排了一个性格开朗、活泼幽默的女生与他同桌。一个月以后，他不仅学习成绩有了提高，还交到很多的好朋友，竞选班委也成功了。

【案例启示】

著名教育家夏丏尊说：“教育上的水是什么？就是情，就是爱。教育没有了情爱，就成了无水的池，任你四方形也罢、圆形也罢，总逃不出一个空虚。”班主任的爱就是流淌在班级之池中的水，时刻滋润着学生的心田。作为班主任，只有具备了深厚的爱生之情，才会时刻把学生放在心上；只有让学生感受到教师的爱，学生才会向你敞开自己的心扉，真正做到“亲其师，信其道”。

李白：铁杵磨针

唐朝著名大诗人李白小时候不喜欢念书，常常逃学，到街上去闲逛。

一天，李白又没有去上学，在街上东遛遛、西看看，不知不觉到了城外。暖和的阳光、欢快的小鸟、随风摇摆的花草使李白感叹不已：“这么好的天气，如果整天在屋里读书，多没意思！”

走着走着，在一个破茅屋门口，坐着一个满头白发的老婆婆，正在磨一根棍子般粗的铁杵。李白走过去，问：“老婆婆，您在做什么？”

“我要把这根铁杵磨成一个绣花针。”老婆婆抬起头，对李白笑了笑，接着又低下头继续磨着。

“绣花针？”李白又问，“是缝衣服用的绣花针吗？”

“当然！”

“可是，铁杵这么粗，什么时候能磨成细细的绣花针呢？”

老婆婆反问李白：“滴水可以穿石，愚公可以移山，铁杵为什么不能磨成绣花针呢？”

“可是，您的年纪这么大了！”

“只要我下的功夫比别人深，没有做不到的事情。”

老婆婆的一番话，令李白很惭愧，于是回去之后，再没有逃过学，每天的学习也特别用功，终于成了名垂千古的诗仙。

第五章　爱心滋润

有人说，教育是一首诗，一首激情澎湃的诗；有人说，教育是一幅画，一幅色彩斑斓的画；也有人说，教育是一首歌，一首常唱常新的歌。而这一切，皆源于一种对教育的热爱！

美国心理学家威廉·詹姆斯研究发现：人类本性中最深刻的渴求就是受到赞美。赞美，是成长中的学生心理世界所折射出的需要。

每个学生都是等待绽放的花朵，只不过花期各有不同。他们渴望获得别人的重视，得到他人的关注，我们要给予学生不同的养料和不同的培养方式，相信只要不断的鼓励、细心的呵护，每一位学生终究能灿烂地绽放。为师者爱心滋润，既有爱的滋养，又有爱心的传递，终会迎来春暖花开。

案例一 爱的真谛

生命如水，岁月如歌，转眼间，我已经在班主任这个岗位上工作十年了。回顾这十年的工作，千言万语道不尽。人民教师这一职业是非常辛苦的，尤其是班主任，不仅担负着教学工作，更担负着管理学生的重担。可是每当一届届学生考上大学，我又觉得自己是幸福的，很有成就感。班主任是班集体的教育者、组织者和领导者，也是学校教育工作，尤其是学校思想品德教育工作的主力军，可以说，班主任工作的优劣直接关系到学生的成长、成才、成功，乃至整个学校的发展。我认为班主任工作的秘诀就是“爱”。师爱是伟大的、神圣的，它凝结着教师无私奉献的精神。

“如父兄管子弟一般”，这是曾国藩带兵的秘诀。“将领之管兵勇，如父兄之管子弟，父兄严者，其子弟整齐，其家必兴，溺爱者，其子弟骄纵，其家必败。”

父兄与子弟之间有一种天然的亲密，也有一种天然的距离，因为亲密他才服从，因为距离他才敬畏，这是一种家庭式的关系，所以军人常把军队视为自己的第二家庭，正因为有这样一种关系，将帅就应该想官兵之所想，急官兵之所急，把他们的成功视为自己的成功，把他们的耻辱当成自己的耻辱，对待官兵就应当出于至诚，不应有一丝一毫的做作与虚伪，将帅与官兵之间的关系到了这样的程度，军队就能战无不胜、攻无不克。

教师和学生的关系，同出一理，尤其作为班主任更加应该用心对待学生，这样才能带出优秀的班集体，培养出优秀的学生。

爱是了解

爱学生就要了解学生，包括对学生的身体状况、家庭情况、知识基础、学习成绩、兴趣爱好、性格气质、交友情况、喜怒哀乐的深入了解。这是做好班级管理工作、避免教育盲点、因材施教的前提，也是提高教育管理水平、提高教育教学质量的必要条件。

了解学生应从了解学生家庭开始。对学生父母的年龄、家庭住址、生活状况等须了如指掌。接着就要了解学生的兴趣、爱好、特点，他们有什么困难，需不需要照顾，以便因材施教。

为了能深入了解学生，我经常和他们在一起，课间同他们一起聊天，放学后与他们说说话，在闲谈过程中逐步了解他们的基本情况。

我班的张同学，由于父母很早就离异，她从小就缺少关爱，于是我不断地“扮演”不同的角色，时而像她的姐姐，时而像她的妈妈，时而是严厉的老师，时而是知心的朋友。上中专一年级时，张同学开始有早恋倾向，整日课上课下都魂不守舍，已经严重影响到学习，她成绩直线下降，我先后数次与她促膝长谈，谈到她的理想和信念，谈到女孩的自尊与自爱，谈到女孩的自强与自立，最后她终于说出自己想要考军校，为此我不断地鼓励她，为她打气加油，让她为理想奋斗。随着时间的推移，她做到了学习专心一致，目前已经三年级了，她一直坚持着、努力着，成绩始终都在进步，并进入了重点生的行列，她自己也是信心满怀、斗志昂扬，抱着考上本科的决心在冲刺，并且经常发短信跟我聊心里话，为自己当初的幼稚感到懊悔，感激我对她的关爱。

杨同学初中在私立学校上学，接受的是较为“严酷”的教育理念，她性格偏激，总是想着事情阴暗的一面，耐挫折能力较差，接受不了老师和同学的批评，经常会对着老师和同学大声吼叫。记得刚到我班时，同学们练习广播操，要求全体学生穿校服，结果全班只有她没有穿，她的校服就在椅子上放着，她用那种略带挑衅的眼神望着我，真是好气又好笑，于是我假装声色俱厉地对她说：“为什么不穿校服，立刻穿上！”她说：“我觉得穿起来不舒服。”本来我有一肚子的火，但是面对这个天真无邪，从小在畸形的家庭教育下长大的孩子（她的父母时常吵架，并经常对她打骂），我忍住了，慢慢跟她讲穿校服的重要性，讲到集体荣誉感，讲到适应环境是必要的能力。她开始时很震惊，从来没有人对她这么亲近友好，看着我温和的目光，感受到我关怀的温暖，她用只有我和她能听到的声音说：“对不起，我错了。”只见她缓缓地穿上了她认为不好看的校服。后来我经常找她谈心，她很聪明，我让她充分认识到，做一个人应该大度，要能接

受别人的指正，才能不断进步……现在她已经是一个很平和很友善的孩子。

了解了学生的这一切，我就能有的放矢地去关心教育他们。

爱是关怀

师爱是教育的“润滑剂”，是进行教育的必要条件。当教师全身心地爱护、关心、帮助学生，做学生的贴心人时，师爱就成了一种巨大的教育力量。正因为有了师爱，教师才能赢得学生的信赖，学生才乐于接受教育，教育才能收到良好的效果。师爱要全面、公平。全面公平的爱是指教师要热爱每一个学生，学习好的要爱，学习一般的要爱，学习差的也要爱；活泼的要爱，文静踏实的要爱，内向拘谨的更要爱；“金凤凰”要爱，“丑小鸭”同样也要爱。

赵同学是一个不拘小节、行为放纵的孩子，他有一个很不好的习惯：不受约束和管教。班级的班规是每一名学生必须无条件遵守和服从的，可是他偏不听，一意孤行。最典型的一次是在我已经原谅了他四次迟到后的一个晚自习，他再次迟到，我已经容忍到极限，于是我严厉地批评了他，他很不高兴，并冲我大喊，我也毫不示弱，将道理摆明，谈到他的过分之处，最后他趋于冷静，低头不语，我乘胜追击，开始责备自己没有当好班主任，将他迟到一事归为自己的错，并且许诺惩罚自己在班级门口站一晚自习，同时让他回去自我反省，我抓住他重感情讲义气的心理，笃定他会出来找我，果然不出所料，他认识到自己的错，心疼我在外边罚站，不到20分钟，他就出来找我，并承认错误，表示会深刻反省，从此，他了解了我的脾气后，不再像从前那样屡教不改；后因他功课基础差，一轮到我的晚自习我就为他补课，我一边与他谈心，一边教育他遵守纪律，保护好自己，注意安全。在家长会后，我从他母亲的口中了解到，这孩子很勤快，由于父亲在外奔波，他每天早上四点多起床去送牛奶，无一天耽搁，见到我，他很不好意思，并且说了一句很让我暖心的话：“老师，我长大要开一家奶牛场，每天都可以让你喝上牛奶。”

关心学生是我每天要做的也是必须做的事情。寒冬时分，孩子感冒的比较多，提醒孩子们及时吃药、就医，注意添衣保暖，加强锻炼，增强体质。天热了，我总是提醒孩子们多喝水，注意防暑降温……

爱是尊重

尊重、理解、信任学生是消除教育盲点的基础。尊重学生，要尊重学生的人格。教师与学生虽然处在教育教学过程中不同的地位，但在人格上应该是平等的，这就是要求教师不能盛气凌人，更不能利用教师的地位和权力污辱学生；理解学生，要从青少年的心理发展特点出发，理解他们的要求和想法，理解他们的幼稚和天真；信任学生，要信任他们的潜在能力，放手让学生在实践中锻炼，在磨炼中成长。只有这样，学生才能与教师缩小心理距离，才会对教师产生依赖感。

我们班的李同学，上课好动，爱和同学发生矛盾，是个“调皮大王”。我发现了这孩子尽管有这样那样的缺点，但他特别尊敬老师，热爱劳动，乐于帮助别人，有很好的思想品德基础。我多次找他谈心，及时与家长联系，对于他的每一点进步都给予鼓励，还交给他一些班级工作，适时地表扬他，慢慢提高他在同学中的威信。经过长时间的教育，他开始主动帮助老师做事，学习也进步了不少。毕业来临之际，是学生选择自己人生道路的时候，他和他的父母商量过后，决定去一所不错的技术院校，因为那里的优势是可以当兵，考士官，他毅然决然地去了那里，办了转学。现在，他还经常给我写信，告诉我那边的情况，他已经在那里当上了班长，感谢我当初对他的培养，他现在具备了很多能力，使他在那边游刃有余，相信他以后会发展得不错。

这一切使我更深刻地认识到教师要热爱每一个学生，尤其是对待调皮的孩子要多给予一些温暖，用爱改变他们，尊重理解并信任他们。尊重和理解是培养学生自主品格的养料。在班上，人人都是小主人，不用老师指定，不用编排值日表，每天卫生清扫都有学生抢着去做；班上有同学遇到困难，同学们都会主动去关心、帮助。教师用爱心培育孩子对集体、对他人的爱，让这种爱升华为对他人、对社会的责任感。

爱是责任

爱学生要深入地爱，爱学生要理智地爱。就是要严格要求学生，对学

生不娇惯、不溺爱。对学生的缺点错误不纵容、不姑息、不放任。师爱既蕴含着强烈的情感色彩，又表现出深刻的理智行为；不仅着眼于学生目前的得失和苦乐，更注重学生未来的发展和前途。

作为一位班主任，我有责任带领他们走进知识的殿堂，学到更多的知识；我有责任带领他们张开理想的风帆，驶向理想的彼岸；我有责任引领他们插上智慧的翅膀，翱翔在无尽的天空。

辅导学生学习时，不仅要使优等生学好，也要使中等生学好，更要使学困生学好。教师的责任不仅在于教授学生知识，更在于引导他们学会生活和生存的基本技能，以及做人的基本行为准则。每学期开学我总是先对学生进行常规的教育，这样不仅使他们了解了一日常规，而且对他们也有提醒的作用。我还不失时机地抓住一切可以利用的机会进行常规教育，如班会上、早检时，都要进行常规教育。这样才能让学生心中有常规，时刻有常规。

【案例启示】

用心做教育，用爱做人师。教育技巧的全部奥秘就在于如何爱护学生。爱是教育的源泉，教师有了爱，才会对自己的教育对象充满信心和爱心，才会有追求卓越和创新的精神。教师不仅要有爱心，更重要的是把那种爱传达出来，只有让学生感受到，才能与学生产生心灵的碰撞，才能让学生从心底里接受。

案例二　爱的艺术

班主任工作是一门艺术。班主任是班级管理的组织者、教育者、引导者。工作中面对的是一个个有思想、有情感、有个性的活生生的人，是正值青春年华、风华正茂的一代新人。这要求班主任在工作中的每个行为、每个动作皆包含有正向的育人目的、向上的育人力量；合理运用语言的技巧，取信于学生，有效促进师生间的沟通。

回顾自己30年的班主任工作，有成功，也有失败。

在我担任班主任工作的第七个年头，班上转来一名叫小勇的男孩，长得虎头虎脑，很有灵气。他看我时，眼神会飘忽不定，但透露着机灵，更透露出他对我的不信任。在以后的日子里，我逐渐了解了这个学生的过去。他是从其他中学转学过来的，原来学习成绩非常好，按照这种情况发展，他将来会考一所满意的大学。但是有一天，班上发生了一件让班主任非常恼火的事情，几个同学在打群架，本来这件事与他无关，但班主任看到的却是他在参与，于是班主任不问青红皂白，劈头盖脸批评了他。从此后，这个孩子和班主任之间有了很深的隔阂，他不再信任老师，不再好好上课，学习成绩直线下降，无奈之下，家长为了孩子，只好给他转学，来到了我的班上，成了我的学生。

虽然这孩子换了新的环境，但是他对学习的态度并没有改变多少，对班主任，对老师的不信任也没有改变多少，从此我的班上多了一个问题学生。那时，年轻气盛的我，并没有认真去想本来成绩非常优秀的孩子为什么变成了这样，我还是一味地责骂他，孩子和我的矛盾也在一天天加深。他给我的班主任工作也带来了很大的麻烦，那时的我很后悔当初为什么要把他收下，虽然我一直关注着他，但却没有与他很好地沟通、交流，解决他的心理问题，只是一味地想他不给我惹事我就心满意足了。时间在一天天流逝，高考也在一天天逼近，他的家长心急如焚，多次和我联系，孩子的这种状况考不上学咋办，我也在敷衍着和家长交流，心里祈求他再不要给我惹麻烦，把他带着顺利毕业就行了。在这种心态下，我祈求不出事，但过了几天，还是出事了，孩子逃学发生车祸，被撞断了胳膊，动手术治疗后休养了一段时间，他又回到了学校，此时，离高考已经不到三个月时间，谁知他来到学校不到一个星期，在上早操时摔了一跤，胳膊又断了，就这样，孩子最后高考失利。

在后来的日子，我通过其他学生知道了这个孩子的情况，他过得很不如意。仔细想想，本来一个很优秀的学生，说毁了就毁了。再后来，我为人父，自己的认识也有了很大的改变，体会到了父母的心。想想这个孩子的父母，本来在孩子的学业上是很自豪的，因班主任的错误责骂，孩子变了，一次次事情的变故，父母眼中的泪水，是悔恨，是无助，是痛苦。我的心被深深地刺痛了，明知作为班主任工作中出现了失误，却没有改正，在谈话中没有体现出爱心和宽容，更没有给予孩子以安慰、鼓励，而是一错再错，耽误了孩子。这件事，成了我永远的痛。每每想起便是深深的自责。

爱是不计较人的错，爱是宽容，何况我们面对的孩子，心智还不成熟，再加上周围环境的影响，有错是难免的，更需要我们耐心一点，给予学生帮助鼓励。一年又一年的班主任经历，丰富了我的阅历，也使我懂得怎样做好班主任，做一个好班主任，把一班学生带好，培养学生成才，教会学生做人。

2018年，我带学前教育专业三年级学生，碰到一名叫小芮的学生，她患有抑郁症，孩子很痛苦。我和家长交流后得知，家长和孩子之间基本不能交流，孩子不愿意和父母交流，大多时间蒙头睡觉，家长也很无奈。这个孩子基本不到校，也不好做思想工作。静下心来细想，抑郁症来自心理原因，只要疏通了心理，问题就会解决。于是我尝试着给她发信息，结果孩子很快给我回复信息，孩子很高兴，给她妈妈说老师给我发消息了。我通过家长得知这一情况，在以后的日子里，闲暇之余，我就给她发个信息，短短几个字，也没有什么主题，尽可能找她感兴趣的问题，聊几句；再后来，同她聊一聊自己的学习问题，以及父母对她的关爱等等，慢慢地，孩子改变了，孩子和父母之间不再是争吵，而是能够心平气和地交流。孩子后来按时到校，也能和同学们很好地交流，最后考上了一所高职院校，家长很满意，孩子也高兴。

回头细想，自己并没有做出什么，也没有付出多少，只是利用闲暇之余的聊天，那几个字、几个问候语，就打开了孩子封闭的心灵，解决了孩子的心理问题。因此，班主任要懂得从学生的角度出发考虑问题，懂得设身处地为学生着想。只要有爱心，有耐心，就能做好班主任工作。

遇到问题学生和犯错误的学生，在班主任工作中是不可避免的，如何解决问题，如何开导学生，如何引导学生认识到自己的错误，如何对自己出现的问题或错误进行改正，这显得尤为重要。

面对问题学生，作为班主任，决不能马上对他们进行批评教育，而是先找其他同学了解事情的经过，了解事情的真相，再分别找他们问清楚起因。如果学生不配合，你可以采取迂回战术，不要直接问学生为什么会犯这种错误，而是找他聊一些他们感兴趣的问题，让他们慢慢地敞开心扉，说出心里话。当你取得学生的信任时，再提学生所犯的错误，一般都能得到很好的效果。

同时，作为班主任，还要明白，即便是学生有错误，也要给学生以尊重，留给学生尊严。有时办公室不一定是处理学生问题的最好地方，尽量给学生提供轻松的环境。处理学生问题时，班主任一定要善于了解学生的心理，从而对症下药，千万不要不加考虑，对一个学生进行批评；处理问题学生时，班主任切忌一味地指责学生，谁都不愿意自己活在别人的指责中。有果必有因，解决问题需要找到问题的原因所在，这就需要我们先耐心做一个倾听者，学会引导学生“发泄”，疏导学生心理，才能真正解决问题。只要我们用真心和爱心，就一定会唤醒或改变一个学生，多一分赞扬就多一分阳光，多一分阳光就多开启一个紧闭的心灵。

【案例启示】

从心理学的角度，理解一个人的感受要比明白真相更重要。班主任与学生似乎天生存在着隔阂，学生有意回避班主任，特别是一些问题学生，都不愿敞开心扉。在这种情况下，班主任与学生的沟通中，话多并不见得有效，责骂更不会有教育效果，最主要的是有耐心、有爱心，有时一个动作、一个眼神，能让学生感受到关爱和温暖，学生才会乐意和你交流，那一切问题都将迎刃而解。学会尊重和理解学生的那份纯真的情感，学会换位思考，有爱懂爱，就一定能做好班主任工作。

案例三　爱在细微处

班主任工作，千头万绪，十分繁杂。特别是当学生中出现一些问题时，班主任往往只关注问题本身，试图以摆事实、讲道理的方式让学生承认错误、改邪归正，但结果却往往不尽如人意，甚至适得其反。因为这种简单的做法，会一次次地强化学生的问题，不但问题没有得到解决，反而不断地给学生贴上了一些负面的标签，如“屡教不改”“不求上进”等，激化了学生的负面情绪，长此以往，就会形成一种恶性循环，使学生“破罐子破摔”，对自己失去信心，缺乏学习动力，甚至产生厌学情绪。

在长期的班主任工作中，我注重采取差异化的教育方式对学生中出现的问题进行疏导和解决，取得了令人满意的效果。

全面了解，有的放矢

作为班主任，在日常的班级工作中，需要耐心细致，多方留心，尽可能全面地掌握班级中每一位学生的家庭状况、学习态度、思想动态。这样才能在班级管理中做到目标明确、有的放矢，避免遇到问题草率处置，既达不到预期的目的，又容易挫伤学生的自尊心和积极性，结果往往是师生反目、势不两立，使原有的问题变得更加复杂，难以达到良好的教育效果。

在我所带的毕业生中，有一名姓王的女同学，有一天课间，班长向我反映，王同学和上计算机课的老师吵架了。问原因，班长说课堂上老师让王同学回答一个问题，但她迟迟不回答，并带有一定的抵触情绪，老师批评她，她就和老师吵起来了。而且最近一段时间，王同学的脾气很大，先后和班上的好几个同学都吵过架。

听到这里，我让班长把王同学叫到办公室，单独跟她进行一次谈话。她到了办公室以后，我没有直接批评她，也没有立刻询问她上节课发生的事情，而是面带微笑、语气柔和地问她家里有几口人，父母做什么工作，家庭情况如何，对于她读书，家里是什么态度？

她说：自己刚上小学的时候，父亲就去世了，母亲一直带着她和弟弟与外公外婆一起生活，母亲除了种地之外，还在附近一家企业打零工，家庭经济条件也还过得去，一家人对她们姐弟俩上学都比较支持，也会供她们读完大学。

听完她说的这些情况，我基本明白了她顶撞老师，和同学吵架的深层原因。作为一个自小失去父爱，生活在单亲家庭的孩子，在其成长过程中，必然会形成一定的自卑心理，源于自我保护的潜意识，她会对其他人产生强烈的戒备心，也会对别人对待自己的态度十分敏感，总觉得别人对自己可能不怀好意。在这种心理驱使下，只要老师或者同学对自己的态度稍有不同，她就会立刻反击，于是就出现了频繁顶撞老师和攻击同学的现象。

了解到这些情况后，我心平气和地对她说："虽然你的家庭不完整了，但现在你的家人对你都很好，你一定要好好努力，勤奋学习，争取考一所好的大学，继续深造，为自己的将来打好基础。"然后又严肃地指出她在课堂上顶撞老师的行为是不对的，以后在和老师、同学交流时一定要注意方式方法，要与大家友好相处，搞好关系，只要你尊重别人，别人也一定会更加尊重你。

事后，王同学主动向任课老师道了歉。

自此以后，王同学再没有出现过顶撞老师，和同学吵架的现象，她和同学之间的关系也逐渐融洽。

学生出现问题时，教师不仅是进行简单的批评教育，还要用心挖掘事件背后的深层原因，理清思路，采用适当的方式方法，因势利导，才能收到良好的教育效果。

虚怀若谷，谦和包容

处于青春期的学生，在学习、生活和人际交往过程中，总会遇到各种各样的问题，所有人也都是在不断犯错和改错中成长起来的。作为班主任，应该以包容的心态从有利于学生成长的角度去看待学生的错误。我常告诉学生，犯错并不可怕，关键是我们要有正确的态度，主动承认错误，

勇于改正错误，把犯错的经历转化为我们成长路上的垫脚石。

那么，如何才能尊重学生、包容学生，让学生把犯错的经历转变成人生的财富呢？

2018年的一天，我正在课堂上讲课，突然，坐在前排的班长把课桌上的书本一下子抛在地上，响声很大。由于事发突然，我和全班同学当时都愣住了，一时，教室里面鸦雀无声。

我稍加思索，便继续上课，没有耽误这节课的教学，想着等下课后再找这位同学谈话。

下课后，班长主动来到我办公室向我说明情况：在上课前她和几个同学发生了一些矛盾，心情不好，上课后她想打开课本看看今天所讲的内容，但突然发现课本找不到了，她一想可能是那几个同学捣的鬼，于是，一气之下就把书本扔到地上了。

她认识到自己这样做不对，不应该冲动，既影响了课堂秩序，也给老师和同学留下了很坏的印象，她真诚地向我道歉，并保证今后不再发生这样的事情。

说完，她向我深深地鞠了一躬。

听完她的话，我没有再对她做任何批评，而是微笑着对她说：能认识到自己的错误，并保证今后能改，就是正确的态度，这一点你做得非常好！其实经过这一段时间我对你的观察，发现你是一个个性鲜明的女孩，在学习、纪律和生活方面都有自己独特的见解，这是你的优势，希望以后能继续保持并将其发扬光大；同时，要注意遇事沉着冷静，慎重思考后再付诸行动，这样才能搞好人际关系，赢得老师和同学的尊重。

这一年，这位同学通过高考，顺利升入大学，开始了自己新的人生征程。

对待出现问题的学生，我们要有充分的耐心，要有豁达的胸怀，首先要尊重学生，其次要包容学生。不能学生一犯错就直接批评甚至训斥，这样极易伤害学生的自尊心，也容易使学生产生抵触情绪，不利于事件的处理。正确的做法应该是首先了解清楚事情的来龙去脉，耐心听取学生对事件的认识，其次引导学生找出自己错在何处，并能使其自觉意识到自身错误，愿意真心实意地改正。

勇于纠错，及时反馈

在长期的班级管理过程中，班主任难免在处理问题时出现一些方式方法不够妥当的现象。一旦出现这种情况，我们就应该及时反省，勇于承认自己的错误，并及时纠正错误。这样才能够得到学生的认可，使他们心悦诚服，既有利于问题的解决，也能赢得学生的尊重。

上一学期，我班的张同学在课堂上玩手机，被任课老师发现，并将收缴的手机拿给了我。

张同学在课堂玩手机已经不是第一次了，前几周就已经收缴过她的手机，在经过批评教育后让她将手机带回家中，她也向我做了保证，今后不将手机带入校园。但今天，这样违反校规的事件再次发生了。

我当时很生气，非常严厉地批评了她："为什么又在课堂上玩手机？你上次是怎么向我保证的？看来你就是一个不诚实、不守信用的人！让老师今后怎么相信你？"说完将手机用力拍在桌上，并气呼呼地说："拿走！"

这时，她的眼泪唰地下来了，并委屈地说："老师，我知道在课堂上玩手机是我的不对，我也没有遵守自己的承诺，让你特别生气，但你也不能从此认定我就是一个不守信用的坏学生吧？"

听了她的话，我当即意识到自己有些冲动了，话说得太重，伤了她的自尊心。于是我稍停顿了一下，迅速调整好情绪，让自己先冷静下来。然后用和缓的语气说："对不起！刚才的话是我说得有些重了，我向你道歉！"

她破涕为笑，向我深深地鞠了一躬，说："没关系，老师，是我做得不对，才让你生这么大的气！这一次我说到做到。"说完，拿着手机走了。

事后，我思索了很久。我带班已有多年，平时极少对学生发脾气，遇到问题总是能心平气和地给学生摆事实、讲道理，但今天显然有些失态了，以至于伤了学生的自尊心，这是不应该发生的。好在我能够及时调整情绪，并真诚地向学生道了歉，使她一下子从极度失望又重新恢复了自信，我的心中也释然了。

人人都有自尊心，学生更是如此，希望我们每一位班主任都能细心呵护她们，做学生成长路上的助跑者！

【案例启示】

谦和包容、勇于纠错是班主任必须具备的品质，有的放矢则是班主任应有的工作方法。“打铁还需自身硬”，要做好班主任工作，以情感人、以理服人，就要着力提高自身素质，成为学生前行的引路人。

案例四　爱他，就让他拥有自己的天空

作为一名班主任，很容易把自我扮成“庙堂之上的”的“严师”，以为这样就能够有威严了，能让学生敬畏三分。按照常理，这样做是有道理的。在刚开始担任班主任的几个月里，我就以自我所认为的班主任的形象出现在学生面前，天天板着脸，对待调皮捣蛋的学生，基本没有好脸色，见到他们有什么不良行为，立即当面呵斥，当时我还觉得自我工作做得很及时，很认真负责。但我没有意识到我在学生心目中的地位在一天天降低，与他们的距离也越来越远。在一次主题为“与你交流”的班级活动中，许多学生都写道：“老师，您对后进生太苛刻了，所以他们都不喜欢您。”我才幡然悔悟，如果长此以往，班级的后进生永远也转化不了。

古人云：“亲其师，才能信其道。”我们所应对的学生是有尊严、有思维、有情感的人。“情”的投入是教师工作的内在要求，情到深处，学生的内心世界就会向你敞开，有话愿意和你交流，有困难愿意请你帮忙，有苦闷愿意向你倾诉。你的“爱”他能领悟，你讲的道理他能理解，你指出的缺点他愿意改正。

从那之后，我开始着手改变自我，开始打心眼里关注他们、关心他们，遇到事情不再呵斥他们，而是先站在他们的角度看问题，让其陈述自我的问题，也就给予他们发言权，一点一滴地拉近与学生心灵的距离。慢慢地，我发现这些问题孩子也不再像以前那样讨人厌了，开始发现他们每

个人身上的闪光点。

班级里有位女同学，她性格内向孤僻，喜欢独来独往，她学习基础差，班级里的同学都不太喜欢和她一个组。了解到这个情况，我从生活中的点点滴滴开始关注她，例如，她忘带作业要去打公用电话，我就把我的手机借给她；她忘带钱无法吃饭，我就借钱给她；她作业不会，我就找同学帮助她，而且跟她的组长提出：只要她有一点点进步就要表扬她。她因学习基础差感到抬不起头来，为此，我隔三岔五地给她补习语文、数学，还让她的妈妈给她专门找了辅导老师。慢慢地，我看到她脸上有了一丝笑容，她碰到我会怯生生地说出："老师好！"一次家长会上，我当着所有的家长表扬了她，开完会后单独把她留了下来，她主动跟我说："老师，我英语能跟上了，但数学还跟不上，您能不能跟我爸爸说说，找个老师给我辅导。"一句简单的话，让我看到了她内心向上的劲头，看到了她那颗紧闭的内心世界在慢慢打开。

从那之后，我经常表扬她，小到值日、作业，大到考试，渐渐地，我从她脸上看到了自信的笑容，从她的身上看到了努力进取的精神面貌。

我做的这一切其他同学也都看在眼里，看到了我对她们的信任，看到了我对她们的尊重，随后，我从周记里看到学生写道："老师，您变了，您变得容易接近了。""我能跟您说说心里话吗？老师，这天我碰到一件事情，我可以告诉您吗？"此刻，我明白我与孩子的心灵距离越来越近了。

那些学习有困难、性格有偏差的学生，更需要老师正确的引导和温暖的鼓励，帮助他们树立学习的自信。充满爱意的关切，会改变一个学生的行为；反之，一次不当的批评，可能会挫伤孩子的自尊。

【案例启示】

每个孩子都有一座属于自我的乐园，我们不能发现它，那是因为我们还缺少一双智慧的眼睛。我们要热爱每一个学生，学习好的要爱，学习一般的要爱，学习差的也要爱。我们要相信：每一朵花都会绽放光彩，用真心去温暖每一个学生，去关爱每一颗稚嫩的心，那么你将收获整片天空。

案例五　师者有器

在多年的教学生涯中，我一直担任班主任，深知班主任要管理好一个班级是一项艰巨繁杂而意义重大的任务。在工作中，我认真探索班主任工作经验，总结得失，形成了自己的特色：教育有爱，师者有器。

高一新生军训期间，班主任结队巡查公寓楼。刚到楼门口，听到一楼学生正在寝室里评价老师。谈及二班李老师时，一个学生的一句粗话格外清晰。李老师刚刚大学毕业，尤为尴尬。他气冲冲地冲进寝室，连问三遍却查不出肇事者，于是将全班集合，当众责骂：先是恼羞成怒，没头没脑；接着大而化之，怒骂习惯太差，家教不足；再到无端怀疑学习太差，人品不行……现场纪律从有序到混乱，学生神态从低眉到鄙夷，分明昭示着当事人批评的效果：黔驴技穷，手段低劣！

【案例启示】

“学高为师，身正为范”。教育有爱，师者有器。这是一次失败的说理，当事人言之无物、行之无礼，批之无节、评之无度，教之无力、育之无功。“宏其度，则行有不得，反求诸己”。真正能无限放大的格局，是一个人的胸怀。知道学生的问题在哪里，是班主任批评教育的首要，但是做一个心胸开阔、宽容大度的班主任是育人的关键。能忍人所不忍，能容人所不容，就是气度，有器方能有爱，有爱方能说理。

案例六 信任是教育的基础

班上有个学生被大家戏称为“犯错积极分子”，他上课睡觉，下课吵闹，有时还要和老师顶嘴，结果引起了很多老师的不满，都说他是扶不起的“阿斗”。

我想这样下去，他必定会成为“钉子户”，是任何人都不想看到的。于是我找他深谈了一次，告诉他：“老师相信你跟别人一样是好学生，只是你没有把握好自己，没有找准自己的目标，老师会跟你一起找回原来的你。”听了我这番话，开始他不以为然。随着后期的多次交谈，我了解到，他原来不是这样的，因为中考时他发挥不好，导致失去了上高中的机会，所以他变得有点自暴自弃。了解了他的情况后，我便从他现在所处的角度为他分析问题，他开始转变，说话也不那么冲了。于是我抓住机会和他私下定了个“协议”，要他好好努力，先从改正迟到问题着手。渐渐地，他迟到少了，惹事少了，作业也能及时完成，班级里的事爱帮忙了，劳动积极了。更使人意想不到的是这次上岗证考试，他竟然一次性通过了。

教师教育的对象是人，而且是人群中最年轻、最有朝气、最易接受新事物、最富有情感和独特个性的群体——青少年，我们作为中职教师，面对的是曾经在中考中失意的学生，我们的首要任务就是要使这些学生恢复自信。教师职业的特殊性，决定了教师必须信任和热爱自己的教育对象——学生。无论教育环境和教育对象如何变化，在德育过程中的褒扬或者批评乃至惩戒的基点都离不开信任，否则会从一个误区走进另一个误区。教师只有信任和热爱学生，才可以架起师生之间相互信任的桥梁。

苏联教育家苏霍姆林斯基说：“教育技巧的全部奥秘在于如何爱护学生。”教师的信任会使学生产生一种幸福感和自豪感，久而久之学生就会对教师产生一种亲近感，从而缩短师生间的距离，有利于德育工作的开展。可见，教师对学生的关心和信任，是对学生心理上的一种安慰，是推

动学生前进的动力。同时，教师只有获得了学生的信任，才能让学生敞开心灵的大门，倾吐自己内心深处的秘密。这时，教师就能深入准确地了解学生，有针对性地教育学生，学生才能愉快地接受教师的教育。在和谐一致的师生关系中，学生会把教师的褒扬看作是鼓励，把批评甚至适度的惩戒当作爱护，褒扬和惩戒在这种和谐又相互信任的师生关系中成为积极进取的动力。假如师生之间失去了信任的基石，学生就会把褒扬看成是“哄人”，把批评或惩戒看成是“整人”。

在这样的不正常关系中，褒扬和批评就会成为教育的障碍。由于青少年的行为在很大程度上都是以他们的感情为转移的，往往不能用理智支配感情，而是以感情代替理智。在这种情况下，被批评或惩戒的学生如果在心理上没有及时得到疏导，会很容易产生一些过激想法和行为，导致一幕一幕悲剧发生。正如有人说的：“假如你厌恶学生，那么你教育的开始也就等于结束了。”可见，信任是教育学生的感情基础。

【案例启示】

心理学上有个几乎人人皆知的“罗森塔尔效应”，即你一旦相信一个人拥有某种特长或者不一般的潜质，这个人就会在和你的相处中真的表现出这种特长和潜质。哪怕他开始并没有这样的潜质，也会因为你的信任而慢慢发展出符合你期望的潜质。教师对学生的信任使学生对自己充满了希望。教师的信任激发了学生的信心，使他们能够对自己的前途充满自信。

案例七　爱，永驻心间

班主任是对学生进行思想政治教育、学习态度教育和学习方法教育的主要力量。好的班主任，应当是学生人生道路上的引路人、知心人。好的班主任，应当能够带好一个班、教育好一班人，并培养一个团结、健康、热情、向上的班集体。好的班主任，应当掌握科学的工作方法，使得自己的工作富有成效。配得上“好”的称号的班主任，我觉得关键是要有“爱心”，这是班主任工作的前提。有爱的人才会懂得生命的价值是与众不同的。我坚信：让爱驻心间，生命就会谱写出更加华美的乐章！

爱是阳光，它能唤醒沉睡的种子；爱是雨露，它能滋润干涸的心田；爱是催化剂，它能融化冰冷的心灵。中职学生来自四面八方，来自不同家庭，性格的不同，思想的差异，使我们做教师的不得不因人而异。面对那些因父母离异而终日郁郁寡欢的孩子，我就走到他们的身边，用满腔的爱去解开他们的心结，让他们从阴影中走出来；当见到那些因家庭贫困而面临失学的孩子时，我总是跑里跑外，为他们解决生活困难，我把这些称之为“爱的教育”。

记得有个刘同学，他是个调皮的孩子，对于他来说每天只有两种状态，睡着和醒着，上课他睡觉，下课就和班级同学打闹。训斥过后，他仍一如既往，并且对我的话置之不理。我非常地愤怒，觉得没办法去理解、包容和原谅他，导致我和这位学生的交流就只有我愤怒，他不服，以及无休止的他和我的争吵。每次吵完，看着他离开的背影，我倍感沮丧。面对这样的结果，我非常苦恼，我真的就教育不了这个孩子了吗？辗转难眠的夜里我决定冷静下来想办法。

我通过班级的同学才知道，他从初中开始就是一个不听话的孩子，从不曾获得老师的关心和爱护，在他的心里老师如同天敌。我突然为自己的不负责而感到惭愧，为什么连同学都能理解他，而作为班主任，我除了知道他每天调皮捣蛋给我添麻烦以外，对他一无所知。我开始试着去了解我的学生。同学们都说刘同学在电脑方面比较擅长，而当时正好是班级学籍注册的时候。我走到他的身边对他说：“你电脑还行吧？”“挺好的呀。”“那你帮我个忙吧！”他面带笑容地跟着我走出教室。我仿佛看到了他幸福的神情。是啊，我在教训他的时候只想到了他已经是中专生了，应该懂事了，如果还犯错误，只能说他是故意的。但是我却忘记了，他毕竟是个孩子，他在自认为长大了的同时，还会任性、调皮，希望得到老师的信任和关注。可是我们却在繁忙的工作中忽略了孩子的感受，当他们犯错时只有

责骂，却忘记了在他们犯错之前，我们该给予他们的关爱却没有给。一味地追求结果，这不是教育的本质。

在办公室里，他一边打字一边说："老师，你来职中习惯吗?""过段时间就习惯了。""老师，那你就尽快适应。"我忍住了眼泪，在心里默默地自责，我对这个心地善良的孩子做了些什么啊！只想到自己的付出，只感到自己的辛苦，只觉得学生不懂事，可就是这些我认为是坏孩子的学生，他们还惦记着老师是否习惯职中的生活。我错了，之后的相处中，我们像朋友一样，他也不像以前那样睡觉打闹了，甚至有一次晚自习我在走廊值班时，听见他对同学们说："别说话了，抓紧学习吧。"那一刻我的心比任何时候都要高兴。

在我现在的班上，有一位张同学，他人挺聪明的，读小学时成绩也不错。但在初中阶段，他好像换了个人似的，完全没有了上进心，成天和一些后进生混在一起，经常在外玩到深更半夜才回家，还学会了抽烟，甚至还在校外敲诈低年级同学。在职中入学进入我班级的时候，他已经完全丧失了对未来的信心，只想"混"个毕业证。开始时，我经常找他谈心，耐心教育他，但他是个孤傲的男生，故收效甚微。面对这样的学生，我当然很头痛，但我想，一个人并非一生下来就是差生，一个人变坏肯定会有很多的因素，只有把这些原因找出来，才有可能转变他。经过多次电话家访，我对张同学目前的生活状况有了比较深入的了解，知道了他的处境。原来，他的父母长年在外打工，自己从小跟爷爷奶奶生活。由于父母感情不和，长年分居，他们很少关心自己的儿子。他感到非常孤独，不知如何面对这样的现实，所以当有人叫他一起去玩时他就去了，根本没有是与非的观念，慢慢地，自己沾染上了一些不良习气，学习成绩也一落千丈。他的遭遇让我感到同情和惋惜，更让我为他的前途感到担忧。经过努力，我通过他的亲戚联系到了他母亲，把孩子的情况告诉了她，并希望她能想尽一切办法来照顾和管教自己的孩子，否则这孩子的前途将会毁在她自己手上。多次的沟通交流，马同学的母亲终于回到了他的身边。有了家长的配合，教育转化的效果渐渐凸显。

我给予张同学比其他学生更多的鼓励。因为他在人生成长的道路上遭受了比别人更多的挫折，自卑心理严重，需要正面的引导和鼓励。我注意挖掘他身上的闪光点，适时地表扬使他摆脱自卑心理，让他能重新认识自己、相信自己。我放下了老师的身份，和他做了知心朋友，像好友一样耐心地倾听他的心声，用我的真诚打动他的心。一次次促膝谈心、一遍遍谆谆教诲，功夫不负有心人，在我不懈地努力下，一年后，张同学终于重新找回了人生目标，在学期期末考试中取得了很大的进步。

郑同学是工业班的一个男生。他上课无精打采，对学习提不起一点兴趣，上课爱搞小动作，影响别人学习；下课追逐打闹，喜欢动手动脚；课后作业一般不做，即使做了，也做不完整，书写相当潦草。每天不是任课老师向我反映情况就是学生向我告状。于是我找他谈话，希望他能遵守学校的各项规章制度，以学习为重，按时完成作业，知错就改，争取进步，争取做一个他人喜欢、父母喜欢、老师喜欢的好孩子。他开始是一副爱答不理的样子，后来口头上答应了，却又一如既往，毫无长进。

心理学家认为，“爱是教育好学生的前提”。因此，我决定以此为突破点，搭建师生心灵相通的桥梁。一是与他谈心，与他交朋友，使其认识错误，树立做个好学生的念头；二是充分发挥学生的力量，安排一个责任心强、学习成绩好、乐于助人的同学跟他坐，给予他学习和思想上的帮助；三是当面批改他的作业，让他感到老师的关心、重视，用关爱唤起他的自信心、进取心，使之改正缺点，然后引导并激励他努力学习，从而成为品学兼优的学生。对于郑同学这样特殊的学生，我放下架子亲近他，敞开心扉关爱他，以关爱之心来触动他的心弦。“动之以情，晓之于理”，用师爱去温暖他，用情感去感化他，用道理去说服他，从而促使他主动地认识并改正错误。

教育本来就是一项艰巨的工作，在这个过程中，我们会有失败的沮丧，但也会收获成功的喜悦。当我因胃痛不能坚持上课时，我的学生焦急地去给我买药；当我因感冒趴在办公桌上时，我的学生怕打扰我，不曾把我叫醒；当听见学生和别人说我们的老师如何好时，我有一种莫名的感动。在职业教育的土地上，我播下了爱的种子，也收获了爱的硕果！痛并快乐着，也许这就是教育。

【案例启示】

在更新教育观念的今天，作为一名热爱学生的班主任老师，有责任让学生树立信心，进而达到育人的目的。捧起关爱之情，燃起信心之火，播下希望之种，使每一名学生都能沐浴在师生的关爱之中，拼搏奋斗、努力进取，进而成为国家的栋梁之材。生命的意义，在于人与人之间的相互关爱，生命的舞台因爱心而斑斓多姿、精彩动人！让爱永驻心间，让生命的交响乐奏出动人的音符！

案例八　爱，在不经意间

第二次月考结束，小梓较上次以超越12个名次的显著进步受到了学校的表彰，孟老师也为她的成绩由衷地高兴，在班会上不吝赞美地表扬了她。然而，一个细节却让他好奇：她和同桌小轩摆放在课桌上的书都整齐地偏向外侧，中间留有一个很大的缝隙，跟别的同桌都偏向内侧相比，显得十分不和谐。这是怎么了，两人之间出现了隔阂？她们两个可是一对好“闺蜜”，小梓的成绩正一步步赶上小轩啊，难道……

带着疑惑，孟老师有意加强了关注。果不其然，课间两个好友不再亲密，课堂讨论也显得生分，貌似尊重的外表下难掩冷淡和隔阂，这一切都在诉说着两人友情遭遇了危机，这可是中考前夕！

一番调查后，真相大白，一切都是小梓进步“惹的祸”：因为成绩进步的小梓过于张扬，性格敏感的小轩以为受到了挑战。了解了情况，孟老师对症下药，一番谈话后心结就此解开，两人重归于好、相互勉励，成绩蒸蒸日上！

【案例启示】

爱是教育的前提，没有爱就没有教育。这是一个有爱的老师，也是一个眼光敏锐、心思细腻的班主任，更是一个讲究教育艺术的班主任。慧眼识“异”抓契机，班主任由眼前的细微不协调联想到之前的和谐，他将这些变化聚焦在脑海，驱动自己有意识地关注和调查，在细致的观察和细微的思考中，教育契机不期而至。

案例九　严爱相济

教育是一种艺术，教育是心灵的耕耘，教育是爱的展现。当爱遇到了严格，教育就有了力量。在实践工作中，我感受最深的便是马卡连柯的一句名言：“严格的要求是最大的尊重。”的确，只有既严格要求学生，又给予他们最大的尊重，才能把班主任工作做好。

俗话说，“严是爱，宠是害，不教不导要变坏”。我班有几个非常调皮的学生，在教育转化他们的时候，我曾有过失败的教训和成功的经验。先前，我对他们时常板着一副面孔，严加管教，结果学生表面上对我产生敬畏感和服从感，其实，并不是心悦诚服地接受我的教育和管理。一段时间后，我改变了方法，对他们给予关注和关爱，但忽视了严格要求，结果纪律涣散，面对这种局面，我苦苦思索，寻找解决问题的良策，向有经验的班主任请教，最终明白了对学生应严中有爱，以爱动其心，以严导其行，既要严格要求学生，又要给予学生最大的尊重。

【案例启示】

严在当严处，爱在细微中。好的教育，必然是宽严相济、奖惩分明的；好的老师，必然是管教同步、严慈同体的。爱是严的基础，严是爱的

升华。严格的管理，是学生成人、成才的关键要素。“小善乃大恶”，表面的爱会导致对方的不幸。相反，抱有爱心、对学生严格要求的班主任，可能会令人感到不够亲切，但是从长远来看却能培养学生，促使其成长，这就是大善。真正的爱，是指无论何事，都要想清楚是否有利于对方。如果溺爱学生，任其放肆，那么这样的小善，最后可能会成为毒害孩子的大恶。

案例十　爱得公平

班主任管理要公平。大事公平，小事更要公平。公平体现在你的一言一行、你的一举一动；男女同学之间要公平，成绩差异同学之间要公平，班委与同学之间要公平。班主任处理问题要就事论事，尽量避免带有个人色彩。

预备铃响之后，我拿着书本走进教室，看见黑板上还留着上节课的内容，眉毛便拧在了一起，大声地问：“今天谁值日？为什么不擦黑板？”班上鸦雀无声。我见没人答应，火气上来，提高嗓门又问了一遍。

这时，坐在后排的小嘉跑上来，匆匆擦了起来。这是一个成绩靠后的学生，经常拉班级成绩的后腿。只见他认真而有力地擦着黑板的每一角落，弄得教室内粉尘飞扬。

此时，我说：“同学们，都瞧见了吧，这就是由于一个人的不负责造成的。”不知是谁小声嘟囔了一声：“今天不是他值日。”我的心微微一怔，这时，一个成绩优异的学生慢慢地站了起来，用几乎听不到的声音说：“今天……是……是我……值日。”我愕然了，干咳一声，说：“你先坐下，下回注意。”这时，小嘉同学擦完黑板，低着头走到座位上。

我无意中听到学生的窃窃私语：“小雅不做值日，老师就不会责罚她；上次，我忘了擦黑板，就被罚了。”“谁叫你的成绩不好？”“老师就是偏心。”

我呆住了，陷入了深深的沉思中。那节课，我不知怎样上的，当我直视小嘉时，只见他在回避我。下课了，我叫小嘉去了办公室，我让他坐在椅子上，向他面对面表达了我的歉意。

【案例启示】

一个合格的班主任要平等对待每一名学生。不少教师对学习好的学生往往高看一眼，平时的态度和评价也是较为积极的，而对学习有困难的学生则打心眼里看不上，对他们的评价总是消极的。面对班级问题，只因戴了有色眼镜对待学困生，才导致引起学生的纷纷议论，也影响了自己的教师形象。作为教育者既要培养尖端人才，又要面向全体学生，一视同仁、平等对待，这才是正确的教育。

雷军：不要忘了18岁时的梦想

18岁那年，他读大学一年级。有一天，在学校图书馆里，他偶然看到一本书《硅谷之火》。书中讲的是乔布斯、比尔·盖茨等的创业故事，正就读于计算机系的他看得热血沸腾。

接下来的好几天，他不断地追问自己："我该怎样去塑造与众不同的人生？我该怎样让自己活得有价值、有意义、有追求？"然后，他听到了自己内心最深处的回答："像乔布斯那样，在中国的土壤里，创办一家在世界上受人尊敬的企业。"这是他18岁时的梦想。

他并没有把梦想停留在继续做梦上。他用了两年的时间修完了大学所有的课程，还发表了论文，完成了毕业设计。大四那年，当周围的同学忙于做毕业论文、找工作时，他已经以卖电脑的四五千块钱作为启动资金，和三个同学一起办起了公司。后来，由于经营不善，这家公司开张半年之后就关门了。他人生中的第一次创业，以失败而告终。

大学毕业后，他加入了金山软件公司。在那里，他一干就是16年，从初出茅庐的年轻程序员一步步地成长为举足轻重的高级管理者。在金山软件公司最艰难的岁月里，他带领着他的团队冲出重围，最终使公司在香港联交所挂牌上市。经过十几载的摸爬滚打，在中国互联网行业的江湖里，他称得上是稳坐头几把交椅的掌门人。

金山成功上市后，他却选择了隐退。

活到40岁时，他功成名就，过着人人羡慕的生活。日子，本可以这般一如既往地向前滑去。

可是，有一天夜里醒来，他想起了18岁时那个没有实现的梦想。原来，多少年过去了，他心里还一直有一把"硅谷之火"。他问自己："你还有勇气去追寻小时候的梦想吗？你还要去创办一家世界级的伟大的公司吗？"

其实，年龄越大，谈梦想越难，因为输不起。他深知，创业是一件高风险的事情，其艰难程度难以想象，还有可能因此身败名裂、倾家荡产。周围的朋友、原来的部下都很成功，如果自己创业搞砸了，岂不是毁了一世英名、遭人嘲笑吗？

但就这样认命吗？他有点儿不甘心。经历了一番犹豫和挣扎，40岁生日那天，他终于下定决心去赌一把。他说："只有这样做，我的人生才是圆满的。至少当我老了的时候，还可以很自豪地说，我曾经有过梦想，我曾经去试过，哪怕我输了。"

那天，在生日宴上，和伙伴们分享了一盆小米粥之后，他开始了人生的第二次创业。不久，在素有"中国硅谷"之称的北京中关村，一家名叫"小米"的科技公司诞生了。

小米手机一经问世便受到了追捧，在国内智能手机市场的占有率迅速名列前茅。短短4年的时间，"小米"科技就从一家名不见经传的小公司发展成估值100亿美元，包括手机、电视、电视盒子等多条产品线的新型公司。它的崛起成为商业界的一个奇迹。

命运又一次青睐于他。他把自己的成功归结于勤奋、努力，有着坚实的基本功，同时抓住了机遇，站在了台风口。当然，最重要的，还得有梦想。

他叫雷军，是小米科技的创始人、董事长兼首席执行官。他相信"人因梦想而伟大"。带着这种信念，他在40岁的时候重新起航，去圆18岁时的梦想。

纪伯伦说："不要因为走得太远而忘记为什么出发。"当年华逐渐逝去，你是否还记得你18岁时的梦想，是否记得涉世之初你对人生的期许？那是我们心灵最隐秘的角落里与上天的约定，是值得用生命的长度去履行的对自己的承诺。

第六章　循循善诱

孔子作为一位伟大的教育家，在其一生的教育教学实践中，积累了一套极具价值的教学思想和教学方法，在许多方面反映了朴素的辩证唯物主义观点。这是孔子教育思想中最精华的部分，是一份珍贵的遗产，"因材施教，循循善诱"更是亘古不变的教育真理。

孔子进行教学活动的特点，是能够从学生实际情况出发，针对智力的高下不同"因材施教"。马克思也承认人的智力是有差异的，《资本论》第一卷就论述说："天赋的特殊性，是分工依此长芽的基础。"孔子很早就注意到人的才智高下有别，他说："中人以上，可以语上也；中人以下，不可以语上也。"这就是说，对于中等以上智力水平的人，可以对他讲高深的学问，对于中等以下智力水平的人，则不可以跟他讲高深的内容。根据这一原则，他深入了解弟子们不同的志趣、智慧和能力，掌握每个人的特点，施以不同的教育。

一把钥匙开一把锁。每一个学生的实际情况是不同的，必然要求班主任深入了解学生的行为、习惯、爱好，从而制定行之有效的对策，因材施教，正确引导。

案例一　做幸福的引路人

一个教育家曾经说过，通向孩子心灵之路的并不是肥沃的田野，在这片肥沃的土地上要获得丰收，需要辛勤耕耘，加强田间管理，更需要温暖的阳光、湿润的雨露。教师的爱就是阳光，就是雨露，更是指路的明灯！以爱为方向，做学生幸福的引路人，也做一个自己幸福的引路人。

2018年至2021年，我担任班主任，一年级第一学期开学不久，我发现班上的刘同学一个假期过去添了许多坏习惯，比如上课迟到、课堂上睡觉等等。刚开始，我用非常严厉的口气告诫他，但是效果甚微，没多久他就又犯了。

经过一段时间的观察和家访，我了解到，虽然他家庭环境优越，但是父母工作比较忙，没有时间照顾孩子，形成了孩子自由、散漫的性格，且爱钻牛角尖，学习不认真。我想，像刘同学这样的学生缺少的不是批评而是肯定和鼓励。一次，我找他谈话说："你有缺点，但你也有不少优点，可能你自己还没有发现。这样吧，我限你在两天内找到自己的一些长处，不然我可要批评你了。"第三天，刘同学很不好意思地找到我，满脸通红地说："我心肠好，力气大，毕业后想当兵。"我听了，接着说："这就是了不起的长处。心肠好，乐于助人，到哪里都需要这种人。你力气大，想当兵，保家卫国，是很光荣的事，你的理想很实在。不过当兵同样需要科学文化知识，需要有真才实学。"听了我的话，刘同学高兴极了，脸上露出了微笑。在这以后，他迟到的次数也减少了，上课也很少睡觉，他的成绩随着每次的月考不断地进步。

在此后的家访中我了解到：刘同学的家长望子成龙心切，常采用粗暴的打骂教育，这给他心理上造成极大的压力，导致晚上睡眠不好，从而形成恶性循环。针对这种情况，我提醒父母无论发生什么情况都不要打孩子，要采取说服教育的方法。同时，我也找刘同学聊天，打开他的心结，渐渐地，刘同学改掉了上课睡觉的坏习惯，见到老师问好，还主动帮助老师搞卫生。最终，在家长和老师的帮助下，刘同学在各方面进步很大，受到各科老师的表扬，在全省中职学校学生职业技能大赛中，他还获得了三等奖。

如何有效地指引学生发展是班主任工作必须面对的问题，从刘同学的成长中，我有两点体会：

一方面尊重学生自尊心使其转化。自尊心是一种通过自我评价所产生的尊重自己，并期望别人、集体和社会尊重自我的情感体验，是一个人积极向上的内部动力。一个人如果缺乏自尊，就会使人自轻自贱，甚至自暴自弃。后进生也有强烈的自尊心，需要别人的尊重，所以在教育后进生时首先考虑要尊重其自尊心，帮助他们树立积极向上的信心。

刚开始的时候，我用严厉的口吻批评刘同学，让他的自尊心受到极大的打击，内心产生了一种反叛的心理，就想跟老师对着干。因此，教师在教育学生时，应该尊重学生，承认学生之间的差异，以一颗平等对人的爱心，尽量不要伤害学生的自尊心。教师只有不伤害学生的自尊心，才能让学生乐意接受教育，才能虚心改正缺点，这样才是最成功的教育。

另一方面是母亲般的爱心使其转化。一个后进生的转化，是一个漫长的变化过程，需要教师的耐心和关心。对学生严的同时切莫忘了爱，切莫有嫌弃后进生的想法，对后进的同学越应该关爱。因此，对于后进生，我们应该拿出母亲般的关心、爱心和细心。

【案例启示】

看起来最不值得爱的时候，恰恰是学生最需要爱的时候。教师错过对学生的一个教育机会，没准就耽误学生的一辈子。身为一名教育工作者，在教育中因势利导、长善救失、循循善诱，运用各种形式，不断强化和挖掘学生积极向上的一面，抑制或消除消极落后的一面。

案例二　育人须从育心起

小兴又跟同学打架了，这学期已是第三次了。原因又跟上次一样，闲来无事的小兴给小彬画像，点睛之时偏偏把一只眼睛画得老大，原本清秀的小彬瞬时变得青面獠牙。

好说歹说，送走了两人，班主任小徐累得连声抱怨。对面的张老师走过来，凝视着惹祸的那幅画，“啧啧，画得真像！”“张老师，您还打趣我！”“小徐，你发现没，小彬激动时大喊大叫的模样……”张老师意味深长地说，“这可是个人才哦！”小徐仔细地看着画中的小彬，恍然间想起了小兴的许多杰作：脾气暴躁的小杉、俏皮活泼的小明、温婉忧郁的小易、爱笑的小白，还有熬夜后的自己……喜欢画画，画得逼真，点指即画，这样的人才真是埋没了！小徐后悔不已。

开学布置教室，小徐委任小兴承办。他不负厚望，在他的策划下教室焕然一新，班规美观大方，班报创意十足，就连侧墙上的专栏，摆放卫生工具的角落，开关盒、插座盒都穿上了精美的外衣，色彩明快、活力四射，宛然动漫天地……引得别班同学纷纷前来“打卡”！

“人无全才，人人有才”。小兴的优势不正是以后的发展方向吗？不久，在小徐的关怀下，小兴转向学习绘画，他的目标是中国美术学院。

成功=科学的引导+正确的定位+快乐的行进。在经验丰富的老师的引导下，年轻的班主任从细节入手发现了学生的特长，并巧妙地运用细节创造平台。先识后赏，赏识结合，该班主任深谙教育之道，设计细致入微。由发现优点到提振信心再到未来发展，将个人特长与人生规划相偕，育心与育人共存，细节始至细节终，这样的智慧令人叹赏！

疏导与堵漏

疏导，对于有问题的学生有着久旱逢甘霖的功效。班主任在接触他们后，首先要树立他们的自尊心，让他们能够挺起腰杆走路，万万不可在他们犯了错误的时候，进行讽刺挖苦，就像传说中“鲧禹治水”一样，堵漏的结果，是越堵越漏。教师在充分尊重学生人格的基础上，引导学生认识到自己的不足，挖掘自己的优势，这样学生就会在教师的帮助下慢慢转化。

指导与压制

班主任与后进生的沟通，常常会出现不愉快的场面。常有学校德育处把自己班的“捣蛋鬼”抓到面前，让你处理的场面；有让班级考核扣了分的学生垂头丧气地站在你面前的场面。这时候班主任千万不能生气。要知道，你此时狠狠地斥责他，他就会一言不发或者索性“破罐子破摔”。你静下心来，对他所做的事情进行分析，告诉他学校的规章制度，以及为什么制定这样的制度。你的指导可能是春风化雨、润物无声。你的努力总有一天会在他的身上得到回报，而压制的结果恰恰相反。这需要班主任有一颗博大的爱心，更要有融化坚冰的恒心。

激励与泄气

学生生活在一个集体里，班主任作为整个班级的黏合剂，就不能放弃对每一个孩子的激励，特别是后进生，看到他们一点点进步，都要表现出你的惊喜，孩子是很善于观察这一点的。班主任不要说“这个孩子没有希望了”“你真够笨的”之类的话，孩子听到这样做的话，就会像泄气的皮球一样没精打采，再也鼓不起前进的风帆了。此外，班主任还应主动与任课教师交流，经常家访，与家长沟通，收集学生的所有成长资料；还要主动与其他班主任交流经验，借鉴他人的成功做法，科学地管理班级。

【案例启示】

爱是教育的基础，没有爱就没有教育。作为班主任，我们更应该有爱生的情感，多给他们一点爱的阳光雨露，滋润他们茁壮成长，使他们的身心趋于健全。从事班主任工作后，我进一步懂得：对待学生，我们应多一分爱心，少一分冷漠；多一分耐心，少一分嫌弃。我始终相信：爱是教育学生的重要源泉，爱心是成功的基础，耐心是成功的保证。春风化雨，润物无声！正是老师博大的爱，在无声无息中滋润学生的心田。

案例三　爱得小心，小心地爱

那年我担任计算机班的班主任。开学第一天的下午，像往常一样，我给学习计算机专业的学生报名。

这时，一位衣着朴素的大嫂领着同样衣着朴素、脸色发黄的瘦弱女孩来到我面前。大嫂问得很细，学费多少，每个月伙食费几许，三年下来大概需要多少钱……临走，大嫂摸了半天，掏出一把皱巴巴的票子，蘸着口水数了又数，极其小心地交了全部学费450元，随后领着女孩神色黯然地走了。

报名在继续，快下班的时候，那位大嫂又回来了，依然领着那位女孩。大嫂怯怯地问我："老师，我家姑娘不上学了，把学费退给我行吗?"

我望了望大嫂饱经风霜的脸，再看看女孩那一脸的无助，退回了450元。大嫂千恩万谢，强忍着泪水拽着屡屡回头的女孩走了。

那天晚上我失眠了，眼前晃动的，是大嫂强忍的泪水和女孩无助的眼神。

第二天下午快下班时，大嫂又领着女孩来了，神情很坚决，一副大义凛然的样子，要给女孩报名。孩子急切地望着我，生怕我不答应。450元，大嫂交完学费，我开出住宿单，大嫂领着孩子走了。我记住了女孩的名字——石小红。

之后是日复一日地上课。两周后，我知道了石小红的父亲身患胃癌早已不在人世，哥哥为了娶妻，借了一屁股债。石小红原本是要上高中的，但上职中学费少还可以免住宿费，对她这样的家庭，上职中确实是唯一的选择。

石小红很聪明，学习很用功，文化课和专业课成绩都不错，尤其是汉字录入与编辑更是得心应手，不过她总是郁郁寡欢，也很少与同学交往。考虑到她的实际困难，我建议她在学生食堂帮忙，这样不仅可以省下伙食费，还可以赚些零花钱。不料当天下午，石小红的哥哥——一位脸庞红红的、眼睛充满血丝的年轻人来到学校，哆嗦着嘴，异常激动地辩白，大意是他妹妹不缺钱，学校不能瞧不起她，不能小看她。我无语，原本让石小红勤工俭学的打算只能作罢。

此后很长时间，石小红不跟我交流。我暗地里观察，发现她和其他同学几乎不再往来，就是到食堂吃饭也是独来独往。而且考试成绩忽高忽低，原本专业技能相当不错的她，甚至在学校组织的技能大赛上也没有取得好名次。问题出在哪里呢?

进一步观察，我发现她只跟一名姓顾的女生私下有往来。通过向顾同学了解，我才知道石小红在初中时由于家境贫寒，经常受到同学的嘲笑，非常自卑，对贫穷十分敏感，根本不愿让新环境下的其他人知道自己的家境。

原来她承受着这样的压力!

我小心翼翼地接近她。先从成绩入手，分析她成绩下滑的原因，鼓励她好好学习，苦练技艺，告诉她只有这样才对得起母亲和家人。之后，我又安排她帮扶成绩更差的同学，在相互学习中建立信任和友谊。渐渐地，石小红愿意和我有语言的交流。学期结束时，石小红考试成绩位列班级前五。

假期生活开始了。我以前教过的学生办了职业培训班，需要几个学生帮忙做一些公文处理、文件编辑的工作。这些对于已经学习了一年计算机知识的学生已经不成问题。我推荐了3名同学，包括石小红。经过一周的试用，3名同学都得到了好评并留下了。一个假期，石小红靠自己的努力挣够了下一年的学费，她的脸上终于有了笑容。

这样的经历持续了两年。三年级，石小红参加职教师资考试，被西北师范大学录取。大学毕业后，她继续读研，毕业后留在省城一家高校任教。今天的石小红，不仅帮助哥哥成立了装修公司，帮助侄子、侄女读重点学校，还将母亲接到省城生活。她经常和我联系，言谈中是满满的自信。

【案例启示】

心病还须心药医。助力学生展现最好的自我，就要帮助他们克服自卑、建立自信，鼓励他们树立远大的理想，不纠结于一时的失意，不纠缠于暂时的逆境，昂扬向上，砥砺前行。

案例四 真诚互信，家校双赢

教育无小事，处处皆学问。班主任入户家访是一门课程，更是一种艺术。有效的家访不仅是对班主任专业素养的考验，也是对交际应变能力的挑战。在构建家校合作的背景下，了解是家校交流的前提，互信是家校合作的基础。

插班生小斌成绩倒数，习惯不好，但他伶俐、乖巧。他最近有了早恋的迹象，要不要告诉家长？小斌的家长脾气暴躁，纠结了很久，趁着入户家访之际，牛老师走进了小斌家。

“老师，小斌最近表现怎样？”

“老样子，不爱学习，上课睡觉！”

“花这么大代价还这样，真让人失望！”

“你别失望！孩子有些波动是正常的，可能他还放不下高一那个女孩子……”

“看我不打断他的腿，哎，我真是死心了！”

“可别这样！青春期的孩子早恋很正常，不恋爱才不正常呢！关键是大人的态度。”

“大人的态度？该说的、该做的我都尽力了，有什么用？”

“要相信孩子，作为插班生他能做到这样已经不错了……”

面对情绪激动的家长，班主任老师处处为学生代言，这是爱心所使，如果不顾事实的掩饰和开脱却是受了孩子“伶俐、乖巧”和家长“脾气暴躁”的表征误导而产生的错误感觉。这与家访初衷背道而驰。

【案例启示】

敞开心扉共交流，合作互赢促互信。相互了解、诚信以待是家校对话的原则，也是家校长期、稳定、高效合作的基础。由于职业、文化和性格等方面的不同，家长对孩子的教育理念也不同，但不论面对什么样的家长，教师都应摒除“晕轮”效应带来的负面影响，将学生在校的真实情况理性、客观地反馈给家长，切忌以偏概全或刻意隐瞒，让家长沉浸在一味地欢喜或愤怒中。教师是家访主体，当坚持以导向成长为目标、以解决问题为宗旨，推诚相见、坦诚相待，用事实说话，用情感铺垫。不虚报、不隐瞒，让家长了解学生的校园学习和生活，是家校真诚合作的基础。

案例五　精诚所至，金石为开

班主任工作是艰辛的，又是烦琐的。班主任每一天都要应对一件件琐碎的事情，因为现在的很多孩子只顾享受父母、老师的关爱，而漠视长辈的谆谆教诲，一而再、再而三地犯一些低级的错误。常常因这些可笑又可叹的低级错误耗费了师生的许多精力与时间。

王同学就是这些学生中的代表。他的主要问题是自制力差，对自己的错误、缺点认识不足，对老师的批评教育产生厌恶、憎恨心理。因此，我就以爱心为媒介，搭建师生心灵相通的桥梁，与他谈心，与他交朋友，使他认识错误，树立学习的信心。我充分发挥学生的力量，安排一个责任心强、学习成绩好、乐于助人的同学跟他坐，给予他学习上和思想上的帮助。我批改他的作业时，在作业本批语后加上一些问候的话，让他感到老师的关心、重视，用关爱唤起他的自信心、进取心，使之改正缺

点，然后引导并激励他努力学习，争取成为品学兼优的学生。

互联网信息量大，开放程度高，有利于培养学生的学习观念，开阔视野，促进学习能力和创造能力的提高。然而，互联网有利也有弊，比如，网络容易使少数自控力差的学生上瘾，使他们在现实生活中迷失自我，缺乏对生活和学习的兴趣，严重影响学生身心的健康成长。

韩同学是我班一位瘦弱而内向的男生，春节后老是请病假，还向多个同学借钱，他看起来精神状态很差，眼睛通红，我感觉其中必有隐情。在与家长的交流中，我了解到，韩同学从初中就喜欢上网，当时只是在家玩玩小游戏，上网时间也不长，因此家长并没有在意。进入职中，特别是进入二年级以后，他的成绩直线下滑，整天无精打采，对学习和生活都没有热情，还经常请假，家长后来才发现孩子请假回家熬夜玩手机游戏，第二天到校后上课睡觉。于是父母就批评他，并将手机没收，但并没有阻止孩子对网络的迷恋，他开始厌学，上课睡觉，不写作业。

通过韩学生的表现和相关资料的查询，我确信韩同学已经迷恋上了网络。我试着分析韩同学迷恋网络的原因：一是家庭原因。他的父亲工作忙，常常不在家，母亲除了催促孩子学习之外，很少和他沟通。父母发现孩子玩网络游戏后，对他进行批评，甚至打骂；再加上韩同学成绩下滑，产生自卑感，便将精神完全寄托于虚拟的网络世界。二是心理因素。在家庭和学校他找不到知己，而在网络上他能与任何人交流且没有任何顾虑，通过QQ聊天、组建游戏团队等方式满足交友的心理需求。理想与现实的矛盾，使韩同学在网络游戏中把自己想象成具有超强本领的非凡人物，从而获得心理成就感。而现实生活中，父母的期望和老师的要求又使他无奈，对学习产生厌烦心理，他想用一种玩世不恭的心态麻醉自我，网络游戏成了他的最佳选择。

为了挽救韩同学，并防止其他学生沉迷网络，我制定了一系列教育方案：在班级内开展有关网络知识的主题教育班会，讨论网络的利与弊，发放网络材料等活动，用集体教育力量去感染他，但这一切好像对他不起什么作用，他依旧外出上网，对班级活动视而不见。

韩同学的反应，使我认识到单纯的理论教育并不适合他，我决定改变教育方式，从建立韩同学学习的成就感入手。一次班会前，不知为什么，多媒体教学设备打不开了，连班级管理员也束手无策，许多同学推荐韩同学试一试，我对他也没有把握，但我想这或许会是一次机会。韩同学在我赞许的目光下不慌不忙地走上讲台，不一会工夫他竟然修好了设备，我带头给他鼓掌，还说他是一个电脑奇才。这一节班会他听得很认真，还很积极地参与其中。我知道他已看到了自己的优势，找到了成就感，接下来一段时间他去网吧的次数明显少了。

后来我主动把韩同学叫到办公室，告诉他想上网可以在办公室玩，顺便教老师学习一下网络游戏、IP设置、程序安装等，他很高兴，我说为了回报他，我可以给他补习会计，他一口答应了。我们在相互学习中和谐相处，一个月后的模考，他的会计比上次涨了40分，他兴奋极了。我适时告诉他其他科也该补补了，他点点头，我知道他已经找到了学习的信心。

教育转化学困生，是教师工作的一项重要任务。两位同学的转换是我的班主任经历中的平凡故事。看着学生们能幸福地成长，我明白了“精诚所至，金石为开”的道理。

作为教师，应以人为本，尊重每一位学生。教育是心灵的艺术。我们教育学生，要与学生建立一座心灵相通的爱心桥梁，这样老师才会产生热爱之情。如果我们承认教育的对象是活生生的人，那么教育的过程便不仅是一种技巧的施展，还是充满了人情味的心灵交融。心理学家认为，“爱是教育好学生的前提”。对于每一位学生，尤其是学困生，我放下架子亲近他们，敞开心扉平等交流，以关爱之心触动他们的心弦，动之以情，晓之于理，促使他们主动认识并改正错误。

【案例启示】

学困生的问题都是长时间积累而成的，只是老师和家长没有及时发现和正确引导。处于青春期的学生意志力薄弱，情绪波动较大，这需要老师和家长付出爱心和耐心，长时间地跟踪教育，千万不能半途而废，否则只会前功尽弃。

案例六 用真诚唤醒

育人是一件很困难的事，特别是要改变一个人长期以来形成的坏习惯，更要有足够的耐心和打“持久战”的思想准备，不可能通过几次谈话就能解决问题。在教育过程中，学生很容易产生反复，这是很正常的，唯有用真诚才能唤醒沉睡的学生。一是要关心爱护学生，尽管有时学生明明是在说谎，也可因势利导，借机让学生看到老师的真诚；二是要采取多种形式、多种渠道，让学生从中受到教育；三是采取同学之间互相教育、自主认识错误的方式，才能取得较好的效果。

对于刚刚从初中进入职中的学生，我主要在帮助他们适应新的环境、新的集体、新的学习生活以及感受学习的乐趣上下功夫；使他们乐于同老师、同学交往，在谦让、友善的交往中体验友情。孩子们的心灵是最纯净的，要好好保护，不能给他们造成心理阴影。从入学第一天我就告诉学生，我是你们的老师，也是你们的朋友，同学们可以把你们想要说的话写成纸条放到“心语”信箱里，我会为你保密。这样做既能够了解学生的心理动态，也可以及时为他们解决心理问题。

A同学从入学第一天就穿得脏兮兮，同学都不爱与他玩。经过我的了解，发现他的家庭有些困难，父母都是农民工，没有文化，对他的学习爱莫能助，因此他的学习很吃力，自身形象也比较差。开学一个月后的一天，我在抽屉里发现了一张纸条，上面歪歪扭扭地写着几个字，反复辨认才发现是：“老师，我没有优点。”这时，他的样子出现在我的眼前，没有同龄人脸上常见的笑容，只是一副满脸胆怯的样子。他回答问题时，要重复很多遍才能让人听清，说话时还有轻微的战抖，平时常因一些小事而无端流泪。

他具有明显的性格缺陷：忧郁、自卑、胆怯。我想，这样下去会有很可怕的结果，我要帮助他克服心理障碍，形成健全的人格。

我根据相关情况制定帮助他的措施：

首先，开班会时为他树立正确的舆论导向。我在班里开了名为“正确认识自己和他人”的班会，让学生通过开学这一个月以来的相处，互相找他人身上的优点，这时我先开了个头：“A同学见到我主动问好，那天我还看见他把B同学掉的书捡了起来，谁还能说说他有什么优点?”学生一听来了劲，你一句，我一句，这时我看见他抿着嘴笑了。

其次，日常生活中我动员全班同学帮助他养成卫生习惯。看见他手脏，我会利用课余时间为他打水，老师亲自帮助他洗手，既树立了他的自信，又教育了其他学生要讲究卫生。我还让同学提醒他衣服脏了要换一换，以及养成勤剪指甲的卫生习惯。在大家的帮助下他逐渐地树立起了自信。

“小纸条”这项活动使老师及时了解了学生的心理动态，有的放矢地对学生进行心理辅导。学生能敞开胸怀，把心里的话向老师诉说，老师也能与学生充分沟通并建立良好的师生关系。

在各种心理健康教育活动中，虽然形式不同，班级成员所扮演的角色也不同，但其出发点却完全一致，这就是“一切成就，一切财富，都始于健康的心理”。让学生从“小胜”开始，逐步获得心理上的成就感，进而学会自己为自己喝彩，鼓掌加油，从一个成功迈向另一个成功。

针对不同类型的学生，提供不同的表现机会，“全面唤醒学生沉睡的心灵”。对优秀学生，由于他们具有正确的是非观，敢于拼搏，勇于克服困难，个体素质较好，班主任应从严要求，“响鼓还需重锤”，使他们“吾日三省吾身”，避免不良心理情绪的产生。对暂时后进的学生，重在启发觉悟，拨动心弦，不是轻视他们、看不起他们，而是亲近他们、团结他们，鼓励他们前进。班主任应立足于满腔热情的关怀，让他们感受老师的一片真诚，在老师的耐心“感化”中树立克服困难的信心。满足他们的自尊心，帮助他们消除对立情绪，点燃他们内心深处的闪光点。心理学研究表明，任何人都渴望得到别人的承认，这对于后进生来说尤为重要。

【案例启示】

面对学生工作，作为班主任，应该做的就是善意的引导，用教育的规律，唤醒孩子沉睡的心灵。良好的班集体是学生心灵相互接触的媒介，在

人和人心灵上的最微妙的相互接触中，唯有用真诚拨动学生的心弦，才能开启学生的心扉。优秀的班集体是一方自由的天空，允许飞鸟尽情翱翔。班主任用理解、真诚、鼓励去赢得孩子们的感情，建立平等的师生关系；还要用爱心让孩子走出困难，战胜自我。

案例七　维护班级气正风清

班集体中建设良好的学风和班风尤其重要，它潜移默化地主导着班级成员的思想和行为，使班级始终保持气正风清的积极状态。

中职汽修专业学生各方面的素质与其他班学生有明显不同，如果按普通学生那样去要求他们，肯定会使班级工作受到影响。所以，要做好中职汽修专业班工作就要做耐心细致的工作。

开学第一天，上课铃声响了，当我走进教室时，还有几位同学没到，随后是陆续的“报告”声和不断的开门声，五分钟后，总算到齐了，开始上课。一节课下来，强调纪律有七八次，最多的一位提醒了三次。下午上课前，当我走进教室时，只有十几位同学，有的在吃东西，有的在看小说，有的在讲话，又等了十来分钟，结束午睡的同学总算到齐了。

通过一星期的接触和观察，我发现班级存在的主要问题有三个。一是缺乏规范的养成，没有一个良好的行为习惯。例如卫生习惯、听课习惯等，有些违规违纪行为已“习惯成自然”了，他们感觉不到。二是班级缺乏正确的舆论导向，正气不足，凝聚力不强，一些班干部起不到“领头羊”的作用。三是学习目的性不够明确。我认识到要带好这样的班级，必须从常规抓起，纠正部分同学的不良行为，用新的管理模式引导学生，把“挚爱”和“严教”组成一个统一体，既让学生体会到老师的“严”，又让学生感受到老师对他们的“爱”。因此，我认真制订了班级管理计划和目标。首先，学规范、抓规范，从仪表仪容开始整顿。其次，树立班级正气，培养班级“领头羊”。最后，搭建平台，通过活动增强凝聚力，转化后进生。循序渐进地达到“班风学风转好，学习成绩提高”的班级管理目标。

学规范，抓习惯，制定班规班约

利用周会课，根据班级存在的问题有针对性、重点性地正确引导。学习中职生行为规范、课堂规则、课间文明休息规则等。在整改作业完成情况时，碰到了两个“钉子户”同学，无论我如何做工作，他们就是不交作业。于是我通过和家长沟通，通过让他们听取别人的评价，反复做工作，紧盯不放，他们感觉到这位老师是“不好对付的”，只好乖乖地交来了。

班规的约束对象不仅是全班学生，还包括班主任。班主任要求学生做到的自己首先要做到。例如：上课铃一响，我会准时出现在教室门口，任何同事从门口走过都不与他们闲聊；无论遇到何种情况，我都用自己的实际行动来影响学生。

在养成教育阶段，我做到腿勤、嘴勤。由于学生自控能力和意志力有差异，总有部分学生出现违规违约行为。这是很正常的，我会想方设法给予矫正，例如：我把“规范在我心，时常伴我行”的板书写在黑板的正上方，时刻提醒大家。我班有一位同学，自控能力差，我先让班干部聘任他当班级的行为规范监管员，渐渐地，他开始注意自己的言行，违规违纪的次数减少了，上课坐得住了，也不随便讲话了。

抓典型，树正气，培养班级“领头羊”

我们班有两位学生干部，不仅没有起到榜样的示范作用，反而上课讲话、早上迟到，违规违纪较多。为了树立班级正气，根据班务日志上的记录，我利用午休课时间，召开了班干部会议，作出了“留干查看”一个月的决定。在班长给他们“下通牒”的时候，他们终于低下了头。同时，我借这个机会，鼓励班级积极上进的同学向班委靠拢。这次果然奏效，那些持观望态度的同学表现得很积极。此后每次召开班干部会议时，不仅要求班上表现积极的同学参加，还邀请那些调皮的同学也参加。如此一来，那

些调皮学生觉得和班干部一起开会有一种荣誉感，会更加严格要求自己，渐渐地，班级中追求上进的人数越来越多，正气逐渐占了上风，自然而然把班级的邪气压了下去。

创情境，促学风，明确学习重要性

学习目的性的培养，不是枯燥的说教，用外力施压也是没有效果的。首先，我充分利用网络，找一些“知识改变命运”的案例，通过视频播放给他们看，激起他们对知识的渴望。其次，举办“今天的努力，为了明天的幸福”“不要让爱你的人失望”“十年后，我拿什么回报你”等主题班会，通过和学生讲一些朴实的道理，让他们感悟到学习的重要性。再次，引导学生和家长共同制订升学目标、学习计划，引导学生开展学习竞争，激发他们的学习热情。对后进生提倡分层教学、分层评价，搭建一些平台，给他们学习的信心。例如“评后一百分”的优惠政策，“成绩进步积分制”的考核办法等，增强后进生的学习兴趣和学习信心。

昂首挺胸，创造自信人生

面对班级的问题学生，如果班主任只习惯于孤军奋战，不注意社会、家庭各方面力量的协调和配合，不注意来自社会各方面的信息对学生的影响，是收不到很好的效益的。首先，了解他们的成因，针对不同的情况，施以不同的转化方法。在转化中，我始终坚守爱心、耐心、恒心和真心，从不体罚和变相体罚学生，从不挫伤孩子的自尊心。我们班有这样一个学生，常因懒惰而忘了做作业。老师无论是“哄”还是“吓”，他都以不变应万变。不断的失败使我不得不重新考虑转化他的方法。一天放学前，我又找到了他，与往常不同的是，当该生表态“今天一定完成作业”后，我没有到此为止，而是进一步问他：“你准备怎样确保作业一定完成呢？”他说：“今天一定抓紧时间做。”这方法虽毫无创意，但对他而言很实用，没想到他真能照此方法去做，我趁热打铁，对着全班同学说：“同学们，现在老师告诉大家一个好消息，今天这位同学能按时完成作业了，因为他有一个非常宝贵的经验。你们想听听他的介绍吗？”大家都说想听，于是我让该生当众做了介绍。虽然这经验非常简单，可对他来说却有着非同一般的意义，也许是因为他第一次在全班同学面前介绍经验，言语中掩饰不住内心的激动。听完他的介绍，教室里响起了热烈的掌声，听到这掌声，他脸上洋溢着笑。

【案例启示】

“不学礼，无以立”。班风的重塑不在于制定多少规章制度，而在于重塑学生的心灵，开启学生向善的心，以及形成学生共同的追求。良好班风的树立，少一些空洞的说教，多一些细致的工作；少一些不良的习气，多一些净化心灵的正气。班风建设不是一朝一夕的事，也不是一两个活动就可以达成的事。它需要老师用耐心与爱心长久坚持，抛开形式与功利，本着教育的初心，把“立德树人”当作使命，把“学生为本”放在首位，才能靠近教育真正的本质。

案例八　呼唤阳光心态

下午最后一节是自习课，上课的铃声响了好长一段时间，在办公室里我依然能听得到教室里喧哗的吵闹声，一股无名之火腾地从胸中升起，我气冲冲地走向教室，看到我的身影，教室里“嘘”声一片，而坐在前排靠门的娜仍然沉浸在与同学的嬉戏中，直到近前，我看到他们的四只手还紧紧地牵在一起，并且放在座位下。那是外班的一个男生，看见我，他飞快地从后门溜走了，娜的脸颊一片通红。

娜是一个性格内向的学生，相比同龄人，她的思想更为成熟，她的发型和打扮虽不前卫却个性十足。接班至今，我与她谈了说了好几次，可她终不改正。

“娜，上课了，你还在做什么？”

“我没有做什么！”

“以后再这样，最好到没人的地方去！”

“老师，你太过分了！”

教室里一片静寂，同学们没料到会发生这样的僵局，我感到一阵尴尬，情绪也受到了感染。

“你在做什么，你自己清楚！况且还把外班的同学带到教室里，你还有理吗？”

娜的眼泪夺眶而出，低头趴在了课桌上。

在众人困惑的眼神和纷纷的议论中，我走出了教室。整整一节课，我把事情的前因后果回想了几遍，逐渐冷静了下来，是不是我冤枉了她？我做得是否真的过火？她别样的包装背后是否留存同样清纯的性情？我不想在她心灵上留下伤痕，更不愿在临近高考前出现任何意外。

再次走到教室，她通红的双眼直直地盯着我，目光从我头顶掠了过去。我心头一冷，该如何让她明白，虽然老师很受伤，但是心里却是一片阳光，也渴望用阳光驱除阴暗。

我调整了一下情绪，微笑着对她说：“娜，你出来一下。”

办公室里，空无一人，打开门显得愈发空旷。

“娜，我希望得到你的解释和道歉！”我知道，有时老师的受伤和无奈是一剂良药，尤其对于敏感多疑的学生。用气愤和批评来掩藏自己的无奈，恰恰是一种虚伪和懦弱。

“张老师，我和他没什么，你想得太阴暗了！”果然，是阳光和阴暗的对抗，幸好我有准备。

“你认为老师是怎么想的？怎么就阴暗了？”

“您肯定认为我们在谈恋爱，他是我高一时的同桌，向我还书来了！我们坐在一起，聊了一会。我一个姑娘家，你这么一说，同学们该如何看我？”她嗫嚅着，但还是勇敢地说了出来。言谈间，晦暗的色彩早已先入为主，占据了她的内心；多疑和猜忌成了阴暗的先导，阻碍着师生心灵的相通。

“那只是你的猜测，你怎么肯定老师是那样认为？”她一下子惊愕了，疑惑地低下了头。

“你是一个阳光的女孩，可也不能冤枉老师。作为老师，我根本不可能随意猜测任何一个同学，即便有那样的事我也不可能不顾及学生的自尊。况且，在与你们的交往中，我那样做过吗?”我显得很受伤。

“将外班同学带到教室来，这对你不好，也对他不好。”我坦诚了看法。

“老师，对不起，是我太冲动了!”她低下了头，深深地鞠了一躬。等她抬起头时，我看到那一双眼睛里跳动着羞愧、感动和欣喜，还有信任。

这一次，她的目光没有从我头顶掠过，眼神和眼神在空中相遇，我们读出了相互的真诚和善意。当窗外温暖的阳光射进办公室的那一刻，我感到了由衷的轻松。

那天傍晚，我收到娜发来的短信：“老师，我为自己的想法和行为感到愧疚和悔恨，请您不要鄙视我，我一定改正。您慈祥和蔼，高尚阳光，有您，我真的感到很温暖，很幸福!”

第二天，我发现娜换了一身行装，原先垂在额头盖过眉毛的刘海很麻利地梳在了头顶，别致的发卡显得青春而活泼，曾经满身是兜和洞的衣服也变得完好、干练。课堂上师生的应和声中，总有她踊跃而热切的声音，她的成绩在一次次的月考中突飞猛进，老师们都说娜厚积而薄发。我为她感到高兴，也期待着月余后的高考她能收获阳光般的人生……

【案例启示】

教育是心灵的艺术，教育的过程不仅是一种技巧的施展，还是充满了人情味的心灵交融。心理学家认为“爱是教育好学生的前提”，在“爱”的感召下，还有什么困难是不能克服的呢？只要教师敞开心扉，大胆尝试，以关爱之力触动学生的心弦，用师爱去温暖他，用情感化他，用理说服他，就一定会使学生心中充满阳光。心敞亮了，学习不就是顺理成章的事吗?

在这一场阳光和阴暗的战斗中，师生用阳光的心态最终驱散了相互之间的猜忌和隔阂。是的，阳光是一种语言，一种明亮、透彻的语言，一种只有用心灵听得懂的语言。让阳光浸润心灵，用爱心播洒阳光，用真诚呼唤光亮，这是一种教育艺术，能够打造出一方明媚的教育天地。

阳光助力师生幸福成长，阳光需要宽容、乐观、真诚。我很庆幸，没

有用简单和粗暴来发泄自己的情绪和无礼，也没有用邪恶和卑劣来掩饰自己的脆弱和虚伪，更没有用狭隘和懈怠来代替自己的善意和诚挚，如果那样，我真的应该为自己的阴暗而深刻检讨。

案例九　学生犯错怎么办

苏霍姆林斯基说：“从我手里经过的学生成千上万，奇怪的是，留给我印象最深的并不是无可挑剔的模范生，而是别具特点、与众不同的孩子。”教育的这种反差效应告诉我们，每个学生都有“可塑性”。作为一名班主任，不能选取适合教育的学生，应选取适合学生的教育。春风化雨、润物无声，批评或表扬都要深浅有度，用心寻找突破口，因材施教。也许老师不经意的一句话、一个眼神、一个微笑，就能在不经意间与学生建立良好的关系，到达心灵的沟通，获得学生的信任，从而获得意想不到的教育效果。

应对学生所犯的错误，要在严爱中把握好批评的艺术与方法，尽可能发现他们身上的闪光点。捕捉学生“闪光点”，对“学困”生来说，他们的心灵深处同样蕴藏着进取奋发的心理需要，班主任不能被动地等待“闪光点”的出现，而应主动地抓住或创设条件，诱发他们的自尊心和荣誉感，哪怕只是闪电般的一瞬间，也是学困生转化的最佳时机。

首先，严字当头、爱字为先，批评时要用心肯定学生的优点，营造和谐融洽的班级氛围。班主任应对的是一个个鲜活的正在成长中的个体，任何一次过火的指责、无意的歧视，都会给学生的成长带来阴影。尤其是对个别学习成绩差、行为表现散漫的学困生，教师很容易一怒之下将学生批个一无是处，让学生心灰意冷。其实班主任更应关心和爱护他们，对他们不嫌弃、不歧视、不疏远。在处理班级事情时，对学困生应谨慎对待，不能简单粗暴地呵斥和指责，也不能过早地“盖棺定论”，应以诚相见，循循善诱，和他们交朋友，促膝谈心，消除他们心中的隔阂，让他们对老师敞开心扉，心悦诚服地接受老师的批评和教育，自觉地去转变自己。

班里一名女同学，父母离异，她从小跟着母亲生活，家庭很贫困。特殊的成长环境，加之家长的教育方法简单粗暴，导致她性格孤僻不善于交际，与同学关系不好，经常因小事与老师、同学发火；有时甚至故意给班干部出难题，在不喜欢的课上恶作剧。我多次找她谈话，做思想工作，从小事着手关心她，用事实说明学会宽容的重要性，并对她的体育训练用心、肯于吃苦、用心参加劳动等优点予以肯定。有时候我故意把一些管理班级的事情交给她做，帮助她重树信心，给她创造发挥自己特长和潜能的锻炼机会，引导她学会与人相处，鼓励她融入同学，并要求班干部不计前嫌主动帮忙她、关心她、团结她，使她最后有了转变，树立了生活和学习的信心，逐步融入了班集体。

其次，水火相容、严爱相济，批评时要注意保护学生的自尊，为学生的自尊心设计一把保护伞。严格管理学生是每位班主任务必重视的问题。只有从严要求、从严管理，才会形成好的班风，但方式方法上需注意严而不凶、爱而不溺、严爱相济，在爱中求严，在严中见爱。尤其是批评的语言要有艺术性，注意时间、场合，老师应放下架子，以平等的身份、关心的语气去教育学生。老师批评得当，方法适宜，能够多为学生思考，批评的效果会比严厉的训斥更好。老师批评不当，刺伤学生自尊心，学生必定对老师产生对抗情绪和逆反心理。

本学期班里的四位男生在宿舍打扑克，我当众严厉地批评他们，结果这四位男生好一段时间感觉自己没“面子”，经常闹情绪，以抄袭作业、敷衍值日等来表示对老师的不满。之后，我冷静地反思了自己的工作，常言说得好：“良药苦口利于病，忠言逆耳利于行。”班主任工作中，我们何不把忠言变得顺耳，让学生听得进去，就应会更利于行吧。于是我换位思考，他们为什么会这样做，并试着理解他们，找合适的机会坐下来同他们谈心，表态以后不在公开场合揭露学生的错误，给自己也给学生留下回旋的余地；放下老师的架子，像朋友一样聆听他们的倾诉、他们的心声，结果如此沟通处理后，这四位同学有了很大的转变，师生关系也从紧张变得融洽起来，教育收到了意想不到的良好效果。

再次，言为心声、爱是雨露，严爱适度，对待学生应持有爱心，批评方式应因人而异。中学生正处于活泼好动期，他们中的个别同学因为小学时养成的散漫习惯，加之缺少良好家教，有时难免给班级扣分抹黑。老师此时与其大声地训斥他们，不如找他们谈话，让他们找出自身不足，违纪的根源所在，千万不能因为他们给班级扣了分，而对他们厌恶、歧视，甚至恶语伤人，那样做的结果只会导致师生间的矛盾深化，学生也会我行我素，破罐子破摔。

在我的班里有一位同学，其学习和行为都存在严重问题，他从小学到初中一直受到老师和家长的批评，一入学就有自暴自弃的想法，故意表现出对什么都满不在乎，家长也对他不抱任何期望，只求他混个毕业证。我知道这样的学生其内心很痛苦、很无奈，实际上他内心深处更渴望得到老师的关爱。在一个寒冬的早晨，他迟到了。出乎他意料，我并没有疾言厉色地责问他，而是和颜悦色地关心他今早吃饭了没有。当我了解到他的父母都还没有起床，他连早饭都没有吃就赶到学校之后，我的情绪久久难以平静。我暗示他不该迟到，又表扬他有较强的自理能力，课后买了面包给他吃。他深受感动，在以后的很长一段时间里进步很大。但是，学生的进步难免是有反复的，虽然这位同学仍有违纪现象，但我从中深深地体会到：这样的学生就像体弱的树苗，需要我们班主任给予他更多的阳光、更多的呵护、更多的关爱，用自己的爱心、耐心和恒心去唤醒一个孩子的上进心。

批评学生的最终目的是让学生有所悔悟，并在短期内改正错误。批评的目的能否达到，取决于班主任的批评方式。针对不同性格、不同脾气、不同思想的学生应因人而异。严爱适度，批评学生应权衡利弊得失。对于性格内向的学生，老师应循循善诱，对于自我意识强的学生，老师应用“交流式”的批评。

俗话说“严师出高徒”，严的前提是“尊重”，真心爱护自己的教育对象，就必然要严格要求，没有原则的爱是偏爱、溺爱，过分的严厉又缺乏情感的交融。因此，老师对学生的要求要适度，要合乎情理，是学生通过努力能够到达的。

严格要求学生应以充分尊重学生为基础。苏联教育家苏霍姆林斯基对此有深刻的论断："只有教师关心人的尊严感，才能使学生透过学习而受到教育。教育的核心就其本质而言，就在于让儿童始终体验到自己的尊严感。"心理学的测量证明：一个小孩从出生之日起，便开始具有了多种潜意识，其中包括受人尊重的本能。这些都说明了尊重学生的重要性。毋庸置疑，班主任对学生的严格管理是必要的，但若在批评教育时讽刺、挖苦、奚落，甚至辱骂、体罚，这与严格要求是格格不入的。

【案例启示】

优秀的班主任既是理性的研究者又是感性的实践者。正如陶行知先生所说："千教万教教人求真，千学万学学做真人。"教师的一言一行潜移默化地影响着学生，而身为"一班之主"的班主任对学生的影响更大。人们常说：什么样的班主任带什么样的学生。这话不无道理。常言说得好：一把钥匙开一把锁。教育学生又何尝不是这样？应对性格各异、个性鲜明、可塑性强的中学生，班主任在工作中切记：凡事要本着对学生一生负责的态度，教育批评学生要尊重学生，在严爱中把握好批评的方法与艺术。

案例十　用心创造，静待花开

班主任工作不仅需要爱心、耐心与细心，还需要富于创造性。

顾同学，能说会道，是个挺可爱的男孩。可是他学习习惯差，上课时思想不能集中，做作业时动作很慢，作业经常不能按时完成，书写相当潦草。于是，我找他谈话，希望他能遵守学校的规章制度，以学习为重，按时完成作业，争取进步，做一个人见人爱的好孩子。他口头上答应得好好的了，可他依然我行我素，毫无长进。每次我都要被他气晕了，多少次想想还是算了吧，或许他是根"朽木"。但又觉得身为班主任，不能因一点困难就退缩，不能因一个学习有困难的学生无法转化而影响整个班集体，

我要尽最大的努力去转化他！他无进步，或许是因为他没有明确的学习目的，没有真正认识自己的错误，我必须帮助他转变思想，提高认识。

为了转化顾同学，我采取了以下措施；首先，我先让他认识到自己的错误，树立做个好孩子的思想。于是我再找他谈话："你想改正错误吗？想做一个讨人喜欢的孩子吗？你要怎样做才好呢？""我今后一定要遵守纪律，认真完成作业。""那你可要说到做到哟！""好！"后来，他无论是在纪律上，还是在学习上，都有了明显的进步。当他有一点进步时，我就及时给予表扬、激励，使他处处感受到老师在关心他。他也逐渐明白了做人的道理，明确了学习的目的，端正了学习态度。

为了提高他的学习成绩，除了在思想上教育他、感化他，我特意安排了一个责任心强、学习成绩好、乐于助人、耐心细致的女同学跟他坐，目的是发挥同伴的力量。事前，我先与这个女同学进行了一番谈话：为了班集体，不要歧视他，要尽你自己最大的努力，耐心地帮助他，督促他进步。女同学满口答应，并充分利用课余时间或课堂时间帮助他。有时，女同学也会显得不耐烦，说顾同学不太听话，不想学习……此时，我就跟这个女同学说：要有耐心，慢慢来。后来，顾同学取得进步时，除了表扬他，我还鼓励他们说，这离不开同学们的帮助，特别是那位女同学的帮助。

在同学们的帮助下和他自己的努力下，顾同学在各方面都取得了不小进步。他学习上更努力了，纪律上更遵守了，学习积极性提高了，成绩也有了很大的进步。为此，我感到由衷的高兴。我想，"没有教不好的学生，只有不会教的老师"，这句话说得一点儿也没错，我们的孩子需要用爱心和耐心去感化。

【案例启示】

创造不是无中生有，是在日常点滴中寻找、发现、总结规律，用于指导班主任工作。因为班主任工作不仅仅是经验的叠加和积累，还是教育实践上升为教育理论后的再实践。

志存高远的徐霞客

徐霞客6岁去私塾读书，他天资聪明，最喜爱读游记，经常在父亲的书柜里找到许多好看的书，废寝忘食地读。

有一天，徐霞客从书中看到别人游历五湖四海的事迹之后，不以为然地说："哈哈，男子汉大丈夫就应该早晨面对大海，晚上面对苍松。游八州，登五岳，有什么值得夸耀的。哼，我以后不但要涉足九州，亲登五岳，还要去游历海外呢!"

徐霞客从22岁开始出游，经过30多年的艰苦跋涉，凭借一双脚走遍了16个省的山川。一路上他不怕险阻，登险峰、涉危洞，对地质、植物、气候进行了实地考察，取得了巨大的成就。

他所著的《徐霞客游记》把他游历的所见所闻真实地记录了下来，为后人的研究工作留下了宝贵的财富。

第七章　教学相长，育人度己

西汉·戴圣《礼记·学记》：“是故学然后知不足，教然后知困。知不足，然后能自反也；知困，然后能自强也。故曰：教学相长也。”

子夏是孔子后期学生中的佼佼者，才思敏捷，少时家贫，苦学而入仕，曾做过鲁国莒父宰。子夏才气过人，孔子去世后，子夏来到魏国的西河讲学，授徒三百，当时的名流吴起、田子方、李悝、段干木、公羊高等都是他的学生，连魏文侯都“问乐于子夏”，尊他为师。子夏在跟随孔子学习时，曾问孔子《诗经》中的“巧笑倩兮，美目盼兮，素以为绚兮”是什么意思，孔子回答说：“这是说先有白色底子，然后才画图画。”子夏又问：“那么，是不是礼乐的产生在仁义以后呢？”孔子听了之后，非常高兴，回答说：“卜商啊，你真是能启发我的人。现在我可以同你讨论《诗经》了。”

案例一　学会“慢下来”，为自己蓄力

从教二十年来，我有幸担任了十三年的班主任。在这十三年的摸索实践中，我深深地认识到班主任工作需要常干常新，而常新的过程也是帮助自己成长的过程。

教好每一位学生，首先，要全面了解每位学生的情况，通过谈心谈话和家长沟通等手段，结合学生在校的学习和课堂的表现，了解每位学生的性格，建立班级学生的“特种档案”，有了这个“特种档案”，可以深入地了解每位学生，从而有针对性地给他们制订教育教学计划。

事情发生在上学期的一个星期三，上午第二节课，我记得非常清楚。

这节课我刚好没课，在办公室里批改作业。徐老师正在教室里声情并茂地给我班的学生上英语课。突然，教室里面传来“乒乒乓乓”的响声，接着就是徐老师尖厉的责骂声。我闻讯跑过去，原来是邻座的小迪与小磊两个同学因一点小事大动干戈。我气愤不已，把他们“请”进了办公室，问他俩：

“为什么影响老师上课？”

他们认为我问的是发生了什么事，你一言我一语地数落起对方的不是。我再也克制不住，朝他们吼了起来：

“你们为什么在课堂上捣乱，影响老师上课？”

两个人见我发火，都不吭声了。而我还连珠炮似的吼着：

“你们已经是中专一年级的学生了，也受了这么多年的学校教育，难道不知道如何去尊重老师吗？”

两个学生迫于我的威严，低着头，脸都涨红了。我继续说道：“你们赶快去跟徐老师认错，待会再来交代清楚你们的问题。”

课后，我向徐老师确认他们认错的事情。徐老师说他们是认错了，但事后坐在座位上一直低着头，不理会老师，也不参与课堂活动。

怎么会这样呢？难道是批评过头，伤了他们的自尊心吗？不会！对这样蓄意捣乱的学生就应该严厉一些才行，他们应该是因为被我批评了闹情绪而已。于是我心安理得地等待他们的到来。可是没有，在以后的一个多月里，我看到的都是他们躲避和怯懦的表情。

下课的楼道里，明明听到了他们的声音，可等我起身时，却看到了他们躲避我的身影。

教室布置的建言献策中，明明听到了他们的声音，可等我抬头时，却看到了他们怯懦的眼神。

运动会上，明明听到了他们对同学暖心的话语，可等我寻找时，却看到了他们疏远的表情……

当晚，我辗转反侧，彻夜难眠。作为班主任，我总希望能帮助学生早日认识错误，克服缺点，不断进步，所以毫不留情地批评学生的不足或缺点。没有足够的耐心和爱心，伤害了学生的自尊心，如果能给学生足够的尊重和宽容，给学生充足的自省反思时间，就会让学生学会发现自己行为中的不足，取得“春风化雨，润物无声”的良好教育效果。

快节奏的生活容易让我们失去对生活的认真体验，而这恰恰是生活最有魅力的地方。教育是一种职业，教育是一种事业，教育更是一种生活。对问题学生的转化绝不是一蹴而就之事，让你的批评慢下来，让你的火气压下来，让你的声音小下来。慢下来的爱难道不是班主任像蚂蚁一样认真工作、像蝴蝶一样诗意生活的写照吗?

【案例启示】

为学生建档，拒绝盲目地埋头苦干和一味地闭门造车，将复杂的东西简单化，分清主次、清晰规划，这样不仅可以快速进入教育学生的状态，还给人一种胸有成竹的对话掌控感。将批评学生的节奏慢下来，学会在劳逸结合中思考，厘清教学思路，因为教育学生不是一蹴而就的。

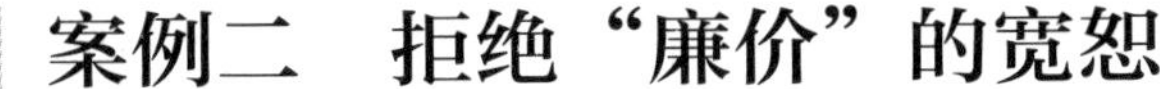

案例二　拒绝“廉价”的宽恕

“上次没有背下去的同学，到办公室来。”站在教室门口，我微笑而严肃地说。教室里一阵窸窸窣窣，悸动和渴盼清晰地写在孩子们的脸上。

“凯，你就别来了！”我补充了一句。凯是一个问题学生，我刚刚接手这个班时，前任班主任列出了一串名单，凯在最上面。起初，我也不以为然，尽力“挽救”，然而几个回合下来，精疲力竭，方信自己回天无术，遂决意不再做无用之功。

“报告！”凯来了，窗外射来的点点阳光清澈地洒在他的脸颊上，第一次我仔细地打量着凯。颀长的身材，瘦削的双臂，阳光中茸茸的睫毛一眨一眨，额前一绺长发俏皮地耷拉在细细的眼角边，胆怯的眼神中流露出腼腆。

“老师，您检查一下我吧！”他嗫嚅着说。我简直不敢相信自己的耳朵，瞪大眼睛看向他。他涨红着脸，头藏得更低，一只手不安地蹭着衣角。

我突然明白，要说出这句话来，在这样一个敏感好胜的年龄，需要多大的勇气啊！我猛然醒悟，我已无意忽视了凯眼中流露的光芒，想当然的“宽恕”在不经意间早已伤害了他的自尊。

我冷静了这么久，终于缓过神来。

“好的！”我不敢直视，拍了拍他的肩，郑重地点点头。他如释重负，微笑如阳光般灿烂。我终于明白：“有一种花的盛开，的确是不需要理由！”

【案例启示】

“廉价”的宽恕，是自诩深谙为师之道的班主任对“另类”学生的一种冷酷，是班主任对自己的错误的一种宽恕！每一朵花的盛开无需理由，班主任的所谓“宽恕”无异于春寒的料峭，在盎然的春意里扼杀了一个个萌发的花蕾，并让他们有理由无声地夭折。在他们成长的路上，这样的宽恕又让班主任扮演了一个什么角色？为什么班主任要一厢情愿，不问问他们的感受？每一个学生都有成长的愿望和被他人尊重的渴盼。面对班主任轻易的宽恕，他们开始感受到的是温暖，这一温暖犹如寒冷之中远远望见了燃烧的炉火，可随着时间的流失，这样的宽恕渐渐地变得廉价而遥远。这是教育的道理，也是做人的道理！

案例三 抓住矛盾的主要方面

班主任工作，有几分劳累，也有几许收获；咀嚼过失败的苦涩，也品尝过成功的甘甜。中职学校班主任工作，是一种挑战，也是一种机遇，更是班主任自身心灵成长的历程。从这个意义上来说，作为班主任老师是不乏味的、没有遗憾的，也是充实的、完美的。

做学生的心理辅导工作，和家长沟通，开家长会等等，不仅考验班主任的管理能力，还是对班主任谈话艺术、交际能力的检验。中职学校班主任工作，是繁重而复杂的，也是快乐而充实的。虽然班主任面对的是一个个未成年人，但他们鲜活的思想、敏锐的思维和积极的心态，同样带给自己无穷的思考和活力。

去年下学期，由于学校进行分班调整，作为语文老师的我被分配担任计算机班的班主任工作。听到这个消息我就犯起了愁：我以前带的都是文科班，学生较易管理，不知计算机班的整体素质如何？于是我开始做准备工作。首先与该班以前的班主任交流，听他介绍情况，对班级学生构成有个大致的了解；其次找相关学生打听，得知该班整体情况不算差，但有几个问题学生很棘手。

在掌握了大量信息的基础上，我找了问题学生谈话，希望他们能遵守学校的各项规章制度，以学习为重，按时完成作业，争取进步，争取作一

个他人喜欢、父母喜欢、老师喜欢的好孩子。他们开始是一副爱答不理的样子，后来口头上答应了，可行动上一如既往，毫无长进。我思考着：该采取些什么措施教育这些学生呢？

由于开学第一周就是安全教育，我制定了较严格的班级班规，并实行班干部轮流值周制。为了加大力度，令犯错学生写说明书，且不能少于3000字。

因为有详细的班级日志，我对班上的情况一清二楚。周五的工作总结中，对犯错学生坚决按班规处理，做到雷厉风行。个别男生上课迟到、讲话、睡觉，就责令他们写3000字以上的说明书，促使他们端正思想。但开始的数周，情况并未显著好转，上课迟到、睡觉、讲话等违纪现象屡禁不止，甚至少数学生上课铃一响便请假上厕所。鉴于此，我再加大管理力度，一有空就查堂、随堂，对于某些对说明书敷衍了事的学生，我亲自陪着他在办公室写。我也因此抓住了他们的软肋：他们最害怕的就是写几千字的说明书。坚持了几周，情况终于有了好转，我心里也舒了一口气。虽然我通过谈话，了解到学生见了我就好似老鼠见了猫，也对我有些意见。但我本意只想把班级搞好，被迫采取非常手段，学生对老师有意见也是正常的。

到学期末时，我班被评为先进班集体，这一学期的辛苦总算没有白费。而令人意想不到的是，在期末学生评价老师环节中，只有极个别学生对我有较好评价，大多数同学对我却是抱怨和仇视。他们无法接受我的管理方式，虽然表面听从，但背后却怨声载道，甚至有些偏激的言论。幸好我心理承受能力强，没有被气哭，而是一笑了之。但静下心来，也不得不让我反思：这到底是怎么了？我付出了这么多努力，而且是按照教育家指导的方法去教育的，班级管理好了，却得不到学生的认可，那还是一个成功的班主任吗？

带着疑问，我在寒假里不断地思考：是不是我太在乎班级的名声，而忽视了学生的心理感受？是不是我太想要给学生一副严肃的面孔，而失去了一个老师应有的和气？是不是我只照搬了教育家的理论，而忽视了理论与实践相结合？是不是我一开始就把学生当成敌人去“对付”，而没有把他们看成是和老师一样平等的朋友？

于是在第二学期的工作中，我决定调整工作策略，改变对学生的严厉态度。但班级管理上没有放松，在和学生交谈中，真诚地向学生讨教，体验他们的内心感受，尝试在心灵上与他们走得更近，把他们当朋友、当老师。于是我找到了答案：在学习教育理论时，一定要因材施教，不可盲目照搬经验。比如在责令犯错学生写说明书时，要降低要求，根据他们的水平，写500字的说明书，说明书不是检查书，说明书要求学生描绘自己犯错误前、犯错误时、犯错误后的三种心理活动，经常犯错误的学生只有几个，他们经过几次对自己心理活动的描写，能基本控制自己的行为了，我要求写说明书的目的也就达到了；对于偶尔犯错误的学生则以说服教育为主。于是我和学生关系和谐多了，学期末时我班仍然是优秀班集体，学生对我的评价也与上学期截然相反。

作为班主任，班级管理的最终目的不仅仅是将一个班级管理好，还要构建和谐的师生关系。

要管理好班级，必然要严厉，而严厉了，又容易使师生关系紧张。这便是一个矛盾。马克思主义哲学指出：世间万物都有矛盾，矛盾是普遍存在的，改造世界就是解决矛盾。我以为，我们做班主任的意义，不仅仅局限于教育学生、管理班级，还应该去寻求解决管理班级和师生关系矛盾的方法。

【案例启示】

马克思主义哲学认为，矛盾具有特殊性，即每一个矛盾都有它与其他类似矛盾不一样的地方。管理班级的方式方法不尽相同，但是只要细心观察，便不难找出矛盾的主要方面。只要解决了矛盾，班级就能管理好，师生关系也就和谐了。

案例四　与时代同行，与学生同步

军训期间，多与学生交流，了解学生的兴趣爱好，分析和了解他们的性格特征，对他们的沟通能力、办事效率等各个方面作出一个整体的评价，对积极认真、埋头肯干、热情奔放，并具有一定组织能力、威信度高的学生给予充分的重视，通过确立班级负责人的形式，把他们锻炼为合格的班委成员。在坚持民主推选与自荐的原则之下，挑选出一批积极上进，具有班级管理能力的班干队伍。对班干部，班主任要采取“授人以鱼不如授人以渔”的方法。在实际的操作中，厘清“具体指导和放手工作”的关系，在班级管理和班委成员共同分析和讨论具体情况时，鼓励他们发挥创造性，放手让他们独立开展工作，把为同学们服务的理念植入他们的工作中。从取得的效果来看，一支团结的班干队伍，在协助班主任开展日常的工作，促进良好的班风建设方面，其作用是很大的。

建立班干部队伍，班主任需要放下架子，摒除高高在上的思想，俯身走近学生，了解学生的生活，掌握学生的思想动态；同时，与各学科老师加强沟通联系和交流，了解学生的学习成绩，分析学生存在的问题；加强对学生学习方法上的指导，进行有针对性的辅导。

【案例启示】

作为班主任，需要我们有“活到老学到老”的态度和行动，不断去完善自我。时势在变，教育在变，学生在变，作为班主任一定要不断学习新的东西，永远走在时代的前面。故事里见真心、生活中见天地，教育或许分课堂内外，但育人却不拘泥于任何形式，教学相长、互有助益，育人的过程其实也是在渡己。

案例五　假如我是孩子

“学高为师，身正为范”。这是对一名人民教师的基本要求。班主任换位思考，尝试从孩子的角度设身处地为他们所想所思，想他们的喜怒哀乐，想他们的心理活动。带着这样的思想，我从班主任工作中深有所悟。

和谐互动

在教育教学中，老师和孩子的身份虽然不同，但人格上却是完全平等的。老师和孩子既是师生关系也是合作伙伴。平等地对待孩子，是孩子心理的需要。

例如：在专业实训中，老师偶尔会遇到某些零部件拆不下来的尴尬，而学生年纪小，心灵手巧，可以方便地将小零件取下来，这个时候我们要加以鼓励表扬，把他们当成同事伙伴，使同学们有参与感也有成就感。之前，在技能大赛的训练过程中，有三个同学在研究电路的过程中，设置了一个人为的故障，一踩刹车后备箱就打开了，他们很有成就感。设置成功后，他们故意过来问我应该如何消除故障，结果我思考了半天也没想出解决的办法，这下他们乐了，详细地给我进行了讲解，我觉得我学到了知识，他们也复述了知识，很有成就感，大家在和谐互动中共同进步。

只有在老师与学生平等和谐互动的氛围中，学生才会觉得无拘无束，才能更好地促进师生双方的全面发展。

假如我是孩子，希望老师平等地把爱洒向每一位学生，一视同仁地去尊重孩子。学生良莠不齐且个性迥异，老师不应该有情感倾斜。切忌过分强调成绩的重要性，甚至将它与孩子能不能得到尊重与爱简单地联系在一起。同样犯了错误，对成绩好的学生一带而过，对成绩不好的学生则严厉责骂，这无疑会在学生稚嫩的心灵中构建起一种不平等的观念，对“好生”还是“差生”的心理健康都是不利的。

树立信心

教师一定要注意维护学生的自尊心，特别是对有自卑心理的学生。自卑心理，指的并不是性格的一般特点，而是过度的怯懦和自卑。自尊心是一种自己尊重自己、爱护自己，并期望受到他人的尊重与爱护的心理。

例如，刚任班主任时，我曾让全班同学做了自我介绍，包括家庭情况、中考情况、未来打算以及自己的性格特点等，到目前这些资料还保存着。我记得，有一位同学，性格内向，一紧张说话就不顺畅，家庭经济一般。我当时就注意了这位同学，三年时间一直关注他，为了帮助他改变，我安排他当班长，通过让他和同学们交流、管理班务，以及培养他参加技能大赛等各种比赛，毕业时他如愿考上了大学。

允许犯错

教师宽待学生的不足，宽待学生的错误，才能获得学生的尊敬和信任；学生才会乐于接受他的教育，乐于学习他所教授的课程。

例如上一届有位同学，因为初中数学老师对他特别好，所以他喜欢学习数学，导致偏科。进入职中后，我了解了他的情况，打算好好培养他，安排他担任学习委员。一年后，他的学习得到很大提高，我又安排他当副班长，抓纪律。结果，他骄傲自满，欺负本班同学，让我撤了职。经过和他谈心交流，他认识到了自己的错误。经过一段时间的观察，他又开始好好学习了，所以重新安排他当班干部，到二年级结束的时候，他又惹事了，学校对他进行了通报，并且给了处分。尽管如此，我始终没有放弃对他的教育。后来这个同学经过前两次的教训，终于成熟了，第三年参加了高考，最后考上了大学，他的家人也非常高兴。

当班主任的十多年里，每当面对学生的时候，我始终记着这句话：假如我是孩子，假如是我的孩子，我该怎么办？

【案例启示】

作为教育工作者，换位思考一向是做好工作的不二法门。换位思考，从学生的立场、学生的角度去思考，设身处地为学生着想。教育者同时也是被教育者，在互换角色的过程中，提高自我，实现目标。

案例六　未成曲调先有情

今年秋天，对我来讲意义非凡。在这个收获的季节里我迎来了我的第一批学生。作为一名教师，我深知中职阶段是人生中的一个重要的阶段，它对人格塑造所起到的作用不可忽视，在某种程度上甚至可以影响一个人的未来。抱着这种心态，我丝毫不敢有所松懈，努力融入学生，投入情感，期望在这个充满变数的人生阶段为他们解惑。

融入学生，做学生的良师益友

中职生正处于青春期，身心迅速发展，正在向成人过渡，在心理上要求独立，逆反心理处于人生中最强盛时期；在情感上不成熟，却认为自己是成人，总想摆脱成人的约束与依赖。他们逐渐从过去对教师唯命是从、顶礼膜拜、无限憧憬的状态中走出来，思想呈多元化。在这种情况下，班主任需要融入学生，在学习上严格要求学生，在生活上与学生打成一片，让学生感觉老师和他们没有代沟，在一种平等的师生关系中消除学生对老师的抵触心理，更好地去了解学生的学习、生活和成长情况。

有一次，女生张某课间操迟到了。为了“杀一儆百”，我在全班同学面前训斥了她，并让她到最前面站着，让她感觉到“特殊”。此后，她开始对我冷淡，学习欠缺主动性，上英语课更是无精打采，成绩一落千丈。我意识到可能上操事件对她产生了巨大的影响，于是我找她谈话，承认自己行为的错误，对伤害她的自尊心表示歉意，她也说出自己因故迟到的委屈。一段时间过去，她恢复了原来的状态。试想，在这件事的处理过程中，如果我放不下老师的架子主动承认自己处理问题时存在的缺点，就可能让她形成逆反心理，给她留下难以抹去的阴影。所以，在班级管理中，

班主任需要融入班集体，做学生的良师益友，排除他们的困扰，在他们前进的道路上给予他们力量。

用学生的眼光来看问题

记得美国总统华盛顿在他的演讲词中曾经这样说过："人，生来是平等的。"老师和学生也应是平等的，但是，我想这只是在人格上才是这样的。在学识上，老师和学生绝对不应该是平等的，老师应该永远站得比自己的学生高，正所谓"学高为师"。老师得有一桶水甚至是更多的水，才能够去装满学生所持的不同的杯。我们提倡老师要与学生平等指的是：老师要学会用学生的眼光去看问题，这样你才能知道学生需要什么，切合实际地将学生原本所持有的不同尺寸、不同形状的杯子装满，让他们有满足感与幸福感。在教学活动中，教师要以合作伙伴的角色出现在学生面前，从学生的心理角度出发，与学生共同讨论、探究，在适当的地方给予点拨，引导学生自己发现问题、解决问题。现在，我每天在处理班级事务之前与之后都不忘反问自己：我所做的一切尊重学生的权利了吗?

运用爱与人格魅力影响学生

离开了情感的教育必定是残缺的教育。尽管中职生渴望别人能将他当作成人看待，但内心还是脆弱的。班主任要通过爱与人格魅力影响学生，不仅需要有敬业态度，拥有广博的专业知识，讲课通俗易懂、精彩深刻，还需要在行为习惯上以身作则，多用爱心去感化学生。在情感上，班主任要真正让学生感觉到老师的关爱，通过心灵互动让学生敞开心扉，切忌拿家长威胁学生。一些小事都要请家长，会引起学生的反感并对老师产生抵触，班级管理就更加困难。班主任的人格魅力不仅是在情感上影响学生，还需要在学习目的、人生观与价值观等方面对学生产生重大的影响，让他们懂得以后的生活、工作态度以及做人的原则。

在我当班主任时，班中有一位女生性格内向，遇事敏感倔强，上课思想常开小差，后来通过对她深入地了解得知，她出生在一个单亲家庭，家庭经济条件差，但家里对她期望高，导致自己读书压力大。于是针对她的情况，我制订了教育计划。首先，向她讲述我小时候家里经济困难的经历，拉近我与学生的距离；其次，对她的优点给予肯定，帮助她排解内心的忧郁，鼓励她在某个方面做一个优秀的自己；同时，协助她量身制订学习计划，循序渐进；最后，通过引导，她逐渐变得开朗，学习主动性明显增强。

信任学生，放开手脚

我班共有58名学生，其中男生30人，女生28人。从军训开始，我通过观察发现，我们班男生训练热情高涨，训练质量很高，集体荣誉感很强，这是优点，但有些男生表现欲过强，希望引起大家的重视，其中以A同学最为突出。训练时他表现得很积极，对同宿舍的同学很热情，主动照顾身体不舒服的同学。女生普遍训练踏实，较为细心。我没有对过分表现的学生予以压制，而是在心中默默地计划。开学后根据每个同学的性格特征，以及在军训中的表现并适当参考了他们以前的经历，任命了我班临时班委会，并大胆地给予在军训中表现活跃的同学重要职务，其中，A同学被任命为生活委员。班委会名单宣布后，A同学虽然嘴上说不想担任职务，但从他的脸上我看到了一丝惊讶和得意的表情。在工作和实践中，班委成员能充分发挥各自的优势，积极主动做好班务工作，尤其是学校组织的一些大型活动，比如健美操表演、演讲比赛等，他们都能团结同学认真准备，也取得了显著的成绩。但是也有同学向我反映班长和纪律委员在课堂上吃零食，别人劝说，他们还蛮横地说："你管不着！"他们俩平时管纪律成绩很显著，就是管不住自己，其行为在班中影响相当坏。考虑到他们未成年，难免在工作中有失误，于是我找他俩到办公室谈心，耐心地教育他俩，作为班干部要以服务班级为己任，严于律己、戒骄戒躁，虚心接受同学们的监督，不要辜负同学们对他俩的信任，并且在工作学习中督促自己不断提高自身素质，最后他俩充分认识了自身存在的问题，并表示及时改正。事后，我还召开班干部会议，让他们汇报工作，交流经验，总结不足，开展批评和自我批评，提高了班干部队伍的整体素质。

经过一个学期的实践，证明了我当初的决定没有错，选择相信学生，给他们机会展示自己，既稳定了他们及周围同学的情绪，也能使他们在不断地为班级服务中找到自信，获得其他同学的认可，这样就形成了互相促

进的良性循环。

尊重、肯定、赞扬学生

尊重学生，以肯定、赞扬来代替指责、批评。学生不是物品，我们要把学生当作具有思想、感情、性格等个人品质的人来对待，即使对待后进的学生依然要倾注满腔的热情，不带偏见，要让每个学生都抬起头来走路。多跟自己的学生说“你行”“你能行”。也许，在某一天，你会发现，他真的做得很好，你不得不对他刮目相看。即使你非得要批评一个学生，也应该先肯定他的优点，然后再接着跟他说：“如果你能……的话，那就会……”这样做了之后，你常常会看到被批评的学生心悦诚服的表情，既让学生虚心接受了你的观点，又避免了师生间因批评而起的矛盾与冲突，而且这样做的实际效果要比直接批评所收到的效果好得多。直接批评表面上看起来学生是听你的话，照你所说的去做了，但事实上他们心里并不一定信服于你。尊重学生就要把学生的行为和思想当作有意义的事情来关心，尊重学生的人格，关心学生的进步，帮助他们培养正当的兴趣和专长，同时严格要求他们。

关心、体贴、爱护学生

“转轴拨弦三两声，未成曲调先有情”。在教育工作中，我深深地体会到：情是心灵的钥匙，爱是教育的基础，深厚融洽的师生之情带来的是轻松愉快的气氛及高质量的教育教学效果。做一名优秀教师的首要任务就是要像关心自己的亲人一样去关心爱护班内的每一位学生。学生是很敏感的，他们会在第一时间发现并感觉到老师的爱。

例如：某位学生昨天生病了，打个电话问候一声，这不失为一种师生关系的良好开端；他今天来上学时，你的一声“好点了吗?”会令他感受到老师是真心关心他；天气冷了，问一句“别忘了加件衣服”会令人倍感亲切；所有这些都处处体现了老师对学生的爱。而一旦你付出了真心的爱，那是一定会有回报的。亲其师，从而信其道，无形中学生会形成一种积极的热情与动力，他们会以刻苦的学习态度、优良的学习成绩来报答你对他们的爱。

班级管理是一件苦中带乐的工作，千头万绪，细小繁多，但只要教师能融入学生，投入感情，建立一支得力的学生干部队伍，注意班级管理的艺术与技巧，班主任工作就可以做到得心应手、游刃有余。

【案例启示】

孩子如果生活在鼓励之中，他就学会了自信；如果生活在表扬之中，他就学会了感激；如果生活在接受之中，他就学会了爱；如果生活在认可之中，他就学会了自爱。在教学和班级管理工作中，班主任如果能做到以学生为本，用爱去真心体会学生的世界，那么学生一定能扬起自信的风帆，开始他们快乐的人生之旅。

案例七　怎样面对突发情况

班主任工作中，经常遇到一些性格特殊的学生，他们共同的特点是独立意识强，不易倾听别人的意见或建议，凡事从自己的角度考虑得多，站在对方的角度考虑得少。面对老师的管理时，他们很容易冲动，往往会发生突发事件。在这些学生身上，教育起了作用也很容易发生反复，令班主任十分头痛。因此，如何处理突发事件，考验着班主任的管理艺术。

在平静中解决纠纷

有一天，自习课我刚走到本班教室门口，就听到教室里有嘈杂声，伴随有学生的惊呼声、桌凳的摔倒声，还有同学们的劝阻声。我立刻意识到出事了，于是我紧走几步推开门进入教室。我的出现让班里马上安静了下来，两个正在扭打的学生也立刻停下了动作，但双方却瞪着眼睛，扭着脖子怒视着对方。其他同学都在看着我如何处置他们。我意识到当面批评教育他们会影响到别人的学习，也不一定能解决好，何况事情的缘由也没有

弄清楚。于是我平静地说："请同学们抓紧时间学习，你们俩和我去办公室。"同学们又投入学习中去了。

在办公室，他俩似乎都感到很委屈，当我让他们分别给我解释打架的理由时，双方不断争辩，各说各有理，试图把责任推给对方。在他们的辩解中，我还是了解了事情的经过。他俩是前后座位，因为前排碰掉了后排的文具盒而发生争执，以致矛盾激化。多亏发现及时，否则后果不堪设想。面对他们的争辩，我没有做他们的审判官，而是说："我知道你们俩都很委屈，老师能理解，现在我只想让你们想想整个事件中哪些地方自己做得不够好，想好了再和我说说。"听我这么一说，他俩停止了争辩，都不吭声，低头不语。

我乘机悄悄地离开办公室，到教室巡视自习情况，并故意多待了一会儿。当我再次来到办公室时，李某主动上前对我说："老师，是我不对，不该背靠桌子，弄掉了他的文具盒，影响他的学习，而且出口骂人。"张某见对方态度诚恳，也赶忙说："老师，我也做得不对，再怎么也不该动手打人，还严重影响了全班的自习纪律。"我一看火候已到，就用商量的语气问："你们说今天的问题怎么处理？"这次，先动手打人的张某诚恳地走到李某跟前，主动握住对方的手说："真对不起，我不该动手打人，请你原谅。"碰掉东西的李某也忙说："我也请你原谅。"就这样，一场不大不小的纠纷在平静中解除了。在整个处理过程中，我几乎没说什么，但是效果出奇的好，也没有给学生留下后遗症。

对学生严格要求，不放松常规管理，但绝不是管得越严越好，跟得越紧越好。对于问题学生更是这样，否则可能引起学生的逆反。教育首先是服务，管理首先是尊重，相处贵在信任。我坚持一切班务都和班干部、学生商量，既讲原则，又要充分听取学生的意见。大到自主管理各岗位的设立及确定人选，各项全班活动的安排，小到值日组的调整、座位的调整，都是和学生商量完成的。要充分相信学生，逐渐从事无巨细中解放出来。

教育时机的把握非常重要，这就像烧菜的"火候"或军事上的"战机"，往往稍纵即逝，而把握住时机则可收到事半功倍的效果。

多元激励是最好的教育

素质教育要求我们要面向全体学生，使学生的思想道德、文化科学、劳动技能、身体心理素质得到全面和谐的发展，个性特长得到充分的培育。这是长期的、具有划时代意义的改革。俗话说“十个指头伸出有长短”。转化后进生成了每个班主任都会遇到的问题。有人说：“一切最好的教育方法，一切最好的教育艺术，都产生于教育者对学生无比热爱的炽热心灵中。”因此，作为一名教师、一名班主任，以炽热的情感不吝表达地对学生激励，往往能收到出人意料的效果。

“没有完全的平等，就没有爱”。集体是学生成长中的重要环节，也是不可或缺的因素，构建班级和谐生态是班主任工作的重点。激励机制是一种艺术，运用之妙全在于班主任用心真诚。班主任要本着提升学习个体的思想品质和思维能力为目的，激发行为主体产生实现目标的情感和动力。创造机会均等与公平竞争，从“贡献率”出发按劳分配，以健康的价值观引领班级整体的功能实现，以科学的道德观达成整个班级的最终目标。

班主任将分层布置作业的理论运用于激励，根据学生特点分层确定目标、制订计划、实施奖励。针对小小进步，不吝言辞；针对个人特长，悉心引导；针对独特表现，点赞扩大。因此，激励是一种策略，不论是情感激发还是需要奖励，不论是正强化还是负强化，也不论是目标激励还是授权激励，班主任激励都要避免虚化、泛化，摒弃权威主义，切忌以不切实际的道德绑架敷衍了事。盲目的精神架空，不但无益于培养学生的健全人格和健康个性，反而容易滋生学生的偏激心理和阴暗情绪。

【案例启示】

班主任对学生不仅应施以爱心和细心，更应施以耐心和恒心。谁爱孩子，孩子就会爱他，只有用爱才能教育孩子。班主任要善于接近学生，体贴和关心学生，和他们进行亲密的思想交流，让他们真正感受到老师对他的亲近和关爱。

案例八　做学生思想的引领者

匆忙、充实、劳累、收获，班主任给我们很多印象。班主任是平凡的，但又是特殊的。在班主任工作中，我深刻地认识到中职班主任应当扮演多样的角色。

思想的指导者。在班主任工作中，让我感触最深的就是要有把学生培养成什么样的人的想法。有这样的想法，你就要去给学生讲、去告知、去传递，自然你就要开始指导孩子们的思想了。

习惯养成的督促者。学生处于青少年时期，需要有一个良好的生活、学习习惯。因此，班主任在学生入学之后要培养学生生活、学习习惯。

品格形成的见证者。学生在经过三年的学习生活之后，在品格塑造方面会有一个变化。因此，班主任在这个过程中是参与者、教育者，更是见证者。

学生成长的陪伴者。学生从入学到毕业，各个方面都会得到成长，不论学生成长得多还是成长得少，班主任始终陪在学生的身边，默默地注视着、欣慰着、遗憾着。

这是对中职班主任工作的浅显理解，有了这些理解，就有了中职班主任的工作思路。

制定明确的目标

班主任在学生进入学校、进入班级的时候，给学生一个明确的目标，让学生向着目标努力，有利于学生的发展。由于职业学校的学生大多是自信心受到了打击，所以我制定了“快乐生活每一天，每天进步一点点”的班训，受到了学生们的认可。同时，提出自己的要求：两个务必、三步走战略。两个务必即：务必说实话，务必尊重人。三步走战略是：首先，学会做人；其次，具备团队精神；再次，掌握过硬的专业技能。将这些要求呈现给学生之后，要给学生非常具体的讲解。并且把这些要求与迟到、旷课等日常行为规范有机地结合起来，严格地执行。但是在做学生工作时，要让学生知道这样严格的要求是为了学生的前途，教师会给学生进步的机会。

身教重于言教

无数的例子证明，在教育过程中身教重于言教，也就是说，你想让学生做到的自己必须先做到，否则就没有说服力。例如，要求学生按时到校，班主任就要第一时间站在教室门口；要求学生遵守交通规则，班主任就应该是遵守交通规则的模范；要求学生衣着得体，班主任自身就应该按照教师标准不穿不适合身份的衣服。只有在各个方面都能够做到位，才会让学生信服，让学生佩服，从而有利于班级的管理。

树正面典型，塑班风正气

一个班集体，要树立充满正气的班风，除了日常的教育之外，最重要的就是树立正面的典型和对有不良习气同学的纠正。比如：我班某同学家离学校很远，骑电动车到校也需要40多分钟的时间。但是一年四季无论什么样的天气状况他都没有迟到过。还有某同学利用中午、晚上的课后时间在饭店打工，自己挣学费，而且该同学自己也非常节俭，品行、成绩都很出色。这些正面典型的树立再加上日常的教育，就能够打造出充满正能量的班风。再比如，在减免学费的工作中，我班有两名同学在完全符合减免条件的情况下主动放弃，表示要把机会留给更需要的同学，这样的行为让全班同学敬佩。而对于歪风邪气要坚决纠正，首先要和学生沟通、交流，帮助其改正；其次，班会课上要及时地将这种行为很严肃地指出，不给不良风气滋长的机会。

一样的制度、不一样的对待

班级制度既要富有刚性，也需要融合柔性。职业学校的学生来自不同的学校，程度参差不齐。有的学生起点很低，让他在短时间内达到一定的要求是不现实的，这就需要我们耐心地给他们时间和空间，使其进步，通过实施分层管理对他们进行帮助，让全班同学共同帮助他们进步，这样既

可以帮助后进生进步又可以让班级具有凝聚力。

培养专业带头人，营造浓厚的学习氛围

职业学校为社会输送合格的技术技能型人才，这就需要中职学生能够掌握过硬的专业技能。但是职业学校的学生大多没有在学习过程中养成很好的学习习惯。为了能够让学生掌握过硬的专业技能，我在班中选出专业学习的尖子作为专业带头人，这样不仅能够激发学生学习的兴趣，还能形成浓厚的学习氛围。

小组PK，提高学生团队意识

进入一年级的第二学期，我就让学生根据自愿的原则，组成一个学习小组，让小组之间进行PK。对抗包括迟到、旷课等日常表现；课上、课下学习效果；社会实践、调查和一些活动（包括辩论会、环保手工制作、趣味运动、拓展游戏等）。每次PK的结果都在班级公布，并且表扬获胜的小组，还帮助失利的小组分析原因。通过小组PK，提高学生的团队意识。

强调塑造内心，不做表面事情

有一名同学和我聊天，他认为“值周”比“上课”重要，因为值周能被老师注意，更容易受到表扬。当时我很吃惊，马上纠正了这个学生的观点，告诉他上课和值周是一样重要的。因此，我觉得对学生的教育应该更注重塑造内心，而不是浮于一些表面工作，否则会给学生传递一些错误的信息。

【案例启示】

踏踏实实做人，认认真真做事。班主任用自己的行为，践行自己的初心，他是学生的知心人，更是学生精神上的引路人。现代职业教育怎么搞、学生怎么教，没有现成的套路，没有固定的模式。“摸着石头过河”其实就是最好的比喻。中职学校班主任工作同样面临着许多不确定性，需要我们不懈地探索。实践是检验真理的唯一标准，方法是否得当，是否符合实际情况，只有通过实践检验来认定。

案例九　与学生共成长

生命的成长是个过程，静待花开是一种选择。班主任要与学生共成长，相信只要耐心守望就会有繁花似锦。

在学习中成长

2012年10月，走出大学校门的我被分配到当地一所农村中学任教。因为刚参加工作，我不会备课，不懂上课，更别说管理班级了。初任七年级的班主任，面对56个世界观、人生观、价值观初步形成的孩子们，我犯了难。而与我平行班的吴丹老师教学经验丰富，对七年级语文教学和班级管理都十分在行。于是一有机会，我就向吴丹老师和其他老教师学习。与此同时，我翻阅了魏书生的《班主任工作漫谈》，苏霍姆林斯基的《给班主任的一百条建议》等书，心中豁然开朗，我要做一个贴心的、智慧的班主任，站在学生的角度看问题，学会换位思考。带着这样的初衷，我鼓起勇气站在七年级一班的讲台上，真诚地对孩子们说："虽然我是班主任，但我不是来管制大家的，我很乐意做大家的知心朋友，和大家一起学习，愉快地度过美好的中学时光。"同学们在快乐的笑声中送给我欢迎的掌声。

听着掌声，再看着一张张充满稚气的笑脸，我感觉到自己肩上的责任重大。在班主任的头衔之下，我要指导这56个孩子学习，教会他们明礼，我深知自己还不具备当一个合格班主任的能力。为了补齐短板，我下苦功夫学习，边听、边学、边记，一个月、一个学期、一个学年……功夫不负有心人，我的努力终于有了收获，孩子们喜欢上我的课，家长们也开始逐渐认可我。我所带班级的学生考试成绩在校内开始名列前茅，班级多次被评为优秀班集体、文明班级，我也被学校评为优秀班主任、优秀教师。

用阳光种植阳光

法国作家罗曼·罗兰说过："要撒播阳光到别人心中，总要自己心中有阳光。"我的班上有个叫小雷的孩子，平时穿着邋里邋遢，总是沉默寡言，学习成绩不理想，与班里其他同学的人际关系也不好。经过家访，我了解到小雷是一位单亲家庭的留守儿童，与70岁高龄的奶奶相依为命。小雷敏感、自卑，每当我看向他时，他的眼神总会慌忙躲开，但当我不注意他时，他却又在偷偷看向老师。对于这样的一个特殊孩子，我总会很留意，作业本上画个笑脸，书包里偷塞一罐酸奶，过节的时候送一句祝福，在他成绩有点进步时，在全班同学面前表扬他，并准备学习用具作为奖励送给他，或是当他不经意间看向我时，给他一个真诚的微笑。

慢慢地，小雷穿着整齐了，喜欢和同学们说话了，也变得阳光自信了。临近九年级毕业，小雷在给我的毕业留言中写道："老师，是您改变了我，让我感受到了爱，感受到了阳光的味道。今后我不会辜负您，我将努力学习。您就像是我的妈妈一样，温暖我，呵护我。在此，真诚地感谢您……"读着留言，我不禁眼眶湿润。

我没有想到，自己小小的举动却赢得了孩子巨大的信任和转变。帮孩子找到一个亮点，创造一个成功的机会，一个亮点就是一个起点，就像一把钥匙打开秘密花园，"曲径通幽处，禅房花木深"。

线上充电，一起成长

秋季开校，我担任了九年级毕业班班主任，面对一群怀揣升学梦想的学生，感觉到自己身上的担子越来越重。在焦虑与压力之下，我又开始了如饥似渴的学习。我在网上搜索全国优秀班主任的工作室，其中兰州市管秀春老师的工作室引起了我的极大关注。管老师的工作室以"小行动，大智慧；小作为，大发展"为核心理念，以"开发资源，广架桥梁"为工作室特色，形成以"幸福班级、幸福学生、幸福自我"为主题的幸福工作室。在管老师的启发下，我创建了温馨的"家文化"。创建"一个主体（以学生为主体）""三自主（自主管理、自主选择、自主体验）"和"三种路径（班级物质文化建设、班级制度文化建设、班级精神文化建设）"

的班级文化建设模式。开发特色家校课程，倾听家长、孩子们的声音，让家长也成为三尺讲台的资源分享者。通过家长讲堂、卡片风暴等家校合作形式，有效增加了家长对老师的支持度、理解度、信任度。搭建家长、学生互相学习的平台，推出诗词鉴赏打卡体验活动，诵读、积累诗词，传承中华优秀传统文化。经过一学期的努力和尝试，我班的孩子们学习劲头十足，虽有毕业压力，但大家能学得幸福，家长也能积极配合老师的各项工作。在九年级的关键阶段给予孩子应有的鼓励和关怀，我班学生以优异的成绩为三年初中生活画上了圆满的句号。

一直在路上

时间能够证明一切，在无数个迷茫、彷徨的时刻，我始终不忘当班主任的责任和初心，默默努力，一点一滴积累学习，静心钻研，相信付出终究会有回报。2020年，我以优异的成绩选调到城区中职学校，在高兴之余我深深地明白，中职班主任的工作重点和其他中学教育的重点肯定有较大的不同，这就要求我们把育人放在第一位。让学生得到入心的教育，让学生通过教育有所成长，这是我永远追求的目标。

“细雨湿衣看不见，闲花落地听无声”。选择成为班主任是种勇气，当好班主任是门艺术，成长为优秀的班主任更是种担当。每天，我们都欢喜着遇见，遇见更好的自己。一路上的幸福，是开在自然里的花，是根植于心底的葱茏。

我相信，时光不语，花开有时！

【案例启示】

急功近利、一蹴而就，往往适得其反。俗话说：“心急吃不得热豆腐”就是这个道理。我们完全可以耐心等待。春花烂漫，夏花灿烂、秋花沉稳，而冬季，自有傲立雪中的梅花。花开有时，我们的孩子一定有美丽绽放的时候！

案例十　一枝一叶总关情

苏霍姆林斯基曾说过："教育技巧的全部奥秘在于如何去爱护学生。"生活好像万花筒，班主任的生活则像一个五味瓶：酸甜苦辣咸，五味俱全。班主任工作的琐碎、繁杂且不说，每日面对那一群年龄差不多，思想各异、性格不同的学生，处理他们各种各样的问题，如果没有一颗真正关爱他们的心，就很容易流于简单化；或者是你的千篇一律、道貌岸然的言辞，表面上唬住了他们；或者就是他们多种多样、层出不穷的"花样"，使你疲于奔命。使一个班级有良好的班风，有强大的凝聚力，一直不断前进，班主任除了做好一些常规工作外，还应有一颗爱心、一颗慧心，能够把自己真正融入学生中间，了解他们的生活、认识他们的性格、理解他们的情感、感受他们的情绪、把握他们的思想……教书育人担使命，一枝一叶总关情，相信班主任的一言一行定会感染学生，定会耕耘生命！

尊重、信任，拉近师生距离

作为一名班主任，要尊重学生人格，并善于进行"心理移位"，设身处地体察学生的心理处境，关心学生学习的细微变化和点滴进步，及时加以引导、表扬、鼓励，使学生逐渐对班主任产生一种亲切感、安全感。班主任信任学生、尊重学生，就能唤起他们的自尊心、自强心，激励他们发奋学习、战胜困难，产生强大的内在动力。相反，如果班主任不信任、不尊重学生，尤其在公共场合，哪怕是无意识地用羞辱的语言去刺激学生，在学生面前，你就失去了教育的基础和权力。对善于做学生朋友的班主任，有哪个学生不喜欢他呢？当然，朋友关系并不意味着对学生放任自流。严出于爱，爱寓于严，严而不凶，宽而不松；严在当严处，宽在当宽处；一分严格之水，再掺上九分感情之蜜，才能酿成教育的甘露。

作为班主任，有时劳力费神却效果不佳，这时候，埋怨、牢骚都无济于事。班主任与学生毕竟是两代人，更何况班主任与学生所具有的学识不相同，人生阅历也不一样，各方面修养存在着差异，性格上的差异更是多种多样。诸如此类还有许许多多的不一致，当然会产生思想观点的不一致，看问题角度的不一致，解决问题方式也不一致，于是，许多矛盾便产生了。此时，如果多一点理解，经常想想自己处于他们那个年龄时，面对班主任的教诲是怎样一种心态，乐意接受什么样的教育方式，厌恶反感什么样的教育方式，恐怕就不会埋怨了。班主任应该用一颗真诚的心去对待学生。没有歧视，没有偏爱，有足够的耐心和宽容心，能够放得下班主任的“架子”，洗去脸上的“古板”，与他们一起迎接欢笑，一同承受苦恼，这样才能真正把自己放在学生的位置上，成为他们中的一员。谁都知道“理解万岁”这个口号在当今学生中很受欢迎，这表明当今青少年学生渴望与成年人沟通，具有填平代沟的良好愿望。

一方面，班主任要把学生当作与自己地位平等的人来看待，对待学生的弱点、缺点甚至错误，要给予真诚、热情、严肃的批评、教育和帮助，决不能歧视、讽刺和挖苦，否则就会伤害学生的人格和做人的尊严。另一方面，班主任应尊重学生应有的权利，要充分相信学生，发挥学生的创造力和自我管理的能力。班级各项活动要充分放手让学生去做，如主题班会、运动会、班干选举及班级日常工作，都应听取学生意见，使学生在被尊重的同时，学会尊重别人，从而拉近师生间的距离。

民主、公正，彰显学生自尊

一个班那么多学生，那么多事情，班主任不可能样样事情都了解得完全属实，偶尔也会带上一些自己的主观色彩，倘若事实没有完全了解就轻易下结论，那么不仅仅是学生受委屈，班主任还将面临信任危机。民主不仅容易赢得学生，使他们乐于与你交流，而且可以培养学生的民主意识。而武断的做法却民心大失，表面看来，你最威风，你永远正确，但在学生心里永远与你隔着一层。为什么不能谁正确就听谁的呢？学生首先是人，也有自己的自尊。“辩护”不仅能让班主任多方面了解事情真相，有助于解决问题，也可以是学生维护自己的权利和自尊的手段。做人，很重要的一点就是要自尊，学生懂得自尊，班主任应当高兴。当然，也不否认有些学生思想认识并不正确，总是掩盖自己的错误，甚至于狡辩。那么，

为何不让他充分表现？班主任反而可以从其表现中认识其错误思想的根源，以便对症下药。相反，如果不管青红皂白地训斥学生，甚至将本应有的解释也当作狡辩，那么不仅对学生认识错误、改正错误无益，还会严重地挫伤学生的自尊心，从而产生逆反心理，导致师生间产生隔阂，信任不再。

赏识、鼓励，激发学生动力

每个人都希望得到别人的赞扬。学生也一样，班主任为什么总是带着挑剔的眼光，而不带着赏识的眼光去看他们呢？要知道，学生是渴望赏识的，因为这就像生命中的阳光、空气和水一样，是必不可少的。很难想象，一个成天被挑剔的人，会不垂头丧气，会有成就感，会充满信心？我们要培养的是热爱生活、勇于实现自我的人才。少一份生气，多给学生一点笑脸；少一份批评，多给学生一点赞扬。鼓励学生的每一个优点和长处，让学生充满自信，自我觉醒。当然，对好的学生给予赏识也许不难，而对那些所谓的“差生”，更要多给一些关爱、赏识，因为他们更需要鼓励，更需要信心。一个信赖的眼神，一个鼓励的微笑，都可能带来巨大的效应。我们应当时时提醒自己，不要嘲讽讥笑学生，尊重学生的任何一点成果，这是对他无形的鞭策。我们在工作中应及时地发现学生的闪光点，给予赏识、鼓励，使他充满自信，激起他学习的兴趣。例如，对于学习成绩等各方面都表现很好的学生，可以经常鼓励他们向高标准看齐。对于学习较差的同学，也不要歧视他们，而是鼓励他们尽量争取多学一点知识；同时，我们尽可能发现他们身上的长处，充分发挥他们的特长，只要他们有一点进步，就及时给予表扬，使他们不认为自己一无是处。让每一个学生都发现自己的闪光点，对未来充满信心，这是一个班主任的职责。

适度、适时，提高谈话效果

班主任若真正爱护学生，那首先应该理解学生感情，尊重学生人格，在平等立场上同他们谈话、交往，其次在交往当中寻找教育时机，把握适时、适度的原则，提高谈话效果。这需要班主任注意调查研究，摸准学生的思想脉搏，掌握学生心理活动规律，善于捕捉教育时机，教育工作就会更加主动、有效。尤其对后进生来说更为重要。

第一，捕捉学生“闪光点”。对后进生来说，他们的心灵深处同样蕴藏着进取奋发的心理需要。班主任不能只是被动地等待后进生的“闪光点”，而是应主动地抓住或创设条件，诱发后进生的自尊心和荣誉感，哪怕只是闪电般的一瞬间，也往往是后进生转化的最佳时机。

第二，选准教育时机。在教育时机未出现时，班主任要耐心等待，当最佳教育时机到来时，要抓住契机进行教育，因为此时教育学生，最容易被学生接受，教育效果最佳。如新入班的后进生，往往会有在新环境中调整自己的欲望，这是转变后进生的大好时机。因此，班主任要提前做好后进生的情况调查，主动而自然地接近他们，从开学第一天起就关怀、鼓励、帮助他们，促使其把调整自己欲望变为争取进步的实际行动。某些后进生努力多次仍然不能改掉全部缺点，从而继续受到大多数同学的冷遇和歧视，心灵会受到严重创伤。如果这时班主任能热情关心和帮助他们，他们就会感受到温暖、安慰和鼓励，从而再次振作起来。同时，后进生的教育转化工作也会因此得到新的契机。

第三，抓住心理因素。班里一名男生和一名女生经常在一起。我暗中观察了几天，但我并没有轻率地断定他们是早恋，更没有认为他们的思想有什么问题。我找机会分别同他们谈话，谈话中我没有批评他们，只是无意地谈起自己中学时的青春萌动的感觉和我对青春期男女生关系的看法。我始终没有批评他们，更没有歧视他们。但他们分明感到了我话里的含义。我还送给了那位女同学一句意味深长的话：“葡萄小的时候请不要摘它，因为它是酸的；要想甜，请等到它成熟的时候。”以后两人关系一直很正常。我觉得，一个学生的思想通了，一个班的思想教育搞好了，其他工作做起来就较为轻松了。所以，思想教育应当是班主任工作的中心任务。

搭建平台，培养学生独立思想

在班会课上，很多时候，班主任总是一个人从头讲到尾，结果是学生犯过的错误照样犯，教师讲过的道理没有进入学生的脑海。想想自己做学

生时不也是觉得班主任对大家讲的话不一定是讲自己吗？若每个学生都这样想，那我不是白讲了吗？不如用班会课来讨论问题，让每个学生充分发表自己的意见，然后进行总结引导。我以班会课为契机，努力搭建平台、营造时机，培养学生的主人翁意识和独立思想。

针对班上有的同学在升旗或集合时不够严肃守纪；有的同学上课前几分钟很难立即安静下来，总要讲几句话；有的同学在公共场合容易因一点小事起哄；有的同学总是自作主张，不按学校的要求穿校服等。针对这一类学生们看起来小菜一碟的事情，我组织了一次关于人的修养问题的讨论。让每个同学说一句自己对修养的理解的话，然后就这个问题结合现实充分发表意见，我也作为他们的一员参与讨论并谈了自己的认识：我觉得同学们之所以会这样做，是因为你们认为这些都是无关紧要的小事，其实不然，正是这些看似无关紧要的小事，将你修养不好的一面展示在公众面前，也正是这些被同学们认为无关紧要的小事，让人们认为你不具有良好的道德修养。最后，大家达成共识：应该从小处做起，努力将自己培养成为高素质人才。所以，让学生在班会课上发表意见，师生共同探讨问题，营造良好的班会气氛，有利于强化班级的凝聚力，有利于学生接受教育。

【案例启示】

苏联教育家马卡连柯曾说过：“具体具体再具体，细节细节再细节。”平凡中孕育伟大，琐碎中蕴含重大。看似细枝末节，但“一枝一叶总关情”。班主任既要抓大，更要从个体、个案抓起，一步一步实现教育目的。

小故事

人格的力量：张伯苓先生以身作则戒烟

我国著名教育家张伯苓，1919年之后相继创办南开大学、南开女中、南开小学。他十分注意对学生进行文明礼貌教育，并且身体力行，为人师表。

一次，他发现有个学生的手指被烟熏黄了，便严肃地劝告那个学生说："烟对身体有害，要戒掉它。"没想到那个学生有点不服气，俏皮地说："那您吸烟就对身体没有害处吗？"张伯苓面对于学生的责难，歉意地笑了笑，立即唤工友将自己所有的烟全部取来，当众销毁，还折断了自己用了多年的心爱的烟袋杆，诚恳地说："从此以后，我与诸同学共同戒烟。"果然，打那以后，他再也没有吸过一次烟。

第八章　春风化雨

苏霍姆林斯基说：“尽可能深入了解每个孩子的精神世界，这是教师的首条金科玉律。”教师对学生的实际情况缺乏了解，心中不明，就不能从思想、学习、生活上全面关心学生、爱护学生，也就不能很好地教育学生。教师只有全面了解学生的思想表现、家庭环境、社会交际等情况，才能根据学生的不同特点，有针对性地进行教育。

案例一　单亲家庭的孩子更需要爱

一天，我收到了一条短信，上面写着："老师，我们明天几点报名?"我感到诧异，我知道我将成为一年级新生班的班主任，但一年级共有20个班，我不知是哪个班，学生都有谁。这条短信引起了我的注意，询问过他后，才得知他查询了学校网站，知道自己分在9班，而9班班主任就是我。他给我留下了深刻的印象，这是一个特别的孩子，也是一个用心的孩子，而用心的背后则是他对新生活的向往和积极主动的探索。

第二天，是我跟新生见面的日子，我发现学生中唯有他，身边跟着一位白发苍苍的老奶奶。我心中留下了一个问号。当学生填学籍档案时，我发现他的妈妈那栏是空的。

随着时间的推移，我慢慢发现他是个善良的男孩，但不够自律，上课偷着睡觉，晚自习偷着玩手机，我意识到，这样下去这个孩子就渐渐毁了。

我与他彻底地谈了一次心，从中得知：他是个农村孩子，家里爷爷奶奶照顾他，父亲一年四季都外出打工，母亲在他五六岁时就跟他爸离婚了。他说自己记得很清楚，那天早上，妈妈给了他五毛钱，让他买包火柴，然后带他去城里玩，他回来后，妈妈就从他的生活中消失了。这些年是年迈的爷爷奶奶为他撑起了一片天。爷爷奶奶是他这一生都要感恩的人。

他初中成绩并不是不好，初一期末考试还考了第一。随着物理、化学的加入，他感到力不从心。初三换了班主任，从一个女老师换成了一个五十多岁的男老师，内心渴望得到母爱的他一时不能适应，从而产生了逆反心理。老师对他错误的纠正，在他眼里就是故意找茬，一心想向团组织靠拢的他，在老师把名额给了乖巧的女生后，备受打击，最后，形成了破罐子破摔的局面，中考成绩438.3分，与普通高中无缘。

主要问题分析

首先，一些单亲家庭的学生由于缺乏家长的影响和感情交流，显得孤僻、不合群，不轻易暴露自己的想法，和很多人保持距离，不轻易相信别人，非常敏感，老师在课堂上讲的一句没有任何针对性的话，可能在他们看来，就认为老师在针对自己。

其次，单亲家庭的学生渴望别人关心的心理很强烈。在家长忙于工作无暇顾及他的情况下，他的内心非常孤独，对亲人、老师和同学非常依赖。他渴望得到大家关注的心理很强烈，但又不知如何表达，所以无意识地作出一些超乎常规的事，从而引起别人的关注和关心。

再次，近几年来，手机成了一种生活必需品，无论是哪个年龄阶段的人都好像越来越离不开手机。手机为人们的生活带来了极大方便，但在带来方便的同时，也带来了种种危害，尤其是对成长的中学生。相当多的学生使用手机不是为了和父母加强联系，向父母报告学习成绩，而是为了玩游戏、听音乐、看视频。中学生的自我控制力差，常常因为玩手机熬夜，导致第二天上课睡觉，造成恶性循环。由于害怕老师教育，一些学生在课堂上不敢玩手机，可是他们把所有的课余时间都用在玩手机上，除了吃饭，几乎是手不离机。

采取的对策

作为教师，只有给予学生相应的帮助和心理疏导，促使他在心理上逐步健康，成绩才能不断提高，能力才能不断加强。西方医学奠基人希波克拉底曾说过："了解什么样的人得了病，比了解一个人得了什么样的病更为重要。"了解了学生的心理特点及其成因后，班主任必须有针对性地加强对他的心理康复教育，加强对他的心理监护，使他的心理健康发展，树立自信心。对症下药，我决定采取以下措施：

第一，深入家庭，进行家庭教育指导。

孩子的表现是家庭的折射，孩子的成长离不开良好家庭环境的影响。要想解决他的不良表现，还得从他的家庭入手。首先，我与孩子的父亲取得了联系。告知他孩子的近况，也了解了他的困境。希望他在繁忙的工作之余，多打电话，多与孩子沟通，让他知道他并不孤独，父亲时刻在关注着他。其次，希望家长不要仅仅以分数来衡量孩子的优劣，当他的成绩不理想的时候，家长也不要以打骂相威胁。

第二，发现他积极的因素，促进转化。

我发现该生虽然经常犯错误，但他依然有向上的愿望，他身上还有很多“闪光点”，比如，乐于为班级服务，做错事敢于承认，上课也会积极发言等等。我们可以发掘他这些向上的可塑性，对他进行再教育。我在班级活动中，也为他提供表现机会，结合班上具体情况，开展一些集体活动，任命他为负责人，让他感到被信任和有责任感。

第三，认清现状，改变未来。

古希腊哲学家柏拉图对弟子说他能移山，于是弟子们纷纷请教移山方法，准备效仿尊师。这时，柏拉图哈哈大笑道：其实很简单，山若不过来，我就过去。一言既出，弟子们不禁哑然。世上本没有所谓的移山之术，唯一能够移山的秘诀就是：山若不过来我便过去。我告诉学生同样的道理，人不能改变环境，那么就改变自己。我们虽然不能回到过去，但我们可以改变未来，因为当下始终紧紧地攥在我们的手中，而改变未来的不二法门，就是从改变现状开始，一点一滴的改变，都将对我们的未来造成影响。没有一蹴而就的成功，只有坚持不懈的人们。“滴水穿石，非一日之功”，世上的万事万物都是量变到质变的过程。

第四，细节决定成败。

我告诉他，现在很多学生得了一种叫作“手机依赖征”的病，他也是其中之一。“手机依赖征”可以说是一种人对手机产生病理性依赖的综合征，由于某种原因过度使用手机，而导致手机使用者出现生理或心理上的不适应。表现主要有三个方面：一是对手机的滥用，不该用的时候也频繁使用；二是过多使用手机影响生活、工作和学习；三是手机不在身边时，会感觉到焦虑、紧张，必须找到自己的手机。但是高考是绝对不能带进手机的，如果患上了“手机依赖症”必然会对他的心理造成影响。因此，我们必须改变，摆脱对手机的依赖，让自己看到这个世界更多的东西，有更多的时间去陪身边的人，更珍惜现在拥有的一切。

【案例启示】

渴望爱的学生更需要被爱，只有给学生的爱是发自内心的，才会让学生感受到爱，体会到被爱之乐。他们才会学着去爱别人。对待问题学生，首先要有正确的态度，能正确地看待和认识后进生。他们的“问题”并非一成不变，在他们身上也会有潜在的闪光点。这就要求班主任具备敏锐的洞察能力，善于寻找和挖掘其闪光点。一旦发现，就要充分肯定，大力培养。要尽一切可能树立他们的自信心，帮助他们克服自卑感，调整心理状态，使他们的优点得到发扬光大。

实践证明，尊重和爱护，启发和引导，是转化问题学生行之有效的措施。对于类似的学生，切不可动辄批评、指责，更不能动辄就向家长告状。一旦伤了他们的自尊心，结果往往会适得其反。

案例二　构建班级和谐氛围

班主任工作的核心是德育工作，德育工作中最令班主任头痛的是转化后进生和学困生。对我而言，最头疼的不是这些，而是转化一个学习很优秀但不融于集体的学生。

赵某是我担任计算机平面设计班上的一名学生。他很聪明，学习成绩优异，爱好书法，有很强的绘画天赋。可是他与众不同，总是把自己封闭在一个小世界里。课上他总是爱摆弄东西。在他人讲话时，经常打断和插话，并干扰其他同学学习。他往往在别人不能预知的情况下发出怪声，使得同学们心里发毛。谁和他玩他就说谁欺负他，还说脏话，欺负女生，不是捏捏这个的耳朵，就是薅薅那个的小辫子。

世界上没有完美的东西，何况人呢。我总是在用这句话安慰自己、鼓励自己，努力去寻找改掉他缺点的方法。

首先，我与家长交流，表达了希望家长能带孩子看医生的想法。可是他的家长却认为他只是年龄小，心理不成熟，受电视电影不良的影响而产生的恶习。这让我伤透了脑筋，我知道再和家长继续交谈，他一定会觉得老师无理取闹。不谈呢，如果孩子真的是由于生病造成的，那么就耽误了

孩子的治疗，不仅无益于孩子的学习，也会对他将来的成长不利。于是我继续和家长沟通，让他明白这样做是为了孩子的未来。在我的努力劝说下，家长最终带孩子去医院检查。家长在医生的建议下给孩子用药，孩子的症状减轻了。

习惯的养成不是一朝一夕的事情。虽然赵某的病情有所好转，可是长时间养成的坏习惯还是没有因为病情的好转而减轻。在课堂上，他总是与其他同学的学习不同步。不是在看字典就是摆弄手指，有时甚至吃他喜欢的小食品，或者索性自言自语。简直就是随便极了。我用下课的时间找他谈心，告诉他课堂上守纪律是学生应该具备的好习惯。他虽然答应了，但是一上课他就忘了。我就用温柔的目光提醒他要集中注意力。有时我会请他来讲一讲、读一读、演一演，创造机会去调动他的积极性，这样他的注意力不分散了，也不摆弄东西不乱喊叫了。课下我还和他做朋友，和他一起谈天说地，和他交流对班级事务的一些看法。我鼓励他主动邀请别的同学玩游戏，改变他孤僻的习惯。

此外，我针对他善于分析问题的优点，给他安排了学习委员的任务。在与其他班干部合作的过程中，他逐渐懂得了怎样和同学相处，怎样关心他人。时光匆匆，一晃我教他已经三年了，在这三年里，我们之间的故事有很多，他变了，懂事了，开朗了，终于能融入集体的怀抱了。

赵某是一个典型的问题孩子，他的成功转化为我以后教育类似的孩子提供了丰富的经验。

与家长做好联系，取得家长的配合。

班主任与家长谈话时，要尊重家长，面带微笑，使家长感受到老师是真诚的，是爱他们的孩子的，让家长感受到老师的出发点是为了他（她）的孩子。让家长认识到他（她）把孩子交给你很放心，且愿意与我们进一步交换意见，这样与家长沟通才是成功的。

以人为本，不歧视任何学生

无论什么样的孩子我们都要一视同仁，不能有歧视、偏袒之分。对于赵某这样特殊的孩子，我放下架子亲近他，敞开心扉接纳他，以关爱之心来触动他的心弦。“动之以情，晓之以理”，用师爱去温暖他，用真情去感化他，用道理去说服他，从而促使他主动改正错误。

爱心呵护，对缺点宽容以待

班主任应是学生的良师益友，对学生的错误应当宽容以待。不要因为他们一时的小毛病而抹杀了他们童年的快乐，无论什么原因造成他们的与众不同，老师都要善待他们，因为他们是我们的学生，我们的职责就是教书育人。我与赵某从交朋友做起，和他一起谈天说地，使他感受到老师对他的信任，感受到老师是自己的良师益友，感受到老师给自己带来的快乐；让他懂得老师是爱护他的，同学是关心他的。这样他在集体的怀抱中才会倍感温暖。

因材施教，评价体现针对性

“一把钥匙开一把锁”。每一个问题学生的实际情况是不同的，必然要求班主任深入了解学生的行为、习惯、爱好，从而制定行之有效的对策，因材施教、正确引导。因材施教，需要教师树立以人为本的思想，及时给予学生正确的评价，制定合理的解决方案。

学生都希望老师对自己有个正确的认识，希望老师赏识自己，希望别人认可自己。所以我们应善于发现孩子的点滴进步，多以积极肯定的态度对待孩子；及时地表扬孩子、激励孩子，帮助孩子树立自信。老师应该顺应孩子个性发展规律，运用科学的教育方法，走进孩子的内心世界，以坚定的信任与执着的耐心，点燃孩子自信的火种。

在评价孩子时，老师应根据孩子的特点和能力，确定适当的评价标准，对孩子作出公正客观的评价，让孩子了解自己的能力和优点；针对孩子的不足之处，要耐心帮助分析，并鼓励他去寻找对策，在实践中树立孩子的自信心。

【案例启示】

习惯的养成不是一朝一夕的事情，这要求教师有足够的耐心去引导学生，把习惯养成教育真正落到实处，特别是“问题”学生的转化，更需要老师的坚持不懈。同时，还可以利用学生之间的帮扶，用群体的力量去影响、感化、熏陶这些“问题”学生。

案例三　由表及里的辩论

随着年龄的增长，学生逐渐拥有了独立的思想，但是因为学生心智不成熟和社会经验的缺乏等原因，这种思想往往幼稚、偏颇，甚至不正确。在错误的思想支配下，学生就会作出盲目的判断和冲动的表现。面对突发事件，需要教师冷静审视，理性以待，由表及里，透过事件表象发掘事件实质。

跟班上晚自习的中途，学生都在有条不紊地学习。安静的楼道突然被一阵打电话的噪声打破。这是怎么了，张老师循声而出，一名高一的同学拿着手机正在紧张地视频对话。一问，原来是高年级的一名男生在电话里威胁他，要他10分钟后去操场东北角，不然就是“孬种”……清晰的声音和熟悉的画面，宛然老练的“江湖黑帮”在处理事务，张老师接过电话，应声答道：“好，谁不来谁是孬种，只不过地点改在H楼411室！”这可是学校政教处，对方立即警觉：“你是谁?”并迅速挂断了电话。随后调查发现，高一年级的两名同学起了矛盾，而其中一个同学求助于高年级的师兄，而这个“师兄”欣然应允。这个仗义的“师兄”不难找到，就在C楼教室里。

谈话有点曲折，高年级的“师兄”始终认为自己是在为“小师弟”打抱不平，张老师用一句话击中要害——江湖义气，随之开始了一场辩论。江湖义气和打抱不平有着本质的区别，况且在法治社会“打抱不平”还须“智抱”“巧抱”，否则害人害己。他思索良久，终于明白了其中道理，承认了他的错误。面对“朋友义气”，学生要理性一点，冷静一些；为朋友“两肋插刀”当坚守法律和道德的底线，否则“江湖义气”就变成了害人害已的凶器。

【案例启示】

总结到位，鞭辟入里。学生切忌盲目“义气”，理智“两肋插刀”。张老师对这起事件的处理，体现出了高明的艺术。且不说事件中“小师弟”的错误，单就“师兄”的做法就没有可取之处，这种模糊的感性认识恰恰滋生了他的盲目和冲动。张老师在第一时间联系当事人，用理性的眼光看待问题，用准确的词语切中要害，取得了育人的良好效果。

案例四　惨痛的记忆

班主任工作给我很多印象，也留给我许多惨痛的记忆，让人反思。

这一年我带汽修班，全部26名同学，都是男生。学生总体活泼、向上，但也有个别学生让我记忆犹新。有一名学生，从开学报到那天开始，我就格外关注他。早晨7点刚过，部分学生及家长就在校门口翘首以待，11点左右报名工作已基本结束。这时有一名学生，跟在一位家长身后，迈着沉重的步伐缓缓走来，整个报名过程，这位学生从始至终未开口说一句话，“孤”“慢”表现得淋漓尽致。

在接下来的两年里，这位学生大错不犯，小错不断。主要问题有三类：第一是迟到。不论正常上课还是参加活动，迟到雷打不动，且频率超高，我统计了有一周他甚至迟到了10次。第二是作业问题。他上学空手而来，空手而去，置校规于不顾。第三是游离于班级之外，对于班集体活动从来都是听不着、看不着、不参加。对此，我动之以情、晓之于理，家校联合、软硬兼施，但他仍然不配合，也不对抗。两年以后，我承认我的工作失败了。

【案例启示】

班主任是学生行为的引导者，要引领学生成才，既要熟悉学生的一切，也要针对学生实际情况制定行之有效的策略，对症下药。否则，教育的结果只能是浪费教育资源，贻误学生终身，给教育者留下难以愈合的创伤。

案例五　坚持的力量

教育需要爱，没有爱的教育不可能成功。班主任应该是博爱者。每个人都希望把自己最好的一面展示给他人，都希望得到别人的肯定、别人的欣赏。学生也是一样的，总希望把自己的成功展示给老师，所以及时出现在“成功者”的面前，分享学生的成功，做学生生活中锦上添花的人，就是班主任时时扮演的角色。

作为中职学校的班主任做到这一点更为重要，初中阶段的学困生经常会受到老师的批评、家长的责骂、同学的轻视，久而久之许多学生已丧失了上进心，缺乏自信心，最终把自己定位成“差生”。如果班主任能转变策略，用爱心关注每一个学生，就会不断发现他们身上的闪光点，进而掌握打开他们心锁的金钥匙。

我管理班级的过程中，曾经以“严”字当头：严谨的班级管理规范，严格的班级管理制度，严厉的班级处罚措施，班级管理似乎也颇有成效。然而，对上一届我班一个学生的教育却引起了我的反思。

在一年级第一学期结束重新分班时，蔡同学分到了我的班，他原来的班主任告诉我，他是一个问题多、管教难的学生，因此我对他尤为关注。刚来几天，他的问题就突显出来了，如上课时他趴在桌子上睡觉，不记笔记，书写潦草，有时完不成作业，甚至跟任课老师对着干；他性格比较好动，自习课爱说话；学校要求学生不准把手机带到课堂，他却经常在上课时间偷玩手机……我采取一贯的管理办法，对他进行了严厉的批评，并且联系了家长，可是他好像对此已经习以为常，仍然我行我素。甚至，他对我产生了抵触情绪，在我没收他的手机后，表现得更为严重。

后来，我从侧面了解到，他虽然学习不好，但是对同学特别热心、仗义，爱帮助别人，爱打篮球，在同学中特别有威信。我想尝试着慢慢转变他。刚好学校要举办球类运动会，我叫他到办公室，他已经做好再次应付我的准备，眉宇间满是戒备，我先认真地问了他一些有关篮球比赛方面需要注意的事项，他猛地抬起头很吃惊地看着我，接着很快地开始回答我提出的问题，此时的他自信阳光，跟平时判若两人。最后我问他愿不愿意担任这次比赛的篮球队队长，他犹豫了一下，肯定地点了点头。在整个运动会期间，他认真负责，组队、训练、安排比赛等，面面俱到，没让我操一点心；甚至在篮球比赛空档，他也会到其他比赛场地看看，加加油，给些建议。运动会后，他有了明显的转变，对我的教育，他不再抵触；对我的提醒，他也能愉快接受。

后来重组班委会时，他毫无意外地被同学们选了出来，在安排具体负责的工作时，我先征求他自己的意见，他选择了生活委员这一职务，并且给我阐述了原因以及对工作的一些想法。我才发现别看他平时吊儿郎当，其实挺有想法和主见，对班上的好多事情也观察细致。在他担任生活委员以后，班级的教室环境、宿舍卫生有了大幅度的改观。同学们反映他每天晚上和早上都会到各个宿舍转一转，如果卫生没有搞好，他会让值日生重新打扫。每天在我班的环境区域都能看到他带领同学打扫卫生的影子。现在想起他的这一形象，我都会不由自主地笑。

但是，他的学习成绩不佳，依然是最让我头疼的问题，他的作业还是不能按时完成，上课总是打瞌睡、偷玩手机。我找他谈话，他告诉我自己基础太差，上课听不懂。后来我发现他爸爸经常打电话给他请假，理由是家里有点活让他回来帮忙。为了防止他上课打瞌睡，我将他的座位调至第一排。为了解决他基础差的问题，我安排班上学习优秀的学生坐他同桌，给他辅导。为了改掉他课堂注意力不集中的问题，我和班级任课老师协同采用紧盯、勤叫他回答问题的方法。针对他不爱写作业的习惯，我每天亲自检查他的各科作业，督促他完成。每周星期一回来，我都让他把手机交来，我替他保管，并且每周都给他布置学习任务，比如背诵经典古诗词、背英语单词、做会十道数学题等，完成任务星期五拿手机。

后来，我专门找他爸爸谈了几次，原来他爸爸觉得他学习不行，考学希望不大，还不如早点学着干点活。在这种错误思想的影响下，他的性格显得自卑。针对这些情况，我给他父亲讲了现在的高考政策，还告诉他蔡同学现在在学校的积极表现，希望他能给孩子更多鼓劲，增加他学习的动力。后来他的请假次数明显少了，成绩也越来越好。

三年级后，他顺利地考进了酒泉钢铁职业学校。逢年过节，他都会给我打电话问候，听到他自信、乐观地讲述他在大学校园中充实的生活以及对未来的规划，我都非常高兴，也非常庆幸当初包容了他的种种毛病，没有对他进行简单的批评式教育，也没有草率地将他定性为“差生”。如果当时选择了放弃，我肯定会后悔。

素质教育要求我们要面向全体学生，使学生的思想道德、文化科学、劳动技能、身体心理素质得到全面和谐发展，个性特长得到充分培育。这是长期的、具有划时代意义的改革。俗话说“十个指头伸出有长短”。转化后进生成了每个班主任都会遇到的问题。有人说：“一切最好的教育方法，一切最好的教育艺术，都产生于教育者对学生无比热爱的炽热心灵中。”因此，作为一名教师、一名班主任，首先应该爱孩子。对全班学生，无论是品学兼优的好学生还是令人头疼的后进生，均应一视同仁。

中职学校班主任工作，可以说酸甜苦辣样样滋味皆在其中；尽管工作尚不够尽善尽美，但已尽心尽职。我总想，只要每个班主任能够以爱心、细心、耐心去面对工作、面对学生，就没有过不去的关。班主任对他们不仅应施以爱心、施以细心，还应施以耐心。“谁爱孩子，孩子就会爱他，只有用爱才能教育孩子。”班主任要善于接近孩子，体贴和关心学生，和他们进行思想交流，让他们真正感受到老师对他的亲近和关爱，这是班主任顺利开展一切工作的基础。

真情投入，营造温馨和谐的班集体，这是学生健康成长的一方沃土。无论是老师还是学生，都是这个家庭中的一员，要想家庭兴旺，必须大家努力。为了优化班级管理，营造一个温馨和谐的家庭，我费尽了心思。创设优化的管理环境，把学生从受教育者转化成一个自我教育者，突出了学生的中心地位，让学生做班级的主人。大家共同创建一个文明守纪、团结互助、勤学上进，有强大凝聚力的班集体，在这样的班集体中，学生对班主任往往有着一种特殊的信任感和依赖感。

【案例启示】

点石成金，非一日之功。作为教师，对学生要保持耐心、恒心，不要轻言放弃。班主任就是班级的灵魂和轴心，每个孩子都有一个丰富而独特的内心世界，我们需要做的是当好一个耐心的叩门人。一次次叩响千万扇心灵的门，终会让一扇扇大门重新开启。春风化雨，润物无声，用真心去聆听学生，用耐心去叩开学生的心门，用恒心坚持不懈地引导学生，用理解和包容的态度对待学生，用自强、自信、自尊的观念去点燃学生，用师之博爱去关注每一个学生。

案例六　耐心和恒心是爱的引擎

自从毕业踏入工作岗位以来，转眼间11年的时间过去了，自己也在教育实践中慢慢成长，看着一届一届的学生离开学校，去追逐他们的青春梦想，自己有种说不出的成就感。我发现自己越来越热爱教师这份工作，热爱充满青春朝气的孩子，和他们在一起我发现自己永远是一个长不大的孩子。我相信在教学工作中，只要热爱你的三尺讲台，欣赏你的每一个学生，带着爱去教学，你就一定能成功，成为一名出色的人民教师，实现自己的教育梦想，让更多的孩子在你的帮助下实现他们的人生梦想。

在过去的11年时间里，有太多的事情让我难忘，有太多的名字让我记忆一生，我也收获了感动和快乐。在班主任工作的过程中，点滴的记忆都给我的生活留下了色彩，记忆中的很多事情给我带来教育反思。

教育者，爱胜过一切。从教的历程就是爱的历程，耐心和恒心是推动爱前进的两个轮子。其实，自我教育能力并不抽象，它时时刻刻渗透到我们每天的教育故事中。

由于职业教育的特点，中职学校中存在心理失衡、心理冲突、心理障碍等问题的学生较多，从这个意义上说，中职学生是一个需要特别关注的群体。作为这个群体的教师，要解除他们的心理负担，了解他们的心理问题，发现他们的闪光点，激发他们的学习兴趣，从欣赏的角度出发，给他们创建一个良好的学习与生活环境，让他们在自信中发展。

陶行知曾说过一句话，“你的鞭子下有瓦特，你的冷眼里有牛顿，你的讥笑声中有爱迪生”。也就是说教育要注意方式方法，要学会欣赏学生，要了解学生在某一阶段的心理表现和性格特点；要尊重学生，要站在学生的立场去体验生活。欣赏是实施有效教育的态度，是有效教育的重要途径之一。每个孩子都有闪光点，关键在于是否能够发现。

新学期初的一天，刘秋红老师找到我，给我看了一篇我班学生的作文，题目是“我最亲近的人”。作文中写道：“亲情让我痛苦，我不会再相信任何人，我不会再相信亲情……”我愕然，有一种很冷的感觉，我不知道什么经历能让一个十五六岁的孩子感觉这么灰心、这么绝望，如果不尽快让她走出困境，那么她今后的生活、她的就业……不敢再想下去，但如何才能解开她的心结呢？我决定先从她周围的同学入手进行调查。

首先，我从部分同学中了解情况，但结果却不容乐观，没有人能反映出有价值的信息，只知道这个学生性格孤僻，少言寡语，不喜欢与他人交往，平时总是板着脸，一点表情也没有，一副怯怯的样子。让我感到惊讶的是，在班中五十多名同学中她竟然没有一个谈得来的朋友。其次，我又调查了几个与她同村的学生，通过电话与她的父亲进行了交流，才逐渐了解了她的情况。她的父亲向我介绍了她的家庭，还有她的故事，不过对于她的心事他显得无能为力，他说他越来越不了解她了，潜意识中觉得孩子一直记恨他，周末回家时也不理他。他说他不是一个称职的父亲，希望我能帮帮他，解开孩子的心结。

我在班主任日记中写道：“小莹，父亲在外打工，母亲是云南人，在她7岁时离家出走，她与奶奶相依为命，亲人的离弃使她的心灵遭受了一次沉重的打击，父亲常年在外不能及时与她交流，她压抑的情绪得不到宣泄，与她感情最深的奶奶又不能很好地开导她，致使她养成了孤僻、冷漠的性格，并且脾气很坏，她就像一只缩在壳里的蜗牛，不敢轻易伸出触角，我知道她的心灵底层是灰暗的。”怎样才能叩开她紧闭的心扉，让她回到同学们中间，从而使她主动适应环境、适应这个社会，我想这是一个长期而艰巨的任务。

首先应该发现她的闪光点。学会倾听，让她感受到老师和同学们都在关心她，让她感受到班级大家庭的温暖，让她知道老师与同学们并没有忽视或歧视她。有一次我查宿舍，正好是她值日，我发现她站在高高的床边上认认真真地清扫屋顶墙角的蛛网，这是个既脏又累的活，因离地较高，一般女孩子都不敢去清理，又没有其他的工具替代，只能用这个比较危险的动作去做，当时她的形象深深地印在我的脑海里，我觉得这就是她的一个闪光点。我认为这是一次很好的机会，于是在班会上就如何整理卫生的问题对她进行了表扬，当时我用眼睛的余光看到她的眼睛忽地一亮，立刻坐得很直了。一段时间以后，我通过其他学生了解她的情况，同学们都说她有些变了，有时也会笑了。有时在路上相遇，我先主动打招呼，她也能轻轻回应，不像以前老远见着我就躲开了。

学校组织跳绳比赛，我本着“友谊第一、参与第一、比赛第二”的原则，在班中做了思想动员工作。跳绳运动是女生的强项，很多人都积极报名，她也报了名。我知道这也是一次让她融入班级的机会，虽然有几个同学都因为她不擅长跳绳而强烈反对，但我想如果能在集体活动中拉她一把，阳光就能洒入她灰暗的心底，至于成绩就显得不那么重要了。因为她平时训练刻苦，与其他同学的成绩差距不大。在比赛开始时，她显得信心十足，当轮到她时，同学们大喊：“小莹，加油！小莹，加油！”她立刻紧张起来，身体也越发地不协调，第一次跳了十几个，而后连续几个都没有跳过去，一分钟下来只跳了40个，成绩还不到平时的1/4。跳完后，几个班委同学没有埋怨她，而是上前送上水，并不断地安慰她，此时她紧咬着嘴唇，脸红红的，没有说话。

在总结会上，我首先肯定了每个同学的付出，表扬了她的积极和主动，对于成绩我只是轻描淡写，一言带过。说完后，她长舒了一口气。课余时间，我和她聊了近来的生活和学习情况，对于她的表现提了几个小小的建议，直到她脸上露出了舒心的笑容。

在她生日的前一天，在我的建议下，同学们给她做了一个贺卡，上面有我和全班同学的祝福。当她拿到同学们为她做的贺卡时，眼睛湿润了。我知道她不善于表达自己的心情，但她已经从心底里接受了同学们的这份深情，她的心不再孤独。此后的一段日子里，她的脸上总是洋溢着微笑，性格也开朗了许多，与同学们的交往也融洽了。她的父亲很高兴地告诉我，孩子变化很大，回家后和他说了很多心里话。

几天后，我抓住一个恰当的机会与她进行了一次长谈。她谈了很多，包括她的家庭、她的心事、她的理想以及对待学业的看法。我也真诚地告诉了她同学们对她的看法，并和她探讨了同学之间交往的方式方法，她听得很认真。从办公室出来，她的脚步显得很轻快，我感觉得出来，她心中的灰暗在渐渐淡去，黎明即将到来。

新学期开始，根据计划班委需要重新竞选，这次我要求学生事先写好竞岗演说词，在全体同学面前阐述自己对班级工作的看法、工作思路及方法，并表明自己的信心和决心，让同学们当众投票。当我把竞选程序说完后，她第一个站起来，一脸的阳光，并清楚、明朗地表达了自己竞选班委的决心，她讲完后，班中响起了热烈的掌声。不只是我，与她朝夕相处的同学们也从没见过她有如此出色的表现。最后，她以绝对的优势竞选成功。

我长吁了一口气，我终于把她拉进了阳光里。

中职学生之所以不能严格要求自己，面对诱惑的时候无法把握自己前进的方向，很多原因是他们缺乏足够的意志力。因此，要想让他们有所进步、有所收获，对他们进行意志力的专门培养是很有必要的。

班主任工作是一个漫长、细致的工作，而中等职业学校中的班主任除了平常我们所熟知的要求以外，还有其自身的特点；要想真正做好中等职业学校中的班主任工作，必须找到学生自身的特点并进行针对性的教育。

既然选择了教师这一职业，就要无怨无悔。第一，对教学过程负责。为了使自己的教学水平不断提高，要坚持经常学习时事政治、专业理论等；要多听课，虚心请教，学习别人的长处，领悟教学艺术；每上一节课，都要根据教材的特点及学生的实际情况设计教案，做好充分的准备，认真完成每一个教学环节。第二，对学生未来负责。教育是一个长期的环环相扣的过程，一个环节出现缺陷就会影响其他环节，从而影响学生的正常成长。因此，教师要立足当下，放眼未来，以苦为乐，甘于寂寞，充当人梯，对家长负责，对学生负责，对社会负责。第三，对学困生负责。帮助学困生是教学工作的重任，中职学校的学困生居多，因此中职学校班主任工作更加艰难。对于学困生，教师在教学上、情感上应给予特殊的关顾，如课堂上多提问、多巡视、多辅导，对他们取得的点滴成绩及时给予肯定和表扬，让他们树立信心，激发学习兴趣。

【案例启示】

教师要勇于摈弃旧事物、接受新事物，要敏锐地了解新思想，认真地研究新理论，主动地学习新知识，开拓进取，更新观念，始终站在时代的潮头，才能百尺竿头，更进一步。作为与学生接触最多、联系最密切的班主任，工作越来越具有挑战性，传统的说教式、训斥式，甚至是“棍棒底下出孝子”的方法已不能适应现代教育。

同时，新时代的班主任必须树立终身学习理念，掌握过硬的现代化技术，在工作中不断总结经验，将工作做实做细做精，在常规工作中求创新，在创新过程中抓稳定，扎扎实实地做好学生工作，努力实现中职德育教育。

案例七　以文化人，润心启智

教育，是用真诚弹拨灵动的音符，奏响一曲生命乐章；教育，是用智慧凝聚明亮的色彩，渐变成一道绚丽的彩虹；教育，是用师爱托起璀璨的繁星，笃守一片成长的天空。弹指一挥间，我已立于讲台八年载，担任班主任工作也已三度春秋了。多年来，我始终坚持用爱浸润学生的心灵，用文化为学生打好人生的底色，在活动中引导学生养真德，求真知，说真话，办真事，做真人。

正如在教学上我们要“因人而异，因材施教”一样，在班级管理上我们也应“因师而异，因班施策”。班主任应依据班情和自身优势为班级发展量身定制目标与策略，故而班级的发展现状能反映出一个班主任的治班理念。

我的治班理念是：文化管理铸班魂，不拘一格育人才。文化管理是教育发展的需要，也是班级管理的最高境界，它对学生的影响是潜移默化且深远持久的，它的作用不在于灌输，不在于命令，而在于熏陶与浸润，在于体验与感悟，在于创造一种能促进学生全面发展和终身发展的良好氛围。

“文治”的理念决定了我班“文治”的思路，即“以文载道，以文育人，创新方法，打造特色”。具体来说就是：以精神文化浸润学生的心灵，以物质文化陶冶学生的情操，以制度文化滋养学生的德行，以行为文化润泽学生的成长。

思路是良好的开端，关键还在行动。为了将班级管理工作落到实处，我们师生共同敲定了“我自信、我快乐、我成长”的班训，设计了班徽；并由学生自主管理，营造了一个简洁明快、温馨优雅的文化育人氛围；我们还通过民主途径制定并完善了班级制度，再以学生乐于接受的方式呈现、落实。我班在“文治”理念的指导下，锻造了一种“桃李不言，下自成蹊”的育人环境，逐渐形成了自信、乐学的班级氛围，学生们的团体意识、感恩意识和集体荣誉感越来越强。我班曾先后被评为区级、市级优秀班集体、特色班集体。

班主任工作的核心是德育工作，德育工作的成功就在于在每个学生身上都能够找到闪光点，并且帮助他取得进步。在德育工作中最令班主任头痛的是如何转化后进生，转化后进生是班主任肩负的重大而艰巨的任务，也是教育工作者不容推卸的职责。

小林是我班一名学生，他学习基础比较差，个人表现也不是很好。我在与他短暂的交流中，发现他是个比较自我、任性而自负的孩子，很难听进一言一语。每次站在我的面前，他那不屑的表情让我对他的开导如同雨中的蜡烛，难燃易灭。偶然的一次机会，我发现他在赛场上有一种不服输、不怕输的精神，于是我大胆尝试让他担任班级体育委员，有意放大他的成绩，时时展现他的能力……

一段时间以后，他变了。课堂上，他开始积极地和任课老师配合，再也没有出现过不和谐的音符；自习课，他能全身心地投入学习，享受学习的快乐；课间，他与同学打成一片，满脸的乌云都被阳光驱散。孤单远离了他，郁闷远离了他，自我的情绪远离了他；理智开始拥抱他，自信开始拥抱他，乐观开始拥抱他。他的妈妈打电话说："老师，孩子回家像变了一个人，每次回来都高高兴兴的，也不发脾气了。"任课老师说："他变化太大了，成了一个暖男了。"数学老师开玩笑说："他现在是我的数学王子。"同学们说："他现在就是他们的开心果……"回首陪伴他成长的日子，我仿佛听到了花儿静静绽放的声音。在两年的学习过程中，他在班级工作上也认真负责，班级考核虽有小的波动，但也一直名列前茅。

罗森塔尔效应启示人们，人的精神生命中最本质的需求就是得到激励和赏识。激励的目的是把学生的创造力诱导、释放、发酵出来，唤醒他们的灵感和热情。激励对于学生思想有着重要的导向和鞭策作用，先激后励、激励结合、赏识并重是班主任激励的基本逻辑。运用激励策略，班主任虽然渴盼学生达到"激"的效果，但对于学生的体验无论成功与否都需要以赏识的眼光扩大其优点，以实际的"励"促使学生悦纳自己、自我策勉，消解习得性无助感，增强成长效能感和自我教育力。

美国著名教育家布卢姆说："有效的教学始于准确地知道期望达到的目标。"适当的激励是班主任的管理智慧在育人过程中的巧妙演绎和生动表达，需要对具体问题正确认识、科学判断和有效提示。激励的有效性既取决于激与励的具体性、可靠性，也取决于激与励的依随性。可以是一个拥抱、一个眼神的情感激励，也可以是一朵红花、一本笔记的竞争激励；可以是更上层楼的目标激励，也可以是消除惩罚的负强化。激与励的含义和本质不同，激在行为之前，励在体验之后，二者并行不悖、相辅相成。激的初衷在于唤醒学生的动机、动力，让其愿干、爱干，给予充分理解，借助言语、行为的引领和赏识为主体发展规定方向，搭建学生"跳一跳"

的梯子；励的价值在于行动、精神的落实和强化，通过理性比较期待与结果对学生体验提供正确反馈，它是一种信号、评价。先激后励、再激再励，正确归因、不断强化，在刺激与反应的联结中形成正向的激励循环，从而持久地激发学生的创造力，这正是激励教育的终极目标。

乘赏识之风，捧起热爱之情，使每一位学生都能沐浴在师长的关爱之中，共同把他们培养成为有理想、有追求、有信心，为了人生目标坚持不懈努力的中职学生，这是每一个中职班主任必须面对和研究的课题。

【案例启示】

新时代，新舞台，中职学校教师在日常教学中要以德育为先，授之以渔、教会求知，传授技能、教会做事。要在实践方面下功夫：一要“广”，坚持理论性和实践性相统一，广泛参加社会实践，把思政课堂同社会课堂结合起来；二要“比”，通过与国家发展历史的纵向比较和与国外发展状况的横向比较，提炼出生动的教学素材；三讲“理”，要善于从感性认识转向理性认知，把实践上升为理论，进而指导学生成才。面对学生的抵触，班主任要学会激励、善用赏识。激得公平、励得合理，激得真诚、励得适度，只有这样才能发挥激励教育的最大功用，让学生在快乐中学习、成长，在积极、正向的激励中健康发展。

案例八　大胆尝试，努力成为教育家

在我所带的级班里有位同学。他和同学关系不错，有很多朋友，性格很温和。但是他不爱学习，学习成绩很差，一说到学习的事情他就没兴趣。课堂上，他不是在睡觉就是在偷偷玩手机，或者和同桌聊天。我开始接触他时觉得这个孩子性格很好，成绩虽然不好，但是脑子很聪明。

在之后的接触中，我了解到他是单亲家庭，父亲长年外出打工，母亲三岁时就离开了他和姐姐，他主要由奶奶抚养长大。现在母亲也会经常关心他，但孩子很抵触。我知道这样的孩子是缺乏关爱的，而且自尊心很强，不能用强硬的方法使其配合工作，所以我采取了温和的教育方法。

开始的时候，我会安排他参与一些学校的活动，比如学校组织大合唱，我会让他领唱；或者在学校安排的朗读者活动中，我也会让他去参与。这个孩子的普通话说得很好而且声音很好听。最初，我以为他想拒绝，出乎意料的是，他居然答应参加我给他安排的这些活动，我意识到这是一个好的开端。虽然在参与中他的表现平平，但是我并没有对他表现出失望，而是告诉他生活重在参与，去体验去感受就很好。渐渐地，我感觉他自信了很多。

后来有一天，他和另外一位同学来找我，说他们俩不想住校了。我问他们原因，谁也给不出一个像样的理由。我猜测两人不住校肯定有原因，但此时逼问他们肯定是不会说的。我打电话问了家长的意见，得知他们的家长都不同意他们不住校，因为家里没有人照顾他们。我把他俩叫到办公室好好聊了聊，我向他俩分析了为什么老师和家长都不同意他们不住校。因为我们都觉得他们还小，自我约束能力不够，在没有老师和家长的监督下，他们不能很好地管控自己。后来他私下告诉我，他对于自己的未来是有规划的，他说希望我不要太担心他，他可以管理好自己。

我认为，转化问题学生的过程，是师生之间的情感交融、相互尊重和信任的过程。如果班主任像对待其他学生一样尊重表现差的学生，与他心心相通，以诚相待，给他们创造一种和谐的氛围，这对于激发他们的主动性和积极性是很有效果的。班主任在与学生进行交流时，除了要真诚、细致外，还必须要充分尊重学生的人格和情感，应多用商量式的语气、建议式的口吻，不能不顾学生的意愿、情感，强迫学生接受自己的意见，把自己凌驾于学生之上，也应靠爱心、理解和尊重帮助学生实现更大的进步。

班主任的成长需要学习，需要借鉴，更需要独立的思考与大胆的尝试。对于别人的经验，可以借鉴，但切忌拿来就用，毕竟学生不同、问题不同、老师不同，开出的药方也不同。比如说，有人认为班主任要“恶”才能管住学生，而我要说的是班主任要“善”才能让学生信服。很多人都

强调学习时间，而我只强调学习兴趣。我认为，有了兴趣就有了一切。

在大胆的尝试中，努力成为教育家。我积累了带班成功的第一个关键词——自信。在第一次月考中，我班的成绩很差，可我一点儿都没有觉得是因为我教得不好，我也不觉得是因为学生没有学好，我就认为那是一次偶然。所以，学校召开大会时我并没有因为成绩不好而不好意思，仍然坐在班级队伍的后面。我是在用实际行动给学生一个暗示，那就是：我是好样的，你们也是好样的，这一次虽然没有考好，下一次一定能够考好。

当然，我说的自信是在勤奋的土壤中、在汗水的浇灌下长出的花朵，没有经过汗水浸泡的自信是自大，我说的“松”的背后有着比“严”要多得多的付出。

现代的企业有企业文化，学校也有学校文化，班级当然更应该有班级文化。

我的治班理念：用热情去工作，用真诚来沟通，用知识教学生，用人品育栋梁。

我的治班方针：公平、民主。

我的治班策略：培养主动学习的习惯；树立快乐学习的心态；创造轻松学习的环境；发现幸福学习的乐趣。

我的治班方法：用个人魅力吸引学生。学生只要喜欢你这个老师，就会接受你说的话，愿意听你讲的课。

讲好课。我追求内容连贯，逻辑性强。遇到不会的题，不要搪塞，承认不会。

以教书为乐，以学习为趣。让学生做到的自己首先应该做到，这才具有说服力。我让学生主动学习，以学习为乐，我就自然以教书为乐，以学习为趣。我本身就是一个爱学习的人，我常把自己学到的新观点讲给学生，一同体会学习的乐趣。比如说，校长推荐的书《把信送给加西亚》，我在一年级时已经把整本书一字不剩地给学生读过了，二年级刚开学时又重复读了一遍。

多理解、多鼓励，少批评。我把学生看成是与我一样的成年人，他们有比较成熟的想法，他们不需要我们过多说教，他们最需要的是我们的理解。当学生已经认识到自己的错误时，就不要再批评了，否则，只能起到相反的效果。

讲话精练，不啰唆，富有诗意。我上学时不喜欢班主任啰唆，所以，我现在尽可能不啰唆，但我还是经常说一些话，不过学生并不觉得很烦，因为我不重复，语言精练，富有诗意。

用文体活动团结学生。如果你举办一项活动能让所有学生都参与其中，无论是什么活动都将是极大的成功。比如，学校举办过的歌咏比赛和运动会，班主任要全力提倡，这是形成和谐的环境，产生向心力、凝聚力，培养集体荣誉感的绝好机会。如果班主任只强调学习，不主张参加这些活动的话，就等于自己在破坏班级的团结，削弱班级的凝聚力。

【案例启示】

一滴水可以折射出太阳的光辉，教育亦是如此。每天都有创新；多理解，多鼓励，少批评；讲话精练，不啰唆，富有诗意；用文体活动团结学生。

案例九　求知、求新、求美、求乐

初中毕业入校的中专生，年龄大多十五六岁，他们正处于青春期。这个时期，是长身体、长知识、长才干的大好时期，也是形成世界观、人生观、价值观的关键时期。这个时期的学生最有朝气，思想很活跃，对新潮最敏感，他们之中大部分踌躇满志，渴求知识。可以说，求知、求新、求美、求乐，是这一时期中职学生的共同特点。为了适应这个特点，促进中职生德、智、体、美、劳全面发展，我做了一些有益的探索。

“三点一线”的启示

有一天，我到学生寝室与学生聊天，想了解他们对校园生活的感受。

我问他们对校园生活适不适应，一个学生回答说："学校的生活好适应。"我问为什么，他说："到教室上课，去食堂吃饭，回宿舍睡觉，三点一线，天天一样！"这个学生的话，逗得周围学生大笑，也引起了我的深思。

这个学生虽说得不确切，但却反映出他们不喜欢单调枯燥的生活而渴望丰富多彩的生活的心情。他们确实"长大了"。我想，我作为班主任，应该把握他们的思想脉搏，应该理解他们，针对他们的特点用生动活泼的方式开展思想教育。每当我望着他们那一张张青涩稚嫩的脸，我马上意识到他们人虽"长大了"，但思想还不成熟，他们离不开班主任的思想指导，我感到自己责任重大。

从此以后，我动脑筋想办法，在如何用生动活泼的教育形式上下功夫。学生厌恶"三点一线"，无非是希望校园生活内容新一点，多一点，有趣一点。既然"设备"可以"引进"，"人才"可以"引进"，那么思想教育的方式可不可以"引进"呢。

"引进开放"初见效

为了让学生的生活丰富多彩，又能寓思想教育于其中，我采取了名为"引进开放"的思想教育方式。所谓"引进开放"就是引入社会和家庭教育，使之与学生自我教育相互配合，融为一体。我的做法是：

一是配合学校请八步沙六老汉来校作报告，讲述三代治沙人矢志不渝、拼搏奉献，科学治沙、绿色发展，持之以恒推进治沙造林事业的艰苦奋斗历程。

二是请本校毕业的校友现身说法，谈自己刻苦学习、奋发图强的经历，使学生深受教育和启发。

三是给学生家长写信，反映子女在校表现，并请家长回信。从家长的来信中，我看到了家长望子成龙的期望。我把家长的信念给全班同学听，大家非常感动。

四是给外省的优秀校友写信，请他们介绍自己在校刻苦学习、奋发向上的情况，学生很受感染。

五是让学生走出校门接受锻炼。在今年学校开展的学雷锋树新风活动中，我们班挑选了有一定演讲才能的同学担任校外红领巾辅导员，到附近的小学向小学生讲雷锋的故事。这些同学准备认真，讲得成功，获得该校师生的好评。

六是把社会上的岗位责任制引入班级，建立值周班长制。每人值日一周，给他们定任务、提要求，值周班长每天记日志，检查学生学习、生活及纪律情况。每周开展一次有意义的活动，主持班会并对本班工作进行小结。这样做，对学生是一种锻炼，从实行的情况来看，学生自己管理自己比老师“蜻蜓点水式”管理要好得多。

“内部搞活”添异彩

“引进开放”活动初见成效后，我接着又采取了名为“内部搞活”的思想教育方式。所谓“内部搞活”，就是针对学生特点，开展生动活泼的活动，让学生寓教于乐。我的做法是：

一是学生一月一小结。

每到月末，同学们把自己一个月来的思想、学习、生活情况写成书面材料交给我，面对42名学生送来的小结，我都认真地看，并摘记和思考，从中获得了平时不易得到的信息。在一定程度上，掌握了学生的思想动态。比如，今年三月中旬，班上部分学生的学习不用功，玩手机成风，不求上进，只求混日子。究竟是什么原因呢？例如，李强同学在小结中写道：“放眼本地企业，那些挣到大钱的，哪一个上过大学？有的只有小学文化程度，大、中专生算什么，在学校学得再好有什么用？何必难为自己呢？”我及时找这些同学谈心，和他们一起分析情况，找出症结，并深入浅出地向他们讲没有科学文化哪来现代化的道理，使他们放下偏见，发愤学习。通过写小结，不仅能提高学生的书面表达能力，养成勤于总结的习惯，还是学生自我教育、自我完善、自我提高的一种好形式。

二是给学生庆贺生日。

在每位同学生日这一天，由班委会团支部主持，给过生日同学献上一份祝词，赠送一本“祝你生日快乐”的日记本作为生日礼物，全班同学唱一曲生日快乐歌，不仅使过生日的同学受到班级的温暖，还让全班同学有了凝聚力，让学生感受到老师的慈爱、同学的深情、集体的温暖。

三是制定班徽班歌，培养集体观念。

在班级发动学生设计创作班徽，先后有17名同学设计了图案，经过几次筛选，最后集中大家的智慧，确定一幅能反映我班学生团结向上、为振兴行业而发愤学习的图案。同时创作了班歌，歌词是：“我们电商专业班，嘿！都是七尺男，为祖国建设上中专，求知不怕苦和难。我们电商专业班，嘿！都是七尺男，团结友爱齐奋进，努力争创文明班。”为使班歌便于教唱，我请音乐老师谱写了激昂向上的节奏和曲调，做到词曲结合，催人奋进。有的同学说：“班歌，是我们班特色的体现，它能统一思想，催人向上，我们一定要唱好。”

四是一日一句锦言欣赏。

就是由学生轮流选一句锦言写在黑板一角上，供大家欣赏。不少同学对摘出的锦言很感兴趣，有的抄在本子上当成学习的材料和生活上的座右铭，有时把这些闪耀着思想火花的锦言引入书信和平时言谈，这一活动使学生深受教育和启迪。

五是成立志愿者服务队，美化环境做好事。

首先，我们立足寝室、班内和校园，清扫校内卫生死角，为学校修路，修剪树木。其次，走出学校打扫卫生和植树。一些同学讲：“搞这样的劳动，尽管我们身上脏了人累了，但心情舒畅，并感到十年树木、百年树人的意义重大。”

六是开展演讲，寓教于活动之中。

今年，我在班上举办了“为什么要学先进、学劳模”“学习是为了什么”等演讲比赛，由于同学们热情高，准备充分，演讲活动较为成功。一些参加演讲的同学说：“这次演讲，使我受到了教育，增长了知识，我越讲越有劲。”通过演讲，一些纪律散漫的同学经过“现身说法”后有了改变。

七是班干部与后进生交朋友。

为了不让一个学生掉队，对后进生实行“一定二包”，即定人员、包思想转变、包学习进步。要求一月一次汇报。这样做，一方面促使班干部起表率作用，另一方面也帮助了同学。通过一段时间的努力，后进生有所进步。

实践证明，由于我们内外结合，利用多种渠道多种方式开展思想教育活动，对于陶冶学生情操，丰富学生生活，增长学生才干，提高学生素质起了积极有效的作用。

【案例启示】

心理学中有个罗森塔尔效应，即多鼓励和指导学生，多一些表扬，少一些批评。站在学生的位置想问题，严于律己、宽以待人。在民主的氛围中进行思想教育，人人敢说话，敢说实话。和学生进行思想上的沟通，跟踪教育显得尤为重要，用爱学生的心态投入学生中去，既要立威又要自信，爱是解决一切问题的润滑剂。

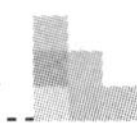

小故事

磨砺意志：万斯同闭门苦读

清朝初期的著名史学家万斯同小时候是个调皮的孩子。

有一天，他的父亲检查学生们的功课，说："今天考试要考你们，谁的字写得好，谁的诗背得牢。准备笔墨，好，开始默写王勃的《滕王阁序》吧。"万斯同倒背如流、奋笔疾书，不一会儿就把《滕王阁序》默写好了。旁边的学生都赞叹不已。他的父亲检查一看，"不错。不但默写得快，而且字写得也好。"过一阵子，父亲的几位好友来家中拜访父亲。他们看到挂在墙上的万斯同默写的《滕王阁序》也都颇为称赞。其中一位先生说："令郎书写的《滕王阁序》一气呵成，酣畅淋漓，真是令人佩服啊。"面对好友们的恭维，父亲只说："哪里，哪里，过奖了。"朋友们又想让万斯同展示一下才学，父亲推辞不过，便叫万斯同出来。原来万斯同最近在读白居易的《琵琶行》，客人们要求他现场背诵。万斯同说："没问题，浏阳江头夜送客，树叶芦花秋瑟瑟。"刚背了开头就听到笑声。一位客人指出："公子您背错了，是浔阳江头不是浏阳江头。"另一位客人又指出："不但浏阳背错了，而且是枫叶荻花，不是树叶芦花。"可万斯同坚信自己是正确的，大喊道："你们故意让我出丑，我让你们都不痛快！"一把撕下挂在墙上的《滕王阁序》。父亲觉得万斯同脾气暴躁、不懂礼貌，便让管家把顽劣的万斯同关进书房。老管家为他求情，万斯同的妹妹也央求父亲把哥哥放出来。可是万斯同仍旧不知悔改，所以父亲一直把他关在书房里。

眨眼间，时间过了一年。万斯同在这期间翻遍了书房里所有的书，发现自己果真背错了《琵琶行》。他为学识上的自负感到后悔，所以这一年来，他勤读书、苦练字，连父亲进门送饭都没有察觉。父亲说："每次我来看你，你都在认真地读书，所以我就没有叫你，都一年多了，父亲让你受委屈了。"万斯同道歉说："不，是我的不对，我在书房里看了不少书，以后我就住在这个书房里了。"父亲却十分心疼儿子，也为当时粗鲁的对待道歉："孩子你瘦多了，父亲以后再也不会这样对待你了。"万斯同并没有责怪父亲，而是在书房里找到了学习的乐趣。

万斯同经过长期的勤学苦读，终于成为一位通晓历史、博览群书的著名学者。

第九章　融入血液的因子

“求木之长者，必固其根本；欲流之远者，必浚其源泉。”影响深远的诸子学说，浩如烟海的历史典籍，气象万千的诗词歌赋，匠心独具的书画雕塑……构成了中华优秀传统文化。贯穿其中的价值理念，潜移默化地影响着我们的思维方式和行为方式。不忘本来才能开启未来，善于继承才能更好创新。从中华优秀传统文化中汲取养料，让宽容、感恩、和谐、与邻为善、美美与共……成为融入血液的因子。

学会宽容

庄子曰："常宽容于物，不肖于人，可谓至极。"《不列颠百科全书》对宽容的解释是"允许别人自由行动或判断；耐心而毫无偏见地容忍与自己的观点或公认的观点不一致的意见"，《现代汉语词典》的解释是"宽大有气量，不计较或不追究"。可见，宽容包括两个基本意思，一是"允许"，二是"有气量"。

亚伯拉罕·林肯是美国第16任总统，领导了拯救联邦和结束奴隶制度的伟大斗争。尽管他仅在边疆受过一点儿初级教育，担任公职的经验也很少，然而，他那敏锐的洞察力和宽容深厚的人道主义意识，使他成了美国历史上最伟大的总统。

有人批评林肯总统对待政敌的态度："你为什么试图让他们变成朋友呢？你应该想办法打击他们，消灭他们才对。"

林肯总统温和地说："我们难道不是在消灭政敌吗？当我们成为朋友时，政敌就不存在了。"这就是林肯总统消灭政敌的方法，将敌人变成朋友。他，两度被选为美国总统。

今天在以他的名字命名的纪念馆的墙壁上刻着这样一段话："对任何人不怀恶意，对一切人宽大仁爱；坚持正义，因为上帝使我们懂得正义；让我们继续努力去完成我们正在从事的事业，包扎我们国家的伤口。"

对中职学校的教师来说，宽容有两个含义，一是教师要以宽容之心对待学生，二是要教育学生学会宽容，善待一切。

具有包容心是我们民族的传统。几千年来，这种传统已经融入我们的血液。海纳百川，有容乃大。人生之美莫过于宽容，给予自己一些鼓励、一些宽容，就不用沉浸在一时的悲痛之中了。"不以物喜，不以己悲"，就能战胜人生了。宽容像一杯香醇的酒，需要我们用一生的时间慢慢品尝；宽容像一本厚重的书，需要我们仔细地去品悟；宽容像一段优美的旋律，需要我们慢慢欣赏。

宽容也是一种幸福，我们饶恕别人，不但给了别人机会，也取得了别人的信任和尊敬，同时我们也给自己换来了生机。被刘邦封为楚王的韩信，荣归故里，他叫来了曾让他受胯下之辱的人，并没有降罪于他，而是封他为中尉。韩信对身边满脸疑惑的将领说："这是一个壮士，当他侮辱我时，难道我不能杀死他吗？但我不能因杀了他而为他抵命，毫无生息地死去，我忍受一时的屈辱才有了今天。"

曹操攻破了冀州城，手下从袁绍的宫中搜出了朝中一些大臣昔日与其暗中来往的书信，那些大臣心惊胆战，曹操却一脸无事的样子，命令烧掉所有信件，永不再提此事。被人们称为一代枭雄的曹操，就是因为有如此的胸怀，才完成了统一北方的伟业。

宽容是一种境界

穿梭于茫茫人海中，面对一个小小的过失，常常一个淡淡的微笑，一句轻轻的歉语，带来包涵谅解，这是宽容。在人的一生中，常常因一件小事、一句不注意的话，使人不被理解或不被信任，但不要苛求"以律人之心律己、以恕己之心恕人"，这也是宽容。所谓"己所不欲，勿施于人"也寓理于此。学会宽容，意味着你不再心存疑虑。法国19世纪的文学大师维克多·雨果曾说过："世界上最宽的是海洋，比海洋宽阔的是天空，比天空更宽阔的是人的胸怀。"雨果的话虽然浪漫，却也不无启示意义。

在日常生活中，当"对手"出于内心的丑陋，在你背后说坏话时，此时的你是想伺机报复还是宽容？当你亲密无间的朋友，无意或有意做了令你伤心的事情，此时你是想从此分手还是宽容？冷静想一想，还是宽容为上。这样于人于己都有好处。有人说宽容是软弱的象征，其实不然，有软弱之嫌的宽容根本称不上真正的宽容，宽容是人生难得的佳境——一种需要操练，需要修行才能达到的境界。

朋友讲过一件事：春节的时候，她和儿子打车去乡下走亲戚。出租车来来往往十分忙碌。好不容易拦了一辆，车上还有乘客。司机说，客人马上就下车，让朋友母子上车。

走了一段路，朋友感觉方向不对，司机解释说，稍微拐个弯，不会太远，前面三岔路口就是。可到了路口，司机突然将车开到了相反的方向。朋友质问他，司机说，（前面拉的）客人还有五分钟的路程，送到后马上返回。

朋友火了："你这人怎么这样！几分钟随时都在撒谎，让人怎么相信你！"气头上的朋友从职业道德、做人的基本原则、尊重客人等等足足讲了半天，说司机是骗子，是不折不扣的诈骗，急得司机连声道歉。朋友不依不饶："这样的走法，耽误了我的事咋办？"司机连连保证："20分钟，准到！""哼！这样的走法，半小时也到不了！"

20分钟后，车到了目的地，朋友这才饶过了司机。

回家后好几天，儿子都闷闷不乐。朋友问他怎么了，儿子的回答让朋友内疚了好几天："不就是走亲戚家吗，您骂了人家一路，耽误您什么事了？我妈妈竟然这样，我真觉得丢人！"是啊，为啥不为司机想想，他要养家糊口，不多拉客人哪来的收入？好不容易遇到了走远路的客人，放过了岂不可惜。司机属于弱势群体，何必居高临下，为什么不能对他宽容一些呢？

后来我又读了这样一篇文章：

我生病住院的第一天，在做完各种检验后，准备打点滴。一位年轻的护士推来一辆小车，上面放着配好的药液。她把药瓶吊好，开始给我扎针。也许是新手，也许是见妻在一旁压阵，护士挺紧张，手有些战抖，第一针没有扎中。看见我略显痛苦的表情，妻狠狠地瞪了护士一眼。护士不由一愣，眼神有些慌乱。她的手战抖地扎第二针，又不见回血，只好把针头推出。妻恼怒地说："你怎么搞的！存心把病人当活靶子现场练兵是不是？"护士瞟了妻一眼，不敢对视，低下头轻轻解释说："他……他的血管，很细的……"妻吼道："要是他的血管有下水道那么粗，还犯得着请你？叫你们护士长来！"护士轻轻放下针具："请稍等，我这就去叫护士长。"说罢，她转身要走。"请留步！"我把她叫住。见她站住了，我语气平和地问道："你是新来的？"护士那白嫩的两颊微微一红，点了点头。我拿起针具，交到她手中，鼓励她说："我的血管是细一点，一回生二回熟嘛，来，再扎一次，我相信你会成功的！"她接过针具，感激地看了我一眼，颇有信心地弯下了腰。我轻声指导说："你左手将我的皮肤绷紧，右手把针头插入血管时要使劲，对，对！"护士果然一针见血。妻紧皱的眉头舒展了，脸上有了笑模样。护士直起身子，长长地舒了一口气，对我甜甜一笑："谢谢你！"我含笑回答："不，应当谢你自己。"护士带着微笑，推着小车，轻盈地走了。望着白衣天使远去的身影，妻叹了口气："还是你行！"我拍了拍妻的手背："待人宽容是做人第一要义。你那么凶，不把人家吓坏才怪！我们女儿比她才小两岁，还在家里撒娇哩！"妻换过话题："你几时学会了扎针？"我一脸的认真："书上是这么说的。你没听说嘛，许多游泳教练，连自己也说不会游呢！"妻听罢大笑。我也跟着一道大笑。

宽容其实是境界。

宽容就是洞察。世界由矛盾组成，任何人或事情不会尽善尽美。无论是患难之交、亲朋好友，还是金玉良缘、模范丈夫，都是相对而言。他们的矛盾、苦恼，常被掩盖在成功的光环之下。而掩盖的工具恰恰是宽容。不必羡慕人家，不要苛求自己，常用宽容的眼光看世界，事业、家庭和友谊才能稳固长久。

宽容就是忍耐。同事的批评、朋友的误解，过多的争辩和"反击"实不足取，唯有冷静、忍耐、谅解最重要。立下愚公移山志，坚持以德服人，以理服人，以情感人。相信这句名言："宽容是在荆棘丛中长出来的谷粒。"能退一步天地自然宽。

宽容就是忘却。人人都有痛苦，都有伤疤，动辄去揭，便添新创，旧伤新创难愈合。忘记昨日的是非，忘记爱人曾经有过的一段浪漫，忘记别人先前对自己的指责和谩骂，时间是良好的止痛剂。放眼明日，来日方长。学会忘却，生活才有阳光，才有欢乐。

宽容就是潇洒。处处绿杨堪系马，家家有路到长安。宽厚待人，容忍非议，乃事业成功、家庭美满之道。一切狗苟蝇营，芥蒂块垒，在宽容的阳光下，将灰飞烟灭、冰释雪化。事事斤斤计较，患得患失，活得也累，难得人世走一遭，潇洒最重要。

宽容是一种美德。一个宽容的人善于补人之过，容人之短，体现出一种人格魅力。宽容是理解、沟通的桥梁。不懂得宽容，拒人于千里之外，虽可保持一种清傲，却常处于孤立与被动之中。宽容是一种真诚，而不仅仅是一种姿态、一种形式。宽容需要一种修养，一种勇气。宽容来自健康的心理、崇高的追求。如果整日为自己的挫折懊悔，凡事看不到希望和曙光，这样的人是想“宽容”也“宽容”不起来的。如果得志便趾高气扬，快意恩仇，就会众叛亲离，争强好胜失去限度，也就失去了做人的乐趣。

宽容，是一种修养，是千百次的忍耐而提升的人格魅力。宽容是一束阳光，时刻照耀着我们，就看我们如何面对。生活中既没有完美无缺的事物，也没有十全十美的完人。苛求人生完美无缺的本身就是人格的不完美。学会宽容生活的不如意，就是享受。

宽容更是一种财富。拥有宽容，就拥有了一颗善良、真诚的心。这无疑就是拥有一笔财富，它会在时间推移中升值，它会把精神转化为物质，它是一盏绿灯，帮助我们在工作、生活中畅通无阻。人生最大的美德是宽容，就像大海，无论是汹涌澎湃，还是风平浪静，它都能承受；就像天空，不管是电闪雷鸣，或是晴空万里，它总是平静对待。

老子所撰的《道德经》第八章中载述：“上善若水，水善利万物而不争。处众人之所恶，故几于道。居善地，心善渊，与善仁，言善信，政善治，事善能，动善时。夫唯不争，故无尤。”水流润万物，献身天地间。寓意是真诚助人，使他人发展成功；而不与他人争名利、论高低。有成就亦不露锋芒，不炫耀自己。尽心于无私奉献，默默耕耘。故而心怀坦荡，秉公处事，远离忧愁，安然度日，身心自然不会受到伤害。

宽容是以柔克刚

在加拿大魁北克山麓，有一条南北走向的山谷，山谷没有什么特别之处，却有一个独特的景观：西坡长满了松柏、女贞等大大小小的树，东坡却如精心遴选过的一般——只有雪松。这一奇景异观曾经吸引不少人前去探究其中的奥秘，但却一直无人能够揭开谜底。

1983年冬，一对婚姻濒临破裂而又不乏浪漫习性的加拿大夫妇，准备作一次长途旅行，以期重新找回昔日的爱情。两人约定：如能找回就继续生活，否则就分手。当他们来到那个山谷的时候，天下起了大雪。他们只好躲在帐篷里，看着漫天的大雪飞舞。不经意间，他们发现由于特殊的风向，东坡的雪总比西坡的雪下得大而密。不一会儿，雪松上就落了厚厚的一层雪。然而，每当雪落到一定程度时，雪松那富有弹性的枝丫就会向下弯曲，使雪滑落下来。就这样，反复地积雪，反复地弯曲，反复地滑落，无论雪下得多大，雪松始终完好无损。其他的树则由于不能弯曲而很快就被压断了。西坡的雪下得很小，不少树都没有受到损害。

妻子若有所悟，对丈夫说："东坡肯定也长过其他的树，只不过由于不会弯曲而被大雪摧毁了。"丈夫点头之际，两人似乎同时恍然大悟，旋即忘情地紧拥热吻起来。丈夫兴奋地说："我们揭开了一个谜——对于外界的压力，要尽可能去承受；在承受不了的时候，要像雪松一样弯曲一下，这样就不会被压垮。"

一对浪漫的夫妇，通过一次特殊的旅行，不仅揭开了一个自然之谜，而且找到了一个人生真谛。

如同弯弓是为了更有力的射箭，退却是为了更勇猛的进攻一样，柔软的关键在于韬光养晦、蓄势待发。这是一种至高至善的人生艺术，只有精心锻造才能成就！

学会小声说重话

前国务委员戴秉国先生在接受记者采访时说，外交工作，要"学会小

声说重话”。从事职业教育的教师同样需要学会小声说重话。

前些天，外校一名男生受我校一名女生的唆使，怀揣弹簧刀闯入我校女生宿舍，辱骂、威胁我校其他女同学。

事发后，该男生被我校值班教师扣留。该男生与值班教师高声理论，强词夺理，甚至扬言要打110，值班教师十分恼火，怒不可遏，双方声音越来越高，剑拔弩张。

这时，一起值班的一位女教师说话了：

“孩子，为同学打抱不平，你的动机没有错。”

男生停止了咆哮，用狐疑的目光望了女老师一眼。

“平静一下孩子。你想一想，如果你刚才到宿舍真的用刀刺伤了那位女同学，甚至危及她的生命，受到惩处的会是谁呢？那位请你出头的女同学会承担责任吗？会替你说话吗？换一种思路，倘若那位女同学心术不正，即使你没有伤害她，但她故意做出被你欺辱的假象，如果你犯事，那你的这一生怎么办，你的爸爸妈妈怎么办？孩子呀，遇事要冷静一些，理智一些！”

女老师的话不多，声音不大，但分量十足。刚才还气势汹汹的男孩子低下了头。

“孩子，你还小，未来的路还很长，不要在自己走过的路上留下遗憾，在心灵上留下疤痕。回家去吧，诚恳地向父母认个错，这把刀子呢，就带回家留作纪念，不要让它成为冲动的帮凶。”后来，男孩的父母赶来，诚恳地认了错，并真诚地道歉。一件几乎惊动公安机关的事趋于了平息。

今年早些时候，学生公寓发生了伤害事件。我作为学生的监护人陪同目击学生到公安局派出所做笔录。

一名警官在分别询问了几名学生后，拿着询问笔录去找所长。几分钟后，所长来到了询问室。以下是所长与其中一位学生的对话。

所长：看了几份询问笔录，内容大相径庭。你说的是实话吗？

学生：是实话。

所长：你说事情发生时你在睡觉，而且睡得很死，根本不知道发生了什么。

学生：是。

所长：这不合逻辑，也不合情理。受害者遍体鳞伤，有医生证明；很多人参与斗殴，有其他人的证言；持续时间之长，声音之大，你居然没被吵醒？

学生：……

所长：如果你撒谎，有两个动机，一是逃避责任，二是企图掩盖什么。真相是什么？

学生：我没说谎。我睡着了，什么也不知道。

所长：想隐瞒什么是不可能的。同一宿舍参与事件的人很多，你不说别人会说。如果别人说出了真相，那就表明他有好的态度，如果检举了他人，就有立功表现。一个态度好，一个有立功表现，可能会从轻处罚或免予处罚。

学生：(欲言又止)

所长：你可以保持沉默或者继续说谎。不愿说出真相，说明你没有好的态度；如果包庇别人，就要承担相应的法律责任。你希望别人和你一样保持沉默或者说谎，他们要争取一个好的态度，争取一个宽大处理的机会。让别人替你掩盖事实真相，可能吗？

学生：不可能。

所长：你有两个选择，要么继续说谎，要么说出真相。继续说谎，罪加一等；说出真相，争取立功。机会在你面前，你自己把握。

学生：我想重新做笔录。

所长没有暴跳如雷，没有声色俱厉，完全是晓之以理。这就是小声说重话的威力。

很多时候，我们在教育学生时缺乏平心静气，常常把自己气得面红耳赤。试想，如果我们静下心来以宽容之心、平和之气小声细语娓娓道来，结果又如何呢？

仅仅在教育孩子时需要这种心态远远不够，我们还要教会孩子小声说重话。中职学生面临就业，即将走向社会。要学会适应社会，应对各种关系。学会宽容、学会小声说重话可能比反唇相讥、唇枪舌剑、图一时痛快的实际意义要大得多。

懂得感恩

《现代汉语词典》对“感恩”的解释是：“对别人所给的恩惠表示感激。”

有人说，有一颗随缘心，你会更洒脱；有一颗平常心，你会更从容；有一颗慈悲心，你会更积善；有一颗因果心，你会更明理；有一颗忍让心，你会更快乐；有一颗超脱心，你会更淡然；有一颗修行心，你会更智慧；有一颗质朴心，你会更纯粹；有一颗自知心，你会更清醒。

那么，有一颗感恩心呢？答案是：你会更幸福！

感恩是一种人格品质，是一种人生态度，是一种道德修养。人生一世，不如意的事十有八九，如果我们遇到不如意的事，成天惴惴不安，那生活就索然无味了。相反，如果我们拥有一颗感恩的心，善于发现事物的美好一面，感受平凡中的美丽，那我们就会以坦荡的心境、开朗的胸怀来应对生活中的酸甜苦辣，让原本平淡乏味的生活焕发出迷人的色彩。我们就会感受到生活中的友爱、幸福和快乐。苍天赋予了我们一颗感恩的心，生活中只要我们懂得感恩，与人之间就会充满友善，世界就会更加灿烂，生活中就会拥有更多温馨。

俗话说：“滴水之恩，涌泉相报；衔环结草，以报恩德。”这是中华民族的优秀传统美德。一个知恩图报的人，一个懂得感恩的人，他的心是真诚的，他品质是善良的，道德是高尚的。感恩，是我们处之泰然时的一种善举；是我们风调雨顺时的一种回报；是我们安居乐业时的一种洋溢；是我们刻骨铭心时的一种良心感知。无论你是孩子还是成人，都应牢记养育我们的父母；为我们提供方便的朋友、同事；你就会不辱使命，刻苦学习，努力工作；你会在朋友、同事遇到困难时伸出援助之手。感受付出时的快乐，感受他人给予的回报，哪怕是一次微笑！

懂得感恩，人就会有强烈的责任感，就会有勇于负责的精神，现实生活中，不求上进、不孝敬老人、损人利己的，大有人在。如果我们懂得感恩，就不会做出违背自己良心的事情，就不会有那么多的家庭妻离子散，我们每一个人也就不会有那么多的烦恼和痛苦；懂得感恩就不会因物质极大丰富的同时，精神却越发的空虚；感恩生命带来的一切，哪怕是痛苦的经历也该感恩生命，正因有了痛苦，我们才能感受快乐。生活中，我们要感恩那些与你为敌的人，使他们让我们懂得了什么是敌？什么是友？让我们更加珍惜友谊；感恩那些蔑视我们的对手，没有他们的蔑视和贬低，就激不起我们的斗志，我们就不会有驾驭自己命运的能力；感恩那些恶语中伤我们的人，如果没有他们的菲薄，我们就不会重视他人的感觉；感恩那些失信于你的人，是他们让我们懂得了信守承诺的意义；感恩那些在爱情的蜜语中欺骗我们的人，是他们让我们看清了骗子的嘴脸，懂得珍惜来之不易的爱情；感恩我们曾经的失败，是它让我们明白了，一失足成千古恨的含义。感恩夕阳西下，才知道晨阳的可贵，闭上眼之后，睁开眼看见的又是崭新的世界。

人生的道路上，我们懂得感恩，就可以使我们忘记烦恼，克服困难，战胜自我。现实生活是一面镜子，你笑，它也笑；你哭，它也哭。你应该时时刻刻地感恩生活，让你的生活充满阳光，如果你不懂得感恩生活，不懂得珍惜你身边的人，不珍惜每一次到手的机会，那么，你最终将会落个一事无成、众叛亲离！人生感恩的理由有无数，但不感恩的理由却只有一个——忘恩负义。殊不知，失败或不幸时受到惩罚的只能是自己。如果我们懂得感恩，失败时我们可以看到自己与他人的差距；在不幸的时候，会得到他人的慰藉。

传承中华优秀传统文化

中华优秀传统文化博大精深，凝聚着中华民族自强不息的精神追求和历久弥新的精神财富。党的十八大以来，以习近平同志为核心的党中央高

度重视中华优秀传统文化的历史传承和创新发展，从中华民族最深沉的精神追求和最根本的精神基因、独特的精神标识和中华民族精神“根”与“魂”、最宝贵的精神品格和命脉的高度，继承中华优秀传统文化；从涵养社会主义核心价值观的重要源泉、实现“两个一百年”奋斗目标和中华民族伟大复兴中国梦的重要精神支撑的高度，创新性发展，赋予了中华优秀传统文化崭新的时代内涵。

中华优秀传统文化是我们深厚的文化软实力，是我们文化发展的母体，积淀着中华民族最深沉的精神追求。文化自信是一个民族、一个国家和政党对自身文化价值的充分肯定和积极践行，并对其文化生命力持有的坚定信心。习近平总书记在哲学社会科学工作座谈会上的讲话指出：“我们说要坚定中国特色社会主义道路自信、理论自信、制度自信，说到底是要坚定文化自信。文化自信是更基本、更深沉、更持久的力量。”这既昭示了文化自信具有的更加突出的位置，也指明了中华优秀传统文化教育的紧迫性和重要性。

中华优秀传统文化，是中华文明成果根本的创造力，是民族历史上道德传承、各种文化思想、精神观念形态的总体，主要由儒、佛、道三家文化为主流组成。中华优秀传统文化不仅思想深邃圆融，内容广博，更重要的是，儒家、佛家、道家三家文化，高扬道德，为国人提供了立身处世的行为规范，以及最终的精神归宿。儒家以仁义教化为核心；道学以顺应自然为核心；佛学以慈悲、大爱、解脱为核心，强调“诸恶莫作，众善奉行”。

文化是人存在的根和魂，而中华优秀传统文化教育正是帮助学生深扎民族根、熔铸中国魂的重要方式与方法。经典原文可以让学生了解贤哲思想、文化脉络以及祖国语言的优雅和精致；文化知识可以让学生了解历史典故、人文常识以及古人生活的细节与图景；游艺游戏可以让学生了解风俗民情、风物百种以及古代工艺的巧妙和精湛。可以说，中华优秀传统文化教育是培养学生文化素质最优质、最有效和最精细的教育。

中华优秀传统文化教育能够帮助学生在包罗万象的中华传统文化中，梳理出有利于启蒙或理解的信息，帮助学生化无序为有序，形成有逻辑体系的“知识树”。例如，中国传统启蒙教材《三字经》《千字文》《声律启蒙》等，字数相对较少，却遣词考究，读来朗朗上口，不仅易于儿童接受，而且利于微言大义的彰显，能让学生在不知不觉中体悟到汉字的“音、形、义”，感受到文化的“精、气、神”。可以说，中华优秀传统文化教育是培养学生人文素养最有效的教育。

在中华优秀传统文化中，存在丰富的“劝学”素材。这些资料经过教材化的处理，能够激发学生的学习兴趣，引导他们对学习重要性的认知，快速步入学习旅程。不论是在《礼记》《论语》《荀子》等大人之学中，还是在《弟子规》《三字经》等童蒙读物中，以及大量的诗歌、家训等文献中，都含有许多劝导向学的内容，或是对劝学思想的阐释。这些劝学语句告诉学生，学习的目的是立言，是“谋道”，是“美其身”，是“学以为己”，是“多知明达”与“心明目”。如果不学习，则“言不成章”，无法增长智慧，甚至与禽兽无异。无论贫穷或富贵，学习都是终身之事，不能半途而废。可以说，古人对学习重要性的论述和勤学精神的阐释，比今人更加深刻和丰富。中华优秀传统文化教育对学生自主学习的感染，如若方法得当，比常规教育带来的影响更加深远、持久。

在中华优秀传统文化中，包含各种学习方法。这些经过前人总结和验证的学习策略，不仅能够帮助学生学会学习，形成比较完整的知识结构，而且能为其日后的个人文化修养奠定基础，促使学生养成终身学习的习惯。这些学习方略，不只是单纯的“书读百遍，其义自现”的勤奋，不只是简单的“不积跬步，无以至千里”的积累，更不是粗率的“认字号儿”和“蒙师无须讲解”的学习方式。事实上，古人对识字、读注、自学、默写、抄写、践行、教师开讲时间等，都有精辟的见解。例如，明代沈鲤等人对学习文章和讲书，主张“总—分—总”的思路，即让学生先了解大旨，然后学习字句，接着分段来讲，还要明晰其间的关系和涉及的德行论述。这样的方式不仅有利于学生掌握“文理”，而且有助于学生养成良好的写作习惯，即便是对今天的课堂，同样非常有效。

中华优秀传统文化涉及许多生活规范，能够让学生学会健康生活。“晨必盥，兼漱口；便溺回，辄净手”等朗朗上口的句子，能在无形中对学生的生活习惯产生潜移默化的影响。家训、家规中关于“戒奢靡”“戒晏起”等相关论述，能够让学生明了健康生活的重要性和其带来的有益效

果。此外，中华优秀传统文化教育还有对养生之道的论述，对于饮食、养体、养气的学习，能够使学生珍爱自身、珍惜生命，注重健康快乐的生活方式。

众所周知，在古典文献中，有很多关于个人与他人、个人与社会关系的论述。故而，传统文化教育用礼仪规范来引导学生的言行，用先贤教诲来培养学生的社会担当，用圣人言语来培植学生的责任意识。例如，《性理字训》能帮助学生学习为人处世、待人接物的原则，以培养伦理道德为主要目标；《叙古千文》能帮助学生了解历史典故与古人的嘉言善行，以增强学生的历史责任感；《大学》《论语》等著作，则在学生君子人格的养成，培养他们“希圣希贤”方面具有重要的作用。君子人格的强大，源自对中国长时段历史中大问题、真问题和复杂问题的思考。这种思考方式的培养，能够将人的心性从眼前利害中超拔出来，站在宏大时空的角度看待问题，使人的思维不至于漫无边际，能够始终落实在对社会国家、对世道人心的真切关怀上。故此，中华优秀传统文化教育能够让学生变得更有担当和更有责任感。此外，中华优秀传统文化教育对学生交往能力的培养，有着其他学科难以比拟的优势。

在与自己相处方面，中华优秀传统文化教育主张“慎独”，讲究“自知者明”，要能对自我情绪、自我意志和自我行为进行管理。例如，《小儿语》中告诫孩子：“先学耐烦，快休使气，性躁心粗，一生不济。”这就是通过强调不控制情绪的后果，帮助学生对自己的行为和心理状态进行把握，使他们能够自我观察和自我评价。在与家庭成员相处方面，中华优秀传统文化教育强调“孝”和“悌”，让学生了解父子之亲、夫妇之别、长幼之序是古人处理家庭关系的重要准则，是孩子与父母、兄弟姐妹交往时应遵行的人伦道理。这些义理有助于形成长幼有序、谦虚礼让、互相包容、尊老爱幼的人际交往环境。

在与他人相处方面，中华优秀传统文化教育强调“诚信”和“博爱”。对学生而言，首先是“要作好人，须寻好友”；其次是态度恭谨，以礼待人，懂得“其容固宜有度，出言尤贵有章”等礼节；再次是注意“凡出言，信为先”以及“须好认错，休要说谎”等以诚实信任为原则的交往方式；最后，传统文化教育讲究“以和为贵”“和而不同”，能够培养学生理解和关爱他人，接纳和认同异见者，培养换位思考和求同存异的能力，拥有同理心、体恤心和宽容心。

《颜氏家训》中指出："人生小幼，精神专利，长成已后，思虑散逸，固须早教，勿失机也。"可见，开展传统文化教育，在学生成长的关键期开展传统文化教育，能够加深学生的人文积淀，培养人文情怀，健全人格，使学生可以自我管理，乐学善学，勇于探究。这能够帮助学生在未来形成解决复杂问题和适应不可预测情境的高级能力和人性能力。从这个角度出发，培养中职学生及全体中小学生的核心素养，开展中华优秀传统文化教育是大势所趋，不可或缺。

宽容的力量：陶行知的四块糖果

陶行知先生当校长的时候，有一天看到一位男生用砖头砸同学，便将其制止并叫他到校长办公室去。当陶校长回到办公室时，男孩已经等在那里了。

陶行知掏出一颗糖给那位同学，说："这是奖励你的，因为你比我先到办公室。"接着他又掏出一颗糖，说："这也是给你的，我不让你打同学，你立即住手了，这说明你尊重我。"

男孩将信将疑地接过第二颗糖，陶先生又说道："据我了解，你打同学是因为他欺负女生，这说明你很有正义感，我再奖励你一颗糖。"

这时，男孩感动得哭了，说："校长，我错了，同学再不对，我也不能采取这种方式。"陶先生于是又掏出一颗糖："你已认错了，我再奖励你一块。我的糖发完了，我们的谈话也结束了。"

参考文献

[1]陈子季.教育要守正创新[M].南昌:江西高校出版社,2021.

[2]周俊.让高质量发展回归自我[M].南京:南京大学出版社,2021.

[3]刘开英,何晓琴.中职生德育新论[M].兰州:兰州大学出版社,2020.

[4]国家教委职业教育司,北京市教育科学研究所.中专职业中学德育专集[M].北京:教育科学出版社,1990.